Hegelianismo

Dados Internacionais de Catalogação na Publicação (CIP)
(Câmara Brasileira do Livro, SP, Brasil)

Sinnerbrink, Robert
  Hegelianismo / Robert Sinnerbrink ; tradução de Fábio Creder. – Petrópolis, RJ : Vozes, 2017. – (Série Pensamento Moderno)

  Título original: Understanding Hegelianism
  Bibliografia
  ISBN 978-85-326-5339-0

  1. Filosofia alemã 2. Hegel, Georg Wilhelm Friedrich, 1770-1831 – Crítica e interpretação I. Título. II. Série.

16-07193   CDD-193

Índices para catálogo sistemático:
1. Hegel : Filosofia alemã   193

ROBERT SINNERBRINK

Hegelianismo

TRADUÇÃO DE FÁBIO CREDER

EDITORA VOZES

Petrópolis

© Robert Sinnerbrink, 2007.
Tradução autorizada a partir da primeira edição em língua inglesa publicada pela Acumen e atualmente pela Routledge, membro do Grupo Taylor & Francis.

Título original em inglês: *Understanding Hegelianism*

Direitos de publicação em língua portuguesa – Brasil:
2017, Editora Vozes Ltda.
Rua Frei Luís, 100
25689-900 Petrópolis, RJ
www.vozes.com.br
Brasil

Todos os direitos reservados. Nenhuma parte desta obra poderá ser reproduzida ou transmitida por qualquer forma e/ou quaisquer meios (eletrônico ou mecânico, incluindo fotocópia e gravação) ou arquivada em qualquer sistema ou banco de dados sem permissão escrita da editora.

CONSELHO EDITORIAL

Diretor
Gilberto Gonçalves Garcia

Editores
Aline dos Santos Carneiro
Edrian Josué Pasini
José Maria da Silva
Marilac Loraine Oleniki

Conselheiros
Francisco Morás
Leonardo A.R.T. dos Santos
Ludovico Garmus
Teobaldo Heidemann
Volney J. Berkenbrock

Secretário executivo
João Batista Kreuch

Editoração: Fernando Sergio Olivetti da Rocha
Diagramação: Sheilandre Desenv. Gráfico
Revisão gráfica: Nilton Braz da Rocha / Nivaldo S. Menezes
Capa: WM design

ISBN 978-85-326-5339-0 (Brasil)
ISBN 978-1-84465-094-1 (Reino Unido)

Editado conforme o novo acordo ortográfico.

Este livro foi composto e impresso pela Editora Vozes Ltda.

Sumário

Prefácio e agradecimentos **7**
Abreviaturas **11**
Introdução – Hegel e o Iluminismo **13**
Parte I – As aventuras do hegelianismo 29
1 Introdução ao idealismo hegeliano **31**
2 Aventuras no hegelianismo **64**
Parte II – O hegelianismo alemão 93
3 Reificação e metafísica: Lukács e Heidegger **95**
4 Esclarecimento, dominação e não identidade: a dialética negativa de Adorno **124**
5 Modernidade, intersubjetividade e reconhecimento: Habermas e Honneth **149**
Parte III – O hegelianismo francês 179
6 O hegelianismo francês e seus descontentes: Wahl, Hyppolite, Kojève **181**
7 Entre o existencialismo e o marxismo: Sartre, Simone de Beauvoir, Merleau-Ponty **212**
8 Desconstruindo o hegelianismo: Deleuze, Derrida e a questão da diferença **245**
Conclusão – O futuro do hegelianismo **285**
Questões para discussão e revisão **291**
Leituras complementares **299**
Referências **311**
Índice **317**

Prefácio e agradecimentos

Este livro pretende introduzir um dos mais ricos movimentos da filosofia moderna. O hegelianismo apresenta um caminho possível para a filosofia moderna europeia ou "continental", que podemos entender como uma série de respostas complexas a Hegel. No que se segue, mostro como Hegel e as correntes anti-hegelianas de pensamento moldaram alguns dos movimentos mais significativos da filosofia europeia do século XX, do existencialismo, o marxismo e a fenomenologia à teoria crítica e o pós-estruturalismo. Ressalto os temas hegelianos da consciência infeliz, da dialética do senhor e do escravo, e da luta pelo reconhecimento, que se têm revelado muito férteis para a teoria crítica alemã, assim como para a filosofia francesa do pós-guerra. Também considero o problema da Modernidade, as teorias do reconhecimento e a desconstrução da dialética, temas importantes que são todos profundamente devedores do pensamento hegeliano. Por outro lado, Hegel teve um impacto principalmente negativo sobre o desenvolvimento da filosofia analítica; felizmente, isso recentemente começou a mudar com o surgimento do "neo-hegelianismo analítico" (cf. ROCKMORE, 2005). Embora eu lide principalmente com o que chamo vagamente de apropriações "alemãs" e "francesas" do pensamento hegeliano, também faço algumas breves observações sobre o neo-hegelianismo analítico na minha discussão conclusiva.

O livro está estruturado em três partes. Começa com uma breve introdução aos elementos-chave da filosofia de Hegel e uma visão geral de algumas das principais figuras das escolas hegelianas concorrentes de "direita" e de "esquerda". Sugiro que duas das mais famosas críticas ao pensamento hegeliano – o existencialismo de Kierkegaard e o materialismo de Marx – representam os polos definidores dos movimentos hegelianos e anti-hegelianos subsequentes. Estas correntes existencialistas e marxistas compreendem uma matriz conceitual que pode nos ajudar a compreender a evolução do pensamento hegeliano e anti-hegeliano no século XX.

A segunda parte se ocupa destes temas, observando as críticas contrastantes a Hegel apresentadas pelo filósofo marxista Georg Lukács e pelo fenomenólogo existencial Martin Heidegger. O tema da reificação de Lukács e a crítica de Heidegger a Hegel como um metafísico cartesiano definem o cenário para a apropriação de temas hegelianos na teoria crítica alemã e para a crítica do hegelianismo no pós-estruturalismo francês. Em seguida, considero várias críticas hegelianas à Modernidade – a razão moderna, a sociedade, a cultura e as concepções de subjetividade – na tradição da teoria crítica, enfocando a *Dialética do esclarecimento* de Adorno e Horkheimer e a dialética negativa de Adorno. A isto se segue um exame do papel de temas hegelianos na obra de Jürgen Habermas e Axel Honneth, que enfatizam fortemente o conceito hegeliano de *reconhecimento* para o desenvolvimento de uma teoria crítica da intersubjetividade e da sociedade moderna.

Na terceira parte, volto-me para a rica tradição do hegelianismo na filosofia francesa do século XX, começando com o hegelianismo existencialista de Jean Wahl, a leitura heideggeriano-marxista de Alexandre Kojève e a interpretação "híbrida" de Jean Hyppolite, que se baseou tanto nos impulsos existencialistas quanto nos marxistas. Então exploro as maneiras pelas quais o existencialismo francês e a fenomenologia foram ambos marcados por um envolvimento significativo com o pensamento hegeliano. Aqui me concentro na crítica existencialista que Jean-Paul Sartre faz a Hegel, no engajamento ambíguo de Simone de Beauvoir com temas hegelianos em *O segundo sexo*, e concluo com uma discussão da abordagem de Merleau-Ponty do existencialismo hegeliano e da questão de uma "hiperdialética" pós-hegeliana. Finalmente, considero a crítica radical do hegelianismo articulada pelos pensadores pós-estruturalistas franceses Gilles Deleuze e Jacques Derrida, cujas tentativas de construir uma filosofia pós-hegeliana da diferença envolvem uma relação crítica complexa com Hegel. Será que o hegelianismo pode ser superado através de uma concepção antidialética da diferença? Ou exige uma "desconstrução" complexa de seu alcance e limites? Será que a filosofia da diferença pode construir uma alternativa à dialética hegeliana?

Como conclusão, aceno brevemente para pensadores contemporâneos (como Judith Butler e Slavoj Žižek), cuja obra produtivamente se apropria de temas hegelianos além de integrar as críticas de Hegel encontradas na teoria crítica e no pós-estruturalismo. Sua obra, juntamente com o renascimento de Hegel na filosofia contemporânea "pós-analítica", demonstra a fertilidade do hegelianismo para o pensamento contemporâneo. O argumento desenvolvido no livro como um todo é que muito do conflito entre o pensamento contemporâneo francês e o alemão deriva de respostas conflitantes a Hegel: o hegelianismo francês enfatizou a consciência infeliz, a dialética do senhor e do escravo, e tentou transformar a dialética hegeliana em uma filosofia da diferença; o hegelianismo alemão ressaltou a Teoria da Modernidade de Hegel, sua defesa de uma teoria ampliada da racionalidade e sua tematização do reconhecimento como parte de uma teoria da intersubjetividade social. Sugiro que uma compreensão adequada da natureza plural e conflitante do hegelianismo possa abrir caminho para uma aproximação produtiva entre essas duas perspectivas, muitas vezes conflitantes, que definem a filosofia europeia moderna.

Há muitas pessoas às quais gostaria de agradecer por suas contribuições para a gênese deste livro. Devo muito a György Márkus por me inspirar com uma paixão por Hegel e pelo pensamento hegeliano, e por ter comentado generosamente vários esboços de capítulos; a Elisabeth During por me dar a oportunidade, como pós-graduado, de lecionar seu curso sobre o "legado de Hegel"; e ao meu colega Jean-Philippe Deranty por muitas discussões sobre o neo-hegelianismo. Devo reconhecer Paul Redding, Robert B. Pippin, Michael Theunissen, Rolf-Peter Horstmann e Stephen Houlgate, que contribuíram todos para a minha *Bildung* como leitor do pensamento hegeliano. Meus alunos na Universidade Macquarie também devem ser agradecidos por me permitirem afiar meu pensamento através do ensino de tópicos centrais para este estudo. Gostaria de agradecer especialmente ao editor da série, Jack Reynolds, e a Tristan Palmer, Sue Hadden e Elizabeth Teague pelo seu admirável apoio editorial, pelos excelentes comentários críticos de Jack sobre vários esboços de capítulo, e pela paciência de Tristan em relação à conclusão do meu manuscrito. Finalmente, sou profundamente grato à minha esposa, Louise D'Arcens, sem cujo apoio amoroso, bons conselhos e firme encorajamento eu nunca teria concluído este livro.

Abreviaturas

BN   SARTRE, J.-P. *Being and Nothingness* (O ser e o nada) (1958 [1943]).
BT   HEIDEGGER, M. *Being and Time* (Ser e tempo) (2004 [1927]).
CUP   KIERKEGAARD, S. *Concluding Unscientific Postscript* (Post-scriptum conclusivo não científico) (1992 [1846]).
DE   ADORNO, T. & HORKHEIMER, M. *Dialectic of Enlightenment* (Dialética do esclarecimento) (2002 [1947]).
DR   DELEUZE, G. *Difference and Repetition* (Diferença e repetição) (1996 [1968]).
EA   BEAUVOIR, S. *The Ethics of Ambiguity* (A ética da ambiguidade) (1976 [1948]).
GS   HYPPOLITE, J. *Genesis and Structure in Hegel's* Phenomenology (Gênese e estrutura na Fenomenologia de Hegel) (1974 [1943]).
HCC   LUKÁCS, G. *History and Class Consciousness* (História e consciência de classe) (1975 [1923/1966]).
HCE   HEIDEGGER, M. *Hegel's Concept of Experience* (O conceito de experiência de Hegel) (1970 [1950]).
HPS   HEIDEGGER, M. *Hegel's* Phenomenology of Spirit (A Fenomenologia do espírito de Hegel) (1994 [1980]).
IRH   KOJÈVE, A. *Introduction to the Reading of Hegel* (Introdução à leitura de Hegel) (1969 [1947]).
LE   HYPPOLITE, J. *Logic and Existence* (Lógica e existência) (1997 [1953]).
NP   DELEUZE, G. *Nietzsche and Philosophy* (Nietzsche e a filosofia) (1983 [1962]).
PDM   HABERMAS, J. *The Philosophical Discourse of Modernity* (O discurso filosófico da Modernidade) (1987 [1985]).
PhS   HEGEL, G.W.F. *Phenomenology of Spirit* (Fenomenologia do espírito) (1977 [1807]).

PR	HEGEL, G.W.F. *Elements of the Philosophy of Right* (Elementos da filosofia do direito) (1991 [1821]).
SL	HEGEL, G.W.F. *Science of Logic* (A ciência da lógica) (1969 [1811, 1812, 1816/1830]).
SNS	MERLEAU-PONTY, M. *Sense and Nonsense* (Sentido e sem sentido) (1964 [1948]).
SR	HONNETH, A. *The Struggle for Recognition* (Luta por reconhecimento) (1995 [1992]).
SS	DE BEAUVOIR, S. *The Second Sex* (O segundo sexo) (1953 [1949]).
TP	HABERMAS, J. *Theory and Practice* (Teoria e prática) (1973 [1971]).
WD	DERRIDA, J. *Writing and Difference* (Escritura e diferença) (1972 [1967]).

Introdução
Hegel e o Iluminismo

G.W.F. Hegel (1770-1831) é sem dúvida uma das figuras altaneiras do pensamento moderno. A filosofia de Hegel tem sido tanto adorada quanto insultada, e sua notória dificuldade tem produzido uma infinidade de mitos. Arthur Schopenhauer denunciou Hegel como um charlatão, ao passo que Nietzsche elogiou o seu profundo senso histórico. Karl Popper acusou Hegel de pavimentar o caminho para o totalitarismo, enquanto Alexandre Kojève levou sua interpretação de Hegel a ter a significância de "propaganda política" (apud ROTH, 1988: 118). Mesmo a filosofia analítica surgiu em reação ao hegelianismo, ou, mais precisamente, ao idealismo britânico, que incluía figuras como F.H. Bradley, T.H. Green e J.M.E. McTaggart; para Bertrand Russell, representou apenas o tipo de metafísica duvidosa que a análise conceitual procurou dissipar (cf. ROCKMORE, 2005: 42-53). Apesar desta controvérsia, as complexas correntes do hegelianismo continuaram a inspirar desenvolvimentos importantes no pensamento moderno, do marxismo e o existencialismo à teoria crítica e à desconstrução.

Entre os mais difíceis de todos os filósofos modernos, Hegel é também um dos mais demonizados. Como Robert Pippin observou, Hegel parece estar "na posição impossível de ser ao mesmo tempo extraordinariamente influente e quase completamente inacessível" (1989: 3). A história do hegelianismo, portanto, sempre foi a história da apropriação *parcial* de temas e conceitos hegelianos selecionados, ao invés de uma compreensão ou desenvolvimento produtivo do sistema de Hegel como um todo. Pode-se mesmo dizer que não exista algo como um filósofo "hegeliano" puro, no sentido em que hoje se fala de filósofos "kantianos" ou "heideggerianos". Em vez disso, a recepção histórica de Hegel tendeu a pôr em primeiro plano certos textos em detrimento de outros (p. ex., a *Fenomenologia* em detrimento da *Lógica*), de certos temas ou conceitos (a dialética, *Aufhebung*, reconhecimento), ou mesmo de determinadas passagens de textos de Hegel (como a famosa dialética do senhor e do escravo). Neste sentido, a influência de Hegel tem sido baseada em uma *apropriação seletiva de certos* elementos do seu sistema filosófico em detrimento de outros. Esta apropriação parcial (ou seja, incompleta e motivada) torna a história do hegelianismo um empreendimento muito complexo, cheio de temas conflitantes, mas também recorrentes, dados os amplamente variados interesses práticos e teóricos em jogo.

Como veremos ao longo do livro, Hegel tem sido interpretado a partir de uma desconcertante variedade de perspectivas; o que apresento aqui é naturalmente outra interpretação que destaca certos aspectos e ignora outros. Por tudo isso, o objetivo deste livro é mostrar que muito da filosofia europeia recente tem sido moldado pela crítica e, ao mesmo tempo, pela apropriação do pensamento hegeliano. Pode-se mesmo entender a história da filosofia "continental" como uma série complexa de respostas a Hegel. Há, naturalmente, muitos temas recorrentes na recepção de Hegel: os conceitos de alienação, a consciência infeliz, a dialética do senhor e do escravo, a luta pelo reconhecimento e a compreensão da Modernidade, para citar alguns. Todos estes temas serão explorados ao longo do livro a partir de diferentes perspectivas hegelianas – e anti-hegelianas. Com efeito, argumentarei que compreender o hegelianismo como tradição de pensamento *plural* pode contribuir para a nossa compreensão da relação muitas vezes antagônica entre posições francesas e alemãs da filosofia europeia.

Como veremos, a ênfase "francesa" na consciência infeliz e na dialética do senhor e do escravo, juntamente com o projeto de transformar a dialética hegeliana em uma filosofia da diferença, está em nítido contraste com o foco da teoria crítica "alemã" na teoria de Hegel da Modernidade e no tema hegeliano do reconhecimento intersubjetivo. Dito isto, no entanto, devo também sublinhar como uma série de pensadores pós-hegelianos (Adorno, Merleau-Ponty, Deleuze e Derrida) aproximam-se notavelmente ao tentarem transformar a dialética hegeliana em um pensamento não totalizante da diferença. Isto sugere que algo de uma transformação dialética – da maneira plural, irrestrita, individualizante sugerida acima – destes hegelianismos conflitantes franceses e alemães pode ser possível hoje em dia. Esta continua a ser, na minha opinião, uma das tarefas mais desafiadoras e emocionantes na filosofia contemporânea europeia, uma tarefa que se beneficiaria de uma atenção renovada à complexa história da pluralidade de visões sobrepostas reunidas sob a rubrica de "hegelianismo".

No que se segue, apresento Hegel, como convém, situando seu pensamento no contexto histórico do Iluminismo. Hegel é notável, mesmo notório, por ser tanto um defensor da razão iluminista, como um dos seus maiores críticos. Considero brevemente a complexa relação entre Hegel e o idealismo crítico de Kant e os idealistas pós-kantianos (Fichte e Schelling). Os sistemas de Fichte e Schelling foram o tema da primeira publicação importante de Hegel (1801), enquanto Kant ocupou um lugar proeminente em seu livro seguinte, *Fé e saber* (1802). Juntos, esses textos demonstraram que o jovem Hegel era uma voz a ser reconhecida no movimento emergente do idealismo pós-kantiano ou "alemão". Também anteciparam alguns dos elementos básicos do seu sistema filosófico e do intrigante método filosófico conhecido como a "dialética" de Hegel.

O caminho para o sistema de Hegel

A filosofia de Hegel é uma das maiores conquistas do Iluminismo (*Aufklärung*, em alemão), termo que engloba uma gama de desenvolvimentos culturais importantes durante o final do século XVIII e o início do século XIX. Simplificando, o credo do Iluminismo era que o caminho para a emancipação humana universal poderia ser encontrado no livre-exercício da razão. A razão poderia superar os debilitantes efeitos da ignorância, do medo e da superstição; o autogoverno racional poderia substituir a obediência cega à autoridade na vida social e política. Defensores do Iluminismo declararam que o uso autônomo da razão forneceu a base para a expansão do conhecimento objetivo, para a fundamentação racional da ação moral, e para a organização de instituições sociais e políticas justas. Esta fé na racionalidade iluminista estava ligada a um ideal de *conhecimento sistematicamente organizado*, adquirido através de métodos científicos, que poderiam ser aplicados para satisfazer necessidades humanas e aumentar nosso domínio sobre a natureza. Foi também caracterizado pela crença na possibilidade de *aperfeiçoamento moral* da humanidade, na realização gradual da liberdade universal através do desenvolvimento de instituições sociais e políticas racionais. O espírito otimista do Iluminismo é impressionantemente capturado no lema de Kant: *Sapere aude!* (Ouse saber!)

No entanto, esse otimismo iluminista logo levou a indagações sobre a relação entre razão e fé, o indivíduo e a sociedade e nossa relação com a natureza. Embora entusiasmados com a promessa iluminista de liberdade racional, muitos artistas, escritores e filósofos começaram a questionar quais fontes de significado e valor moral poderiam ser encontradas de maneira confiável no mundo moderno uma vez que a religião era posta em causa e a natureza era transformada em um domínio mecanicista para a satisfação dos desejos humanos. O Iluminismo gerou assim o "contrailuminismo", representado pelos vários movimentos "românticos" na arte, na literatura e na filosofia. O *Romantismo* poderia ser vagamente definido como um protesto cultural contra certas tendências dentro do Iluminismo: contra concepções redutoras de razão que privilegiavam o universal sobre o particular, o objetivo sobre o subjetivo, e que promoviam o domínio humano sobre a natureza, inclusive o controle racional sobre a nossa vida subjetiva e afetiva. A crítica romântica da razão iluminista inaugurou um debate filosófico e cultural, ainda importante hoje em dia, no qual Hegel permanece sendo um protagonista-chave.

Assim como muitos outros intelectuais jovens, Hegel compartilhou o otimismo do Iluminismo, além de um sentimento crescente de que uma radical mudança histórica estava no ar. A Revolução Francesa de 1789 marcou o início de uma "nova era" que iria colocar os ideais da razão e do princípio da liberdade universal à prova, um entusiasmo logo temperado por críticas, uma vez que a revolução deu lugar ao terror do jacobinismo. Embora inspirado pela Revolução Francesa (ele continuou a brindar pelo Dia da Bastilha a cada ano por toda a vida), Hegel, não obstante, permaneceu crítico quanto aos limites da racionalidade iluminista. A relação de Hegel com o Iluminismo é, portanto, complexa. Por um lado, foi comprometido com os seus ideais: a unidade da razão, a autonomia do sujeito racional e a realização da liberdade humana através do progresso histórico racional. Por outro lado, também foi um dos seus maiores críticos, desenvolvendo uma crítica profunda dos efeitos sociais e culturais perniciosos de uma concepção demasiado limitada de racionalidade.

Esta postura crítica em relação ao Iluminismo já é evidente nos primeiros trabalhos de Hegel, que contrastavam a vida ética comunal grega com a comunidade atomizada moderna de indivíduos autointeressados (cf. *On Christianity: Early Theological Writings* (Sobre o cristianismo: primeiros escritos teológicos) (1948), de Hegel). Esta atenção ao problema da divisão e da alienação na Modernidade continuaria a ser uma preocupação permanente. O objetivo filosófico de Hegel, de maneira muito ampla, era fornecer um antídoto para a explicação instrumentalista da racionalidade que ele via na raiz de muitos fenômenos modernos perturbadores (atomização e alienação; a desconexão entre ciência, moralidade e arte; os efeitos colaterais indesejáveis da economia moderna e das instituições sociais). Hegel quis mostrar como a razão poderia superar as dicotomias que afligem a vida e o pensamento moderno unificando dialeticamente sujeito e objeto, particularidade e universalidade, liberdade e natureza.

Isto significava, no entanto, que a filosofia precisava tornar-se um *sistema de pensamento* genuinamente *racional*, um sistema capaz de fazer justiça ao dinamismo do pensamento autônomo. Este caráter sistemático da filosofia de Hegel é, talvez, a sua característica mais intimidante. É difícil para nós hoje, no entanto, compreendermos a importância atribuída à ideia de "sistema" durante o período iluminista, uma vez que tendemos a considerar a ideia de "sistema" de filosofia como fora de moda ou ultrapassada. Curiosamente, nem todas as correntes do Iluminismo favoreceram a valorização do pensamento sistemático. Os pensadores iluministas franceses (Diderot, Montesquieu, Rousseau e Voltaire), por exemplo, eram decididamente *antissistema*, defendendo, de diferentes maneiras, uma concepção expandida de humanidade que abrangeria razão e emoção, liberdade e natureza, ciência e as artes. No entanto, o ideal de uma unidade de pensamento racionalmente estruturada inspirou todos os grandes filósofos idealistas alemães, de Immanuel Kant (1724-1804), J.G. Fichte (1762-1814), F.W.J. Schelling (1775-1854) ao próprio Hegel. Como os outros pensadores idealistas, Hegel começou sua carreira filosófica nas repercussões da trilogia monumental de Immanuel Kant: a *Crítica da razão pura* (1781/1787), a *Crítica da razão prática* (1788) e a *Crítica do juízo* (1790/1793/1794). O sistema filosófico de Hegel pode ser considerado, em certos aspectos, como uma radicalização do idealismo kantiano, uma tentativa de se apropriar das suas ideias, mas também de remediar suas deficiências a fim de transformá-lo em um genuíno sistema especulativo de filosofia ("especulativo" significando aqui pensamento autônomo capaz de superar as dicotomias do entendimento através do poder unificador da razão).

A filosofia crítica de Kant

A importância de Kant para a filosofia moderna dificilmente pode ser superestimada. Entre outras coisas, Kant desafiou a metafísica dogmática do século XVII (Spinoza, Leibniz, Wolff), argumentando que os limites da nossa capacidade de conhecimento racional devem ser investigados antes que possamos concordar com as pretensões da metafísica tradicional de fornecer conhecimento *a priori* (conhecimento independente da experiência). A filosofia crítica de Kant empreendeu, portanto, a tarefa de investigar o alcance e os limites tanto da razão teórica quanto da prática; realizou *uma autocrítica da razão* que estabeleceria os fundamentos de um sistema de conhecimento racionalmente fundamentado.

Kant procurou, portanto, demolir a especulação metafísica tradicional e substituí-la pela *filosofia crítica*: a investigação crítica da nossa capacidade de conhecimento através de conceitos circunscritos pelos limites da experiência cognitiva humana. Seu objetivo era demonstrar como o conhecimento racionalmente fundamentado é compatível tanto com a ciência natural quanto com a liberdade moral. Contra o empirismo cético (Hume) e o racionalismo dogmático (Wolff, Leibniz, Spinoza), Kant visou desenvolver uma *filosofia racional da liberdade* guiada pelo princípio da *autonomia* (autogoverno ou autolegislação racional). A razão, nas suas versões teórica e moral-prática, *pode legislar para si mesma*; ela nos fornece assim uma base firme para organizarmos o nosso conhecimento, a ação moral e as instituições políticas. Uma unidade abrangente da razão autônoma forneceria um antídoto para o ceticismo, satisfazendo nosso desejo de encontrar um fundamento seguro para o conhecimento e os valores.

A guinada "copernicana" revolucionária de Kant na metafísica reverteu a suposição tradicional de que temos acesso cognitivo direto às coisas no mundo. Em vez de presumir que o conhecimento se conforme a objetos como "coisas em si", Kant propôs que o nosso conhecimento de objetos, considerados *aparências*, se conforma às necessárias condições de cognição *a priori* (independente da experiência) para nós como sujeitos finitos. Em outras palavras, não temos acesso imediato às coisas no mundo; os objetos nunca nos são apenas "dados" imediatamente na experiência. Em vez disso, temos conhecimento de objetos da experiência, o que Kant chamou de "aparências", o que significa qualquer coisa acerca da qual possamos fazer um julgamento cognitivo.

Tais objetos da experiência, argumentou Kant, são estruturados de acordo com três condições "subjetivas" da cognição:

- que toda experiência pressupõe as formas puras da intuição (espaço e tempo);
- que as categorias do entendimento (p. ex., substância e causalidade) estruturam nossa cognição dos objetos;
- que devemos organizar a aplicação desses conceitos, na experiência, sob os princípios da razão pura.

O problema que Kant confrontou, no entanto, foi o de explicar como poderíamos ter conhecimento objetivo do mundo com base em conceitos que não adquirimos da experiência. Se as categorias do entendimento tornam possível o nosso conhecimento objetivo, como sabemos que estas categorias têm "validade objetiva", isto é, aplicam-se verdadeiramente ao mundo? Responder a esta pergunta se tornou a tarefa da notoriamente difícil "dedução transcendental" kantiana (a justificação das condições do nosso conhecimento): demonstrar que as categorias do entendimento são condições subjetivas de possibilidade do conhecimento objetivo, que o seu fundamento ou condição transcendental deveria ser encontrado no que Kant chamou de "unidade transcendental da apercepção". Kant referia-se assim ao princípio puro (formal) da *autoconsciência* que torna possível a experiência empírica ordinária: um princípio "lógico" necessário para a unificação dos juízos cognitivos como todos pertencentes ao único e mesmo sujeito.

Não precisamos nos aprofundar aqui nas complexidades da filosofia crítica de Kant. É suficiente apontar que o idealismo transcendental de Kant tornou a *autoconsciência pura* o princípio fundamental de nossa experiência e conhecimento do mundo. A esperança de Kant ao desenvolver a filosofia crítica foi a de demonstrar como a razão humana evidencia uma complexa unidade na diversidade. A crítica da *razão pura* (não empírica) almejou demonstrar como poderíamos ter conhecimento objetivo do mundo, mesmo embora a nossa experiência seja condicionada pelas condições subjetivas da cognição. A crítica da *razão prática* almejou demonstrar que, graças ao "fato" da liberdade moral, poderíamos exercer juízos morais como seres racionais, mesmo embora também sejamos limitados, como seres fenomênicos, por leis e condições naturais. E, finalmente, a crítica do *juízo* (estético e teleológico) almejou demonstrar que a razão teórica e a razão prática poderiam ser unidas através da experiência estética da beleza na natureza e na arte. A experiência estética da beleza tornou-se assim um símbolo da esperança de uma ordem moral harmoniosa e uma realização humana da liberdade.

O jovem Hegel

Após a euforia gerada pela Revolução Francesa de 1789, o jovem Hegel espera que uma revolução similarmente dramática decorra da filosofia kantiana. Este entusiasmo foi muito bem resumido na declaração do jovem Schelling em uma carta a Hegel (17/01/1795): "A filosofia ainda não está no fim. Kant nos deu os resultados; mas as premissas ainda estão faltando. E quem pode entender os resultados sem premissas? Apenas Kant! [...]". Com efeito, o que os historiadores de filosofia chamam de "idealismo alemão" – o florescimento da filosofia na Alemanha no final do século XVIII e início do século XIX, de Kant, Fichte e Schelling a Hegel – pode ser considerado uma série de tentativas entrecruzadas de fornecer estas "premissas em falta" e, portanto, completar o projeto inacabado da filosofia crítica de Kant (cf. BEISER, 1988).

Ao mesmo tempo, no entanto, devemos notar que o idealismo pós-kantiano foi motivado por uma sensação de que a filosofia crítica kantiana *fracassara* em ratificar suas afirmações de ter alcançado a unidade da razão; fracassara em superar a dicotomia fundamental entre *razão teórica e prática*. Há inúmeros exemplos deste fracasso na filosofia de Kant. Por um lado, Kant defendeu uma unidade abrangente da razão autônoma; por outro, precisava resolver a dificuldade de uma postulada, mas não realizada unidade sujeito-objeto. Esta última se refere ao abismo, evidente em vários pontos da filosofia de Kant, entre as alegações da razão teórica de conhecer o mundo empiricamente, e as alegações da razão prática de legislar o que devemos fazer moralmente. O princípio da autonomia, por exemplo, é o fundamento da filosofia prática e da razão prática, de um modo mais amplo, mas apenas sob a forma de um *postulado* da razão que pode ser *postulado*, mas não realmente comprovado. Há leis supostamente obrigatórias sempre operando na moralidade, mas é claro que sempre podemos deixar de cumprir nosso dever e, ao invés disso, seguir nossas inclinações. O sujeito moral kantiano supostamente autônomo está, ao mesmo tempo, sujeito à natureza sob a forma de desejos, paixões, emoções, e assim por diante.

Estas tensões na filosofia de Kant criaram um profundo abismo entre a razão *teórica* e a razão *prática*, sobre o qual Kant então tentou construir uma ponte através da nossa faculdade de juízo estético (ou pelo menos fornecer a esperança de que uma tal unidade possa ser possível). A experiência estética da beleza na natureza nos dá motivo para esperar a reconciliação entre a razão teórica e a razão prática; mas, uma vez mais, este é um postulado que não pode ser comprovado. A filosofia idealista alemã pode, portanto, ser definida como a tentativa de superar o abismo entre as dimensões teórica e prática da razão, uma tentativa de criar sua unidade motivada pela convicção de que a filosofia de Kant apenas demonstrou a sua falta de unidade. Por fim, Kant só poderia demonstrar que *não* há *contradição necessária* entre liberdade e natureza; mas não poderia demonstrar que *realmente estão de acordo* na experiência e, assim, justificar sua alegação de ter fundamentado racionalmente a unidade da razão. Essa foi a tarefa assumida pelo idealismo pós-kantiano, articulado nas obras extraordinariamente ricas de Fichte, Schelling e Hegel.

O projeto de ultrapassar o idealismo kantiano através de Fichte e Schelling é evidente na primeira obra de Hegel publicada, *A diferença entre* os *sistema*s *filosóficos de Fichte e Schelling* (1801). Este difícil ensaio, que compara criticamente o "idealismo subjetivo" de Fichte com o "idealismo objetivo" de Schelling, prenuncia o projeto maduro de Hegel: superar as dicotomias na filosofia crítica kantiana desenvolvendo um sistema especulativo da razão que unifique as dicotomias entre sujeito e objeto, universal e particular, liberdade e natureza. Neste texto inicial, muitas vezes chamado apenas de *Differenzschrift*, Hegel argumenta que o idealismo de Fichte, como o de Kant, continua a ser um idealismo "subjetivo", porque não consegue gerar uma identidade especulativa, através da razão, entre sujeito e objeto. Embora Fichte mantenha esta identidade de sujeito e objeto no plano teórico, no plano prático ele postula uma separação entre a razão e o mundo. Em nossa ação prático-moral permanecemos, afirma Fichte, condenados a um "esforço interminável" na tentativa de realizar os princípios da moralidade. O resultado é uma dicotomia intratável entre *teoria e prática* que, como a dicotomia de Kant, contradiz a afirmação de Fichte de ter articulado uma unidade especulativa da razão (unificando teoria e prática).

A filosofia de Schelling marca um avanço em relação à de Fichte, de acordo com Hegel, uma vez que desenvolve um idealismo genuinamente "objetivo", que abrange a unidade entre sujeito e objeto (a autoconsciência é o que nos permite compreender a natureza, enquanto a natureza é o fundamento do desenvolvimento da autoconsciência). Sujeito e objeto já não estão em oposição, mas representam diferentes graus de organização de um todo dinâmico, que se autodesenvolve. Com efeito, a oposição entre sujeito e objeto poderia ser superada apontando-se para a sua unidade originária ao nível do que Schelling chamou de "intuição intelectual", uma experiência revelada, por exemplo, na "fusão" de reflexão e intuição, liberdade e natureza, subjetividade e objetividade experimentada na obra de arte. Ao radicalizar a guinada de Kant para a experiência estética, o jovem Schelling elevou a arte ao mais alto nível de conhecimento;

a intuição intelectual do sujeito e do objeto em sua interação dinâmica forneceria a chave para a tão almejada unidade de sujeito e objeto. Impressionado com a solução (romântica) de Schelling para o problema da superação das dicotomias kantianas, o jovem Hegel compartilhou brevemente a posição de Schelling de que a identidade de razão e intuição ("intuição intelectual") nos permite adquirir conhecimento especulativo do todo (a unidade de sujeito e objeto).

Hegel, entretanto, logo rompeu com Schelling quanto ao papel primário da *razão*. A filosofia se empenha em obter uma intuição racional do todo, mas para o jovem Schelling isto requer uma intuição intelectual – uma identidade de sujeito e objeto – que já não é compreensível exclusivamente através da razão. Hegel veio a rejeitar este ponto de vista por uma série de motivos. Em primeiro lugar, como a intuição intelectual pode ser demonstrada ou verificada em comparação com outras alegações de conhecimento? Em segundo lugar, se mantivermos com Kant que todo conhecimento é discursivo, requerendo a síntese de intuições e conceitos, então uma intuição não discursiva, não conceitual, se torna incomunicável. Em terceiro lugar, a alegação de Schelling de conhecer o absoluto por intuição intelectual teve o efeito de dissolver a particularidade sensível em um vasto todo indiferenciado, o que metafísicos, tais como Spinoza, chamaram de "o Absoluto". Como Hegel brinca na *Fenomenologia do espírito* (1807), este Absoluto schellingiano é como "a noite em que todas as vacas são pretas" (PhS, § 16). O problema, na visão de Hegel, era antes o de *conhecer* e *preservar* estes particulares finitos dentro do todo articulado, racional.

O desafio para Hegel, portanto, era encontrar um método discursivo através do qual pudéssemos chegar a conhecer o Absoluto: um conhecimento filosófico ou "especulativo" acessível a todos os sujeitos racionais que pudesse ser demonstrado contra as alegações do conhecimento ordinário. Ao argumentar em favor desse conhecimento, no entanto, Hegel parecia desafiar as restrições de Kant quanto ao conhecimento do Absoluto. Ao mesmo tempo, Hegel manteve que este conhecimento especulativo nos seria possível se pudéssemos superar corretamente a dicotomia entre teoria e prática na filosofia crítica de Kant. A tarefa de Hegel foi, portanto, demonstrar que *o conhecimento conceitual do Absoluto era possível na experiência*, sem recair no dualismo kantiano, no "subjetivismo" fichteano, ou no romantismo schellingiano. Hegel assumiu esta tarefa desenvolvendo uma série de esboços (quando estava na cidade alemã de Jena) descrevendo a metafísica e a "lógica" dialética que fundamentaria seu sistema especulativo de filosofia, abrangendo *lógica especulativa*, a *filosofia da natureza* e a *filosofia do espírito* ou a mente (*Geist*) (estes textos vieram a ser conhecidos como os "manuscritos de Jena").

Neste ponto, no entanto, Hegel começou a refletir sobre a questão de como se deve *começar* a percorrer o caminho do conhecimento especulativo. Ele, assim, se voltou para o problema de prover uma introdução ao seu sistema, uma que não pressupõe uma fundação "cartesiana" absoluta, nem presume que possamos ter uma intuição "schellingiana" esotérica do todo. O que precisávamos, como o próprio Kant havia argumentado, era de uma explicação de como esse conhecimento especulativo era possível: uma "justificação" crítica do nosso conhecimento racional, da nossa experiência cognitiva do mundo em toda a sua variedade e riqueza.

Esta tarefa foi empreendida na obra pioneira de Hegel, *Fenomenologia do espírito*, publicada em 1807, que apresenta a sua justificação *fenomenológica* do nosso conhecimento ou experiência cognitiva. Hegel mostra na *Fenomenologia* como a consciência ordinária, em suas tentativas de conhecer a realidade, acaba em contradição, o que motiva o movimento para padrões cada vez mais complexos e abrangentes de conhecimento. A fenomenologia hegeliana significa o *autoexame do conhecimento* no qual as alegações da consciência de conhecer o mundo são testadas contra os seus próprios padrões de conhecimento, e estes padrões de conhecimento são, por sua vez, testados contra a experiência da consciência. Este movimento (dialético) continua até que seja alcançado um padrão de conhecimento adequado a toda a experiência histórica da consciência (ocidental), desde as origens da filosofia grega à cultura iluminista pós-revolucionária. Quando atingirmos este padrão teremos chegado à perspectiva do "conhecimento absoluto", a versão especulativa de Hegel da famosa identidade sujeito-objeto buscada por Fichte e Schelling. A *Fenomenologia* de Hegel descreve assim a odisseia da consciência em sua jornada em direção ao autoconhecimento filosófico e histórico. É um drama trágico no qual "nós", a audiência filosófica, observa um personagem ("a consciência"), cuja jornada começa na ignorância, passa pelo desespero cético, mas termina na sabedoria filosófica. *Nossa* sabedoria surge quando reconhecemos que esta jornada dramática é de fato a nossa própria jornada.

Parte I

As aventuras do hegelianismo

1

Introdução ao idealismo hegeliano

Apesar de toda a sua formidável dificuldade como filósofo, Hegel também era um professor comprometido, preocupado em introduzir seus alunos à filosofia, qualquer que fosse o seu nível de conhecimento. Hegel foi por um tempo professor no Ginásio de Nürnberg, apresentando aos alunos do ensino médio um esboço simplificado do seu sistema filosófico (cf. seu *Propedêutica filosófica*). Neste capítulo tento fazer algo semelhante, embora menos formidável, ou seja, apresentar uma introdução muito breve a temas importantes em algumas das mais famosas obras de Hegel. Começo com uma visão geral da *Fenomenologia do espírito*, de Hegel, concentrando-me na sua explicação da "experiência dialética da consciência", e fornecendo uma breve explicação da sua famosa dialética do senhor e do escravo. Então me volto para uma explicação muito esquemática da ideia básica da lógica hegeliana: a análise dos sistemas de categorias básicas do pensamento que estruturam nossa experiência do mundo. Alguns aspectos importantes da filosofia da história de Hegel são então explorados, inclusive a influente ideia de um "fim da história". Também apresento alguns elementos-chave da filosofia política de Hegel, seu relato sobre as condições necessárias para o exercício da liberdade moderna. Em conclusão, olho brevemente para o chamado idealismo britânico, um importante movimento da virada do século que gerou a forte guinada anti-idealista – particularmente com Moore e Russell – que pavimentou o caminho para o surgimento da filosofia analítica.

Da consciência ao espírito: A *Fenomenologia do espírito*, de Hegel

Diz a lenda que Hegel estava concluindo às pressas as páginas finais do seu manuscrito quando os primeiros tiros de canhão soaram anunciando a batalha de Jena em 1806. Sob tais dramáticas circunstâncias, até mesmo o título da sua obra-prima permaneceu incerto. Originalmente, Hegel havia selecionado *Ciência da experiência da consciência* antes de optar, no último momento, por *Fenomenologia do espírito*. Hegel, assim, tornou o termo "fenomenologia" famoso, para não mencionar *Geist* ou espírito, a concepção transfigurada de Hegel do que Kant chamou de *Vernunft* ou "razão". "Fenomenologia" vem do termo grego *phainomena*, que significa aquilo que aparece ou se manifesta, e *logos*, que significa explicação arrazoada. Foi um termo usado pela primeira vez pelo amigo de Kant, Lambert, em 1764, mas Kant também o usou em seus *Princípios metafísicos da ciência da natureza*, de 1786, para se referir a uma explicação da percepção e dos seus limites (cf. ROCKMORE, 1993: 86ss.).

Foi Hegel, no entanto, quem tornou a fenomenologia famosa como abordagem filosófica por direito próprio. O conceito de fenomenologia estava fadado a ter uma carreira fascinante no pensamento moderno, sendo mais tarde transformado em direções bem diferentes por Edmund Husserl (1859-1938), Martin Heidegger (1889-1976), Jean-Paul Sartre (1905-1980) e Maurice Merleau-Ponty (1908-1961). Mas o que Hegel denota por este termo? A fenomenologia hegeliana é um método filosófico que descreve e interpreta padrões interconectados de *conhecimento como aparecimento* (alegações de conhecimento que aparecem no nosso mundo histórico). Nossos objetos de investigação não são "verdade" ou "sentido", mas sim *configurações de consciência*. Estas são figuras ou padrões de conhecimento, atitudes práticas e cognitivas, que emergem dentro de um contexto histórico e cultural definido em uma variedade de aparências (p. ex, a figura da "certeza sensorial", que pode ser encontrada no ceticismo antigo, as impressões humeanas e os dados dos sentidos russellianos).

A *Fenomenologia* de Hegel descreve determinadas configurações de consciência, descrevendo como o conhecimento e a experiência conflitam nas várias tentativas do sujeito de conhecer o mundo. Ela mostra como a consciência resolve este conflito entre a sua suposta forma de *conhecimento* e sua *experiência*, isto é, o resultado da sua tentativa de conhecer o mundo de uma maneira ou de outra. A consciência, nos termos de Hegel, sofre, portanto, uma *experiência dialética* – o movimento de um conflito entre conhecimento e verdade para uma configuração mais complexa da consciência que apresenta uma nova relação entre sujeito e objeto – um processo que "nós", os leitores filosóficos, podemos observar em seus desdobramentos. A *Fenomenologia* de Hegel tentará demonstrar como as várias atitudes cognitivas que surgiram no pensamento e na cultura ocidental estão interconectadas em uma sequência conceitualmente articulada – uma sequência que culmina na própria investigação fenomenológica de Hegel. A partir deste ponto de vista, a exposição fenomenológica de Hegel pode ser entendida como "o caminho da consciência natural que promove o verdadeiro conhecimento" (PhS, § 77), qual seja o conhecimento experiencial de si mesmo como espírito.

E quanto a "espírito"? O significado deste famoso termo hegeliano só se torna evidente no decorrer da exposição de Hegel, mas aqui devemos dizer algo à guisa de introdução. Espírito ou *Geist* é o termo de Hegel para a razão autoconsciente, para as relações de sentido social e culturalmente articuladas, ou formas compartilhadas de intersubjetividade social e cultural. Espírito refere-se a formas de "mentalidade" coletiva abrangendo não só a autoconsciência individual, mas também formas de conhecimento e sentido compartilhado em uma cultura, de representações sensuais na arte, representações simbólicas na religião, a compreensão conceitual na filosofia. Ao mesmo tempo, espírito também designa as instituições sociais e políticas como encarnações "objetivas" das normas racionais de conhecimento e prática compartilhadas que definem as comunidades humanas. Tomadas em conjunto, estas formas institucionalmente encarnadas de sentido compartilhado e conhecimento situado compreendem o espírito histórico e a autocompreensão de uma comunidade humana organizada racionalmente.

A exposição fenomenológica começa, no entanto, não com o espírito, mas com a "consciência". Para Hegel, a "consciência natural" descreve uma espécie de realismo de senso comum que é o fundo pressuposto da investigação filosófica. O que a investigação fenomenológica explora é o desenvolvimento da consciência natural no conhecimento filosófico. "Consciência", para Hegel, descreve uma estrutura cognitiva bipolar que relaciona um conhecedor a algo conhecido: uma *alegação de conhecimento* ao que é tomado como *verdade*. Na *Fenomenologia do espírito*, cada instância de conhecimento envolve uma relação entre um sujeito e um objeto (o que Hegel chama de os polos do "saber" e da "verdade"), na qual a consciência compara suas alegações de conhecimento com a sua experiência de saber se estas alegações permanecem coerentes. Se uma contradição surge entre a experiência da consciência e sua alegação de conhecimento, a consciência reconstrói a relação entre conhecimento e objeto, de modo a corresponder com a sua experiência. A consciência supera qualquer disparidade que emerja entre saber e verdade cancelando os aspectos inadequados da sua configuração original e incorporando os aspectos positivos em uma unidade mais complexa da consciência e do seu objeto. O que surge é, portanto, uma nova relação entre o conhecimento e o seu objeto, uma nova configuração do saber e da verdade. Isso é o que Hegel chamou de "experiência dialética" da consciência: o movimento desde um padrão inicial de consciência, sua inversão em uma posição oposta, e a reconfiguração de ambos dentro de uma unidade mais complexa.

Senhorio e escravidão: a luta por reconhecimento

A passagem mais famosa da *Fenomenologia* de Hegel é, sem dúvida, a seção que descreve a relação protossocial entre sujeitos dependentes e independentes – a célebre "dialética do senhor e do escravo". Esta passagem é famosa por muitas razões. Trata-se de um relato fenomenológico dramático da origem da sociabilidade, a versão crítica de Hegel da ficção do "estado de natureza", familiar a partir das teorias do contrato social, em Hobbes, Rousseau e Locke. Forneceu inspiração para a tradição dos hegelianos de esquerda, desde o jovem Karl Marx (1818-1883) a Alexandre Kojève (1902-1968), que obteve muito da sua filosofia social e política da explicação de Hegel da relação dialética entre senhor e escravo. No entanto, para Hegel foi apenas um breve episódio na transição da consciência do mundo para formas racionais de autoconsciência teórica e prática.

Dada a enorme influência desta seção da *Fenomenologia* de Hegel, vale a pena elaborar uma versão compactada desta "luta pelo reconhecimento" (cf. PhS: 111-119). A dialética de Hegel da consciência independente e dependente, como é chamada, é uma descrição de várias concepções inadequadas de liberdade. Ela emerge da experiência do *desejo*, do fato de que a nossa primeira experiência de autoconsciência, por assim dizer, se dá como seres vivos, desejantes imersos em um ambiente natural.

Ao satisfazermos nossos desejos animais obtemos uma sensação fugaz de autoidentidade, por enquanto o nosso desejo (por comida, bebida, sexo) é satisfeito, desaparece, apenas para voltar e exigir ainda mais satisfação. Ao incorporar a mim um objeto desejado, eu ganho uma sensação temporária e instável da minha autoidentidade, que é interrompida assim que estou mais uma vez nas garras do desejo por outro objeto. Embora haja tradicionalmente um número de respostas morais e éticas para o problema de controlar o desejo (epicurismo, estoicismo, e assim por diante), Hegel vai argumentar que é apenas desejando reconhecimento de *outro sujeito vivo, desejante* que podemos ganhar satisfação genuína e uma sensação duradoura de autoidentidade.

No "estado de natureza" de Hegel, no entanto, a primeira experiência de protossujeitos desejantes ("protossujeitos" porque estamos lidando com pré-racionais, seres não-ainda-autônomos) é de *conflito*, até mesmo violência. Cada sujeito desejante tenta asseverar sua independência e autoidentidade negando o outro sujeito desejante; o resultado é uma "luta de vida ou morte" na qual cada protossujeito procura destruir o outro. Mas atingir esse alvo (destruir o outro sujeito) seria autodestrutivo, uma vitória sobre um cadáver, em vez de reconhecimento de um ser vivo. Assim, um dos protagonistas da luta deve capitular, renunciando a sua independência e se submetendo à vontade do outro; o outro consegue, assim, ter a sua independência reconhecida, ainda que sob coação. O protagonista vitorioso, que arriscou sua vida a fim de provar sua independência, se torna *o senhor*, enquanto a parte vencida, que permaneceu "amarrada" à mera vida, se torna *o escravo*, a consciência dependente que reconhece apenas a vontade do senhor.

Aqui é onde as famosas "reversões dialéticas" de Hegel entram em jogo. A vitória do senhor é oca, porque ele é de fato dependente do escravo, que trabalha para o senhor, a fim de que o senhor possa satisfazer os seus desejos. O senhor extorquiu reconhecimento da sua independência de um ser totalmente dependente, reduzido ao *status* desumanizado de uma "ferramenta viva" (Aristóteles). O escravo, por contraste, passará a ser "senhor do senhor", por assim dizer, pois o escravo experimentou os seus próprios limites, sua *finitude* (ao encontrar a ameaça de morte), o poder que nega todos os seus atributos; ele está, portanto, negativamente consciente dos seus limites mortais e da sua capacidade de liberdade. O escravo, portanto, escolhe a vida, refreia o seu desejo, aprende a autodisciplina, desenvolve suas habilidades e competências ao trabalhar para o senhor, e, lentamente, vem a reconhecer o seu poder de transformar o mundo objetivo através do trabalho ou do labor coletivo. No longo prazo, sugere Hegel, o escravo vai chegar a uma concepção mais verdadeira de liberdade, reconhecendo a interconexão entre dependência e independência, e desenvolver um senso de autoidentidade através do trabalho e da contribuição para a comunidade social.

No entanto, tanto o senhor quanto o escravo permanecem trancados em uma relação infeliz de dominação: o senhor não pode ganhar reconhecimento de sua independência, pois o escravo permanece um ser dependente. O escravo, enquanto isso, permanece escravizado ao mestre e tem negado o reconhecimento adequado da sua humanidade e liberdade. Na verdade, a experiência de domínio e escravidão ensina à consciência que não só a vida, mas a liberdade lhe é essencial. A questão agora é como esta liberdade deve ser entendida e realizada, questão abordada na próxima configuração da autoconsciência, que Hegel chama de "consciência infeliz". Esta é a experiência do *sujeito alienado*, e de suas várias tentativas de lidar com as consequências de uma concepção inadequada de liberdade.

Na sequência da dialética do senhor e do escravo, a primeira estratégia é encontrar a liberdade no pensamento puro, uma estratégia evidente no *estoicismo*: posso estar escravizado na realidade, mas a minha mente racional permanece livre e universal, mesmo embora o meu ego empírico (e talvez também o meu corpo) esteja alienado e dominado. Esta é uma apresentação bastante estilizada do estoicismo, que, de modo geral, defendia o desprendimento das formas excessivas de paixão através do exercício da razão e do autocontrole racional. No entanto, Hegel enfatiza a centralidade do pensamento racional livre em sua explicação, e até mesmo argumenta que o estoicismo afinal só pode oferecer truísmos e platitudes que por fim resultam em tédio! Por isso, a estratégia seguinte consiste em radicalizar essa liberdade de pensamento, voltando-a contra *todas* as pretensões de conhecimento. Este é o *ceticismo* como a liberdade de pensamento puro, que nega todas as pretensões de conhecimento em nome da liberdade radical do sujeito pensante racional. No entanto, este sujeito pensante permanece um ser encarnado, vivo, desejante, existindo em um mundo social com outros. Pode-se ser realmente cético apenas em teoria, pois agir no mundo exige que assumamos a verdade desses mesmos conceitos rejeitados em nome da dúvida cética.

Uma vez que o sujeito se torna consciente da sua separação em um eu pensante radicalmente livre e um eu empírico sem liberdade, torna-se uma "consciência infeliz". Este é o sujeito alienado, religioso, que luta contra a sua própria autocontradição interna (como divino e profano), e se empenha em vão em unir estas dimensões *universal* e *particular* da individualidade. O aspecto universal é projetado para fora, em uma essência imutável eterna (Deus), enquanto o aspecto particular permanece vinculado ao corpo, aos sentidos e ao ego degradado do indivíduo. A consciência infeliz embarca, assim, em tentativas cada vez mais radicais de unir os aspectos imutáveis e particulares de sua subjetividade alienada, primeiro através da devoção religiosa, então no desempenho de boas obras, e, finalmente, através de uma absoluta abnegação de si. Mas a consciência infeliz só pode superar o agravamento da sua alienação uma vez que se dê conta de não poder unificar à força o aspecto universal da sua individualidade e a sua experiência corporal particular. Em vez disso, o universal e o particular são dimensões contrastantes da autoconsciência, que afinal estarão unidas no indivíduo racional encarnado. Minha subjetividade racional é sempre mediada pelas minhas relações com os outros, pelo fato de ser reconhecido dentro de um contexto intersubjetivo de interações racionais. Este é o momento em que a autoconsciência começa a se transformar em *razão*, na unidade racional de universal e particular, no sujeito consciente de si mesmo ao ser consciente de sua *universalidade*. O que está à frente da razão autoconsciente são as experiências conflitantes da *razão teórica* e *prática*, uma dicotomia que é superada apenas na mais complexa unidade-na-diferença do "espírito": "o Nós que é Eu e o Eu que é Nós" (PhS, § 177), a unidade intersubjetiva que é a verdadeira natureza da liberdade realizada.

Do espírito à ideia: a *Lógica* de Hegel

A *Fenomenologia* hegeliana é uma "ciência" da experiência da consciência que é também uma reconstrução da nossa experiência histórico-filosófica como membros de uma comunidade racional moderna. A experiência fenomenológica da consciência atravessa a autoconsciência, a razão teórica e a prática, e diferentes versões históricas do espírito, da antiguidade grega e o cristianismo medieval a cultura iluminista e a sociedade burguesa moderna. A jornada fenomenológica culmina com o que Hegel chama de "conhecimento absoluto" – um conhecimento que abrange todo este movimento (circular) da consciência e a autoconsciência à razão e o espírito autoconhecedor. Alcançamos o conhecimento absoluto quando reconhecemos que a intuição imediata – a "certeza sensível" com a qual começamos – pressupõe toda a complexa história fenomenológica do espírito que vem a conhecer a si mesmo. É neste sentido que a *Fenomenologia do espírito* foi concebida como uma introdução ao sistema especulativo de Hegel. Uma vez que tenhamos atravessado este caminho fenomenológico, atingimos um nível que nos permite embarcar na filosofia especulativa propriamente. A fenomenologia nos permite, assim, passarmos ao nível do pensamento *conceitual puro*: a lógica especulativa que articula as categorias básicas do pensamento.

A lógica de Hegel é proibitivamente difícil. No entanto, Hegel pretendia que fosse inteligível, em princípio, para todos os indivíduos racionais que desejassem compreensão filosófica da estrutura categórica da subjetividade autoconsciente ("espírito subjetivo"), dos diferentes tipos de instituições sociais e políticas modernas ("espírito objetivo") e das três formas culturais de "espírito absoluto" que proveem nossa reflexão autocognitiva (arte, religião, filosofia). Embora ainda grasse o debate sobre o verdadeiro sentido da lógica de Hegel, a maneira mais simples de descrevê-la é como uma análise de *sistemas* interconectados de categorias básicas de pensamento (cf. KOLB, 1986; PINKARD, 1988). Dessemelhante da lógica formal, que considera as relações lógicas entre proposições e as regras formais de argumentação válida, a lógica hegeliana analisa o sistema de categorias básicas do pensamento como modos de conceitualizar a realidade como um todo coerente e inteligível.

Neste sentido, Hegel radicaliza a "lógica transcendental" de Kant, que almejava descrever as relações lógicas entre as categorias que fornecem as condições de possibilidade para a nossa experiência cognitiva subjetiva. Para Hegel, essa lógica transcendental deve ser transformada em uma *lógica especulativa* que demonstra o desenvolvimento imanente de categorias em uma sequência lógica ou padrão interconectado. Estas categorias são articuladas em três sistemas interconectados, cada um exibindo a sua própria sequência de desenvolvimento. Os três principais sistemas categoriais que Hegel descreve são a lógica do *ser* (*Sein*), que funciona através de uma lógica de transição entre categorias; a lógica da *essência* (*Wesen*), que exibe uma lógica de reflexão, de oposição e dicotomia entre as suas categorias; e a lógica do *conceito* (ou conceitualidade) (*Begriff*), que evidencia uma lógica de autodesenvolvimento imanente entre categorias interconectadas – uma lógica que, por sua vez, integra elementos dos dois sistemas categoriais anteriores. Este movimento dos sistemas lógicos do ser, à essência, ao conceito, compreende o todo da lógica especulativa, que também fornece uma versão "lógica" da história da metafísica desde a ontologia grega (Platão e Aristóteles), passando pela metafísica da substância (Spinoza), até a moderna metafísica do sujeito (Kant) e a filosofia especulativa (Hegel).

Este projeto filosófico enormemente ambicioso permanece controverso, e é até mesmo frequentemente ignorado em leituras contemporâneas de Hegel (cf. WOOD, 1990). No entanto, supõem-se que a lógica de Hegel forneça o arcabouço subjacente a toda a sua "*Realphilosophie*" ou filosofia do real, isto é, sua filosofia da natureza e filosofia do espírito subjetivo. Com efeito, as categorias da lógica especulativa também permanecem em jogo na filosofia de Hegel do mundo social, da arte, da história e da política. Algumas palavras que introduzem a parte mais familiar do trabalho extraordinário de Hegel devem, pois, ser suficientes, após as quais voltarei brevemente a alguns dos principais temas da filosofia da história e da filosofia política de Hegel.

Aristóteles notoriamente definiu a lógica como o "pensamento que se pensa a si mesmo". Hegel toma este *insight* – juntamente com a lógica transcendental de Kant, a lógica das categorias que tornam possível a nossa experiência – e desenvolve uma explicação das categorias básicas do pensamento nas suas relações imanentes e desenvolvimento sequencial dentro de sistemas categoriais distintos. Mas onde uma tal lógica especulativa começaria? Deve ser com a mais básica categoria de pensamento, aquela que nos permite começar "sem pressupostos" (cf. HOULGATE, 2005). Por que sem pressupostos? Porque Hegel quer ir além do caráter infundado da "dedução" ou da justificação das categorias de Kant, uma vez que Kant era criticado por simplesmente assumir a tabela de categorias de Aristóteles sem justificá-las ou demonstrar sua interconexão lógica. Além disso, Hegel evita pressupor sem justificação imanente as leis do pensamento pressupostas pela lógica formal, ou seja, que todo pensamento deve obedecer às leis da identidade (A = A) e da não contradição (A não pode simultaneamente ser não A em uma única circunstância). Mesmo as leis e os princípios mais básicos do pensamento devem ser fundamentados e justificados em relação a um pressuposto absolutamente mínimo (que virá a ser o *ser puro*). A lógica especulativa tentará, portanto, apresentar um sistema de relações categoriais autofundado, sem pressuposições, que se desenvolverá em uma totalidade de pensamento e determinações racionalmente conectados.

Esta primeira categoria é a categoria do ser puro: "o imediato indeterminado", ser imediato livre de qualquer determinação ou distinção. Ser puro é simplesmente outro termo para "o que é"; tudo quanto seja pensado em algum sentido *é*, ou seja, pressupõe a categoria do "ser puro", ser desprovido de qualquer conteúdo definido. O verbo "ser" é um pressuposto indeterminado imediato do pensamento como tal. Mas esta pura indeterminação também é o que torna o "ser" indistinguível do "nada". Ambos, o ser e o nada, são definidos pela pura indeterminação; no entanto, o ser e o nada são categorias ao mesmo tempo distintas em significado. Nós obviamente denotamos coisas diferentes por "ser" e "nada", mas esta diferença não pode realmente ser articulada por meio dessas categorias mesmas: "Que aqueles que insistem que o ser e o nada são diferentes resolvam o problema de afirmar em que a diferença consiste" (SL: 92). O conflito entre estas categorias – como indistinguíveis embora de significados opostos – só pode ser resolvido movendo-se para uma categoria "superior", mais complexa, que abrange o movimento entre o ser e o nada. Esta categoria é o *devir*, que incorpora o desaparecimento do ser no nada e do nada no ser, como momentos ou aspectos do seu movimento "suspensos" (cancelados, embora preservados).

O próprio devir, no entanto, é uma categoria instável, que sofre uma transformação no seu significado. A instabilidade entre os momentos de vir a ser e de deixar de ser deve ser estabilizada dentro de uma categoria mais complexa, que incorpore a diferença negativa entre o ser e o nada dentro de uma unidade "superior". Isto é alcançado na categoria do *ser determinado*. Hegel chama este movimento das categorias do ser e do nada para as do devir e do ser determinado de um caso exemplar do movimento de *Aufhebung* (suprassunção ou sublação). Este é um dos conceitos de assinatura de Hegel, um conceito que define o pensamento especulativo hegeliano. A palavra alemã *aufheben* é de uso corrente, mas ela expressa significados opostos: *cancelar, eliminar*, mas também *preservar ou levar a um nível mais elevado*. Neste caso, os momentos do ser e do nada são *ambos* cancelados *e* preservados como aspectos do devir, e estes momentos "suspensos" de devir são por sua vez transformados nos momentos de *uma coisa* e *outra* dentro da unidade mais complexa do *ser determinado*.

Hegel continua o desenvolvimento dialético das categorias na transição da lógica do ser para a lógica da essência. Nós temos visto como há uma simples *transição* ou *passagem* do "ser" para o "Nada": o ser passa ao nada, os quais são ambos suprassumidos pela categoria do *devir*, sendo esta última suprassumida pelo *ser determinado*, e assim por diante. Aqui as categorias do ser tentam, embora falhem, resolver o conflito entre *imediatez* e *determinação* (que é a razão pela qual o ser puro acaba transformado em ser determinado).

A lógica da essência, por contraste, opera com pares correlatos de categorias em oposição hierárquica (tais como essência e aparência, identidade e diferença, causa e efeito). As categorias de essência lidam com as relações subestrutura/superestrutura, o familiar modelo de "dois mundos" da metafísica, que estabelece o mundo sensível da aparência como distinto do mundo suprassensível da essência. A lógica da essência, no entanto, permanece limitada dentro de uma estrutura opositiva de pensamento; é incapaz de conceitualizar adequadamente a unidade do universal e do particular – essencial para a unidade da razão genuinamente autônoma – sem subordinar o particular ao universal, que, portanto, permanece formal e abstrato (no sentido de uma forma vazia que abstrai a partir do conteúdo definido). Ambos os sistemas da lógica do ser e da lógica da essência, portanto, permanecem incapazes de conceitualizar a tríplice unidade do universal e do particular no indivíduo, e assim devem ser suprassumidos pela lógica do *Conceito* ou *Begriff*.

O que Hegel quer dizer com "Conceito" ou *Begriff*? (Cf. PINKARD, 1988; KOLB, 1986.) Para os nossos propósitos é suficiente dizer que o termo "Conceito" de Hegel, em geral, se refere à totalidade dialética das categorias ou "determinações de pensamento" que compõem a inteligibilidade do todo. Ao mesmo tempo, "Conceito" também se refere à estrutura tripla que compreende os aspectos inter-relacionados da universalidade, da particularidade e da individualidade dentro de qualquer todo racional. A título de exemplo, podemos considerar o conceito hegeliano de autoconsciência. Este abraça o aspecto da *universalidade* (a unidade formal da autoconsciência, o "Eu" = "Eu" fichteano); o aspecto da *particularidade* (o aspecto desejante da autoconsciência, meus próprios desejos e apetites particulares); e o aspecto da *individualidade* (o sujeito autoconsciente individuado que adquire sua identidade através de relações de reconhecimento mútuo com outros sujeitos). Hegel vai então examinar esta lógica tríplice da conceitualidade em seu movimento de autodesenvolvimento para a *Ideia*, definida como a *unidade de conceito e realidade*. A Ideia de Hegel está longe de ser meramente uma abstração intelectualista; ao contrário, trata-se da unidade-na-diferença de pensamento e ser que expressa a própria racionalidade do real.

O objetivo último da lógica de Hegel é suprassumir a lógica opositiva do *entendimento* (*Verstand*) analítico ou formal, que fundamenta os sistemas categoriais das metafísicas da substância e do sujeito. A lógica especulativa do Conceito supera este pensamento dicotômico em favor de uma lógica que articule a unidade tríplice do universal, do particular e do individual, uma lógica que Hegel afirma pertencer a um pensamento genuinamente livre, em autodesenvolvimento. Apesar de todo o seu caráter arcano, a lógica de Hegel, no entanto, fornece um fundo essencial para a compreensão das suas célebres análises da história moderna, da sociedade, da cultura e da política. Como veremos, também forneceu o impulso, principalmente através do trabalho do hegeliano francês Jean Hyppolite (1907-1968), para a guinada contra Hegel que define a filosofia francesa da diferença que surgiu na década de 1960 (especialmente com Deleuze e Derrida).

História, liberdade, Modernidade

O sistema inteiro de Hegel está supostamente fundamentado pelas relações categoriais nas diferentes partes da lógica hegeliana. Isto também vale para as bem-conhecidas partes específicas da sua filosofia (como a relação entre o senhor e o escravo, a noção de *Geist* e suas famosas teses sobre a razão na história e a realização da liberdade no mundo moderno). Embora a relação entre a lógica de Hegel e as outras partes do seu sistema continue a ser uma questão candente para os estudiosos de Hegel, para os nossos propósitos uma breve consideração de como a lógica especulativa informa algumas das mais bem-conhecidas análises de Hegel de fenômenos sociais, culturais e políticos vai ajudar a introduzir temas da sua filosofia da história, e os principais aspectos da sua mais importante obra de filosofia política, a *Filosofia do direito*.

Uma das contribuições mais significativas de Hegel para o pensamento moderno repousa em sua ênfase da *historicidade* do conhecimento e da experiência. Para Hegel, não somente existimos no tempo histórico, mas nosso conhecimento e experiência social são de caráter histórico: são moldados pela história da qual somos parte, e que, entretanto, contribuímos para moldar. Mas a história, para Hegel, não é simplesmente o registro cronológico de eventos, nem a aparentemente cega sucessão de lutas conflituosas por terra, poder, riqueza ou recursos. Quando vista de uma perspectiva filosófica, argumenta Hegel, a história evidencia um *progresso racional*, mesmo embora o curso empírico da história muitas vezes pareça irracional, violento e sangrento. (Como Hegel notoriamente observa, a história é um "abatedouro" no qual indivíduos, até mesmo comunidades inteiras, são "sacrificados" pelo avanço da liberdade.) Embora os agentes históricos ajam amplamente baseados em motivações irracionais, egoístas e de curto prazo (desejo de glória, riqueza, poder), a história filosoficamente compreendida exibe, ao contrário, uma "realização da ideia de liberdade" em ação. Hegel tem sido criticado desde então por manter uma visão que pareceu fazer da filosofia uma apologia do *status quo*. Alguns críticos alegaram mesmo que Hegel considerava o estado prussiano da época a encarnação da Ideia de liberdade!

Essas críticas, no entanto, negligenciam o caráter fundamentalmente *normativo* da filosofia da história de Hegel. A racionalidade de uma comunidade histórica só pode ser julgada considerando-se o grau em que esta comunidade avança o desenvolvimento de uma ideia de liberdade ("Ideia" tendo aqui o sentido hegeliano de uma "unidade de Conceito e fato", i. é, uma *unidade de teoria e prática*). Uma Ideia que permaneça uma abstração intelectual ou mero "dever" não é Ideia absolutamente; devemos ser capazes de apontar para efetivações da Ideia na experiência histórica e social (assim, obras de arte são encarnações da Ideia de beleza na experiência histórica e cultural; instituições sociais e políticas são exemplares da Ideia de liberdade na história). Para citar a famosa história de Hegel, a carreira da Ideia de liberdade (genuína autodeterminação e autorrealização dentro de uma comunidade racional autônoma) começa no Oriente, com o chamado despotismo oriental, onde *um* indivíduo (o imperador) é livre, enquanto todos os outros permanecem desprovidos de liberdade. O espírito da liberdade se move para o Ocidente, emergindo em autoconsciência na antiga Grécia, onde *alguns* são livres (os cidadãos atenienses do sexo masculino), enquanto a maioria dos indivíduos permanece desprovida de liberdade (não cidadãos, estrangeiros, mulheres, escravos). Finalmente, a Ideia de liberdade chega à autorrealização no contexto cristão do Ocidente pós-revolucionário, onde *todos* são reconhecidos como livres (pelo menos em princípio, se nem sempre na prática), onde a liberdade finalmente se torna universal e os indivíduos são entendidos como merecedores de reconhecimento como racionalmente livres apenas em virtude de seu *status* como seres humanos.

Como evidência histórica da realização de princípios universais de liberdade, Hegel apontou para a significância filosófica da Revolução Francesa; ele também apontou para o surgimento de princípios universais de moralidade e justiça consagrados nos estados constitucionais modernos governados pelo estado de direito. Esta autocompreensão filosófica de nós mesmos como livres significa que chegamos à consciência de que a nossa liberdade individual é tornada possível, de fato sustentada pelas instituições sociais, econômicas e políticas do mundo moderno. Esta consciência histórica da Ideia de liberdade através do reconhecimento das condições de possibilidade fornecidas pelas instituições sociais e políticas modernas veio a ser conhecida como a controvertida tese de Hegel do "fim da história".

O "fim da história"?

Esta ideia viria a ter uma vida muito longa na repercussão do pensamento de Hegel. Ela forneceu o ímpeto para o modelo marxista da realização da liberdade através da instituição revolucionária do comunismo. Ela forneceu a inspiração para a influente leitura marxista-heideggeriana de Hegel por Alexandre Kojève, que antecipou alguns dos temas da condição "pós-histórica" do pós-modernismo. Também foi recentemente assumida por Francis Fukuyama (1992), que citou Hegel (o de Kojève) a fim de afirmar que a tese de Hegel do "fim da história" poderia ser aplicada à propagação pós-1989 do capitalismo de livre-mercado e ao crescente domínio da democracia liberal ocidental através do globo. A tese de Hegel do "fim da história" permanece controvertida e irresoluta, para dizer o mínimo.

Apesar do mito comum (Hegel como apologista do Estado prussiano), o "fim da história" não significa que os arranjos sociais e políticos da época de Hegel representavam, para ele, o auge da liberdade realizada. O que Hegel tenta articular é a ideia de que a história *exibe* uma progressão racional, e de que existe uma "meta" ou "fim" discernível em relação ao vasto trabalho da "história mundial": ou seja, a *realização da Ideia de liberdade*. A afirmação controvertida de Hegel é que as condições para a realização da liberdade universal estão agora estabelecidas, pelo menos em princípio, nas instituições sociais e políticas autorreformadoras do mundo moderno, e que nossa autoconsciência histórica, por sua vez, alcançou um estágio onde agora reconhecemos a liberdade e a dignidade universais dos seres humanos como tais (uma ideia de proveniência cristã, como Hegel observa). Isto significa que as grandes transformações nos princípios e sistemas básicos das sociedades modernas seriam improváveis, o que não significa que crises, guerras e lutas não continuem a desempenhar um papel significativo como incentivos à reforma interna da estrutura institucional da Modernidade. Hegel está convencido, no entanto, de que uma compreensão filosófica da história revelará que existe uma progressão racional na realização da liberdade, e que as condições para esta realização estão agora institucionalmente articuladas e filosoficamente compreendidas no mundo moderno.

Como veremos, o otimismo e o racionalismo histórico de Hegel têm sido submetidos a um grave ataque à luz dos eventos históricos do século XX. Para citar apenas um crítico, Theodor Adorno (1903-1969) argumentou que os horrores da tentativa nazista de exterminar os judeus da Europa refutam o otimismo histórico de Hegel: Auschwitz condena a racionalidade iluminista em princípio. Muitos críticos pós-modernistas de Hegel, como Jean-François Lyotard, seguiram a crítica de Adorno. Hegel foi o primeiro filósofo, no entanto, a realmente nos forçar a considerarmos a própria história como um problema filosófico; considerar como a nossa própria autocompreensão e nossos horizontes de conhecimento são parte de um processo contínuo de transformação histórica e autorreflexão filosófica. Ele também foi o primeiro filósofo a levar muito a sério a história da filosofia e interpretar a filosofia historicamente. A história da filosofia se torna inseparável da compreensão do significado e do contexto de problemas filosóficos supostamente "atemporais", "eternos".

A liberdade moderna

Alegações e contra-alegações similarmente controvertidas rodearam a *Filosofia do direito* (1821) de Hegel, um dos mais profundos trabalhos em filosofia política no âmbito da tradição ocidental. Esta última grande obra de Hegel (publicada durante uma guinada repressiva na vida política alemã) tem sido acusada de fornecer uma apologia do Estado prussiano, até mesmo uma racionalização filosófica para o totalitarismo político. No entanto, trata-se de uma obra de extraordinária profundidade e amplitude, abrangendo a ética grega e o direito romano, a moral iluminista e a subjetividade romântica, a relação entre a liberdade política e a econômica, e a fundamentação do direito individual e da moralidade universal na estrutura racional do estado político moderno. Em resumo, o projeto da *Filosofia do direito* consiste em reconstruir as *condições normativas para a realização da liberdade* no mundo moderno. Aqui indicarei apenas alguns temas centrais que se têm provado influentes, não só para as escolas hegelianas surgidas imediatamente após a morte de Hegel, mas também para as complexas correntes do hegelianismo do século XX que são o tema deste livro.

A *Filosofia do direito* pode parecer uma obra desconcertante, a menos que entendamos sua tarefa fundamental: uma descrição e compreensão filosófica das *condições normativas* exigidas para a realização da liberdade no mundo moderno. Em outras palavras, a *Filosofia do direito* examina as condições que tornam possível o sujeito moderno dotado de vontade livre, que acredita determinar livremente as opções entre as quais escolhe um modo de vida definido. Esta concepção de liberdade "atomizada" – atomizada no sentido de tomar cada indivíduo como um "átomo" isolado desconectado de outros indivíduos ou de práticas sociais compartilhadas – será demonstrada deficiente como explicação da interação complexa entre indivíduos autônomos, princípios universais da moralidade, e as complexas instituições sociais, econômicas e políticas do mundo moderno. Na verdade, a tarefa de Hegel é realizar uma apresentação crítica das limitações da concepção atomizada do sujeito dotado de vontade livre. A *Filosofia do direito* almeja demonstrar como concepções individualistas de liberdade encontradas na esfera do "direito abstrato" e da "moral" estão fundamentadas no contexto normativo complexo da "vida ética". É apenas no contexto das instituições sociais e políticas modernas que encontramos as condições que tornam possível o "direito à liberdade subjetiva" do sujeito moderno, a familiar noção liberal da liberdade de escolher o próprio caminho de vida sem interferência indevida.

Hegel prossegue, portanto, para a reconstrução dos fundamentos ou das condições do sujeito dotado de vontade livre que almeja a liberdade como tal. A mais básica concepção de liberdade é o poder de abstrair de qualquer dada determinação que se possa ter: quaisquer que sejam os atributos que eu possa ter, eu sou livre para retirar esses atributos como eu achar melhor, rejeitando qualquer conteúdo definido ou fixo de minha identidade como uma restrição da minha liberdade (p. ex., que me aconteça de viver em uma determinada cidade, ou ter um determinado trabalho, ou me misturar com certas pessoas). Mas esta *liberdade negativa* que exerço, sem interferência alheia, negando minhas dadas determinações, meus compromissos, também deve envolver uma *liberdade positiva* de fazer certas coisas, de me envolver em várias atividades. A liberdade não é apenas a capacidade *de rejeitar*, mas também o poder *de escolher* opções definidas (eu poderia viver em outro lugar, obter um trabalho diferente, ou encontrar novos amigos). Mas ao escolher esta ou aquela possibilidade concreta estou, ao mesmo tempo, preservando minha liberdade de me retirar, caso assim o deseje. Quais das opções ou possibilidades entre as quais posso escolher? Se estas forem opções impostas externamente, das quais eu seja dependente, isso então implicaria que não posso ser verdadeiramente autodeterminador. Pois, nesse caso, estou em dívida com quaisquer opções que aconteçam de serem dadas no meu contexto atual. Portanto, esta concepção básica de liberdade como a vontade livre almejando a sua própria liberdade se contradiz. Alega ser autônoma ou autodeterminadora, mas é dependente do conteúdo externo para as opções entre as quais deve escolher.

A única maneira de se resolver esta contradição consiste em integrar ambos os aspectos (positivo e negativo) da liberdade e fazer dos fins ou opções que eu escolha fins ou opções *autoescolhidas*. Tudo quanto a partir do que eu escolha já não é mais simplesmente dado a mim externamente: eu não simplesmente escolho livremente entre dadas opções; ao contrário, eu livremente crio ou determino as próprias opções, a gama de possibilidades que posso adotar e sobre as quais posso agir. Por esta visão da liberdade, portanto, o que quero é *a minha própria liberdade de determinar possibilidades de ação*: a minha liberdade tanto de aceitar quanto de rejeitar estas possibilidades, ou de afirmar ou negar características da minha própria maneira de ser. A liberdade não é mais simplesmente uma questão de escolha pessoal, mas uma questão de reconhecer o *direito* dos indivíduos de determinarem as suas próprias possibilidades de ação, um direito que deve ser formalmente consagrado – por exemplo, através do direito – dentro de uma ordem social e política definida.

O que torna possível esta liberdade de determinar minhas opções de ação? Em primeira instância, é o fato de que eu *sou dono* das minhas próprias ações, de que eu possuo o meu próprio corpo como uma forma original de "propriedade"; minhas ações, por sua vez, através do trabalho, me permitem reivindicar os produtos do meu trabalho. Esta observação fornece a base para o movimento de Hegel para a esfera das *relações de propriedade*. Este direito de escolher livremente entre várias opções dentro da ordem social-legal das relações de propriedade fornece o ponto de partida da análise de Hegel da esfera do *direito abstrato*: o direito dos indivíduos, protegido por lei, de possuírem propriedade e de participarem de intercâmbios contratuais e econômicos uns com os outros. Tal liberdade é, essencialmente, um direito, ou seja, uma prerrogativa reconhecida pelos outros, ancorada em instituições sociopolíticas e imposta por lei. Na esfera do direito abstrato, o indivíduo é meramente um "sujeito legal", um agente autointeressado dotado de certas prerrogativas legais reconhecidas. Uma vez que tais agentes escolhem de acordo com o próprio autointeresse, não há garantia de que as suas escolhas também serão morais (desde um ponto de vista individual) ou éticas (desde um ponto de vista coletivo ou comunal). Alguns agentes livremente dispostos farão o possível para auferirem alguma vantagem às custas dos outros, negando a liberdade dos últimos dentro da esfera do direito abstrato. A esfera do direito deve, pois, englobar também a do *crime* e do *ilícito*. O sujeito dotado de vontade livre, que quer liberdade, deve também querer as *condições* de liberdade, o que significa aqui a esfera do *direito abstrato* delimitado e imposto por lei.

Mas essa concepção de liberdade como direito implica uma concepção mais ampla do indivíduo do que como sendo mero possuidor de propriedade ou sujeito de direito. Também implica um sujeito que queira que esse direito seja endossado e que ao mesmo tempo se abstenha da violação dos direitos dos outros. Implica que se tenha o direito à liberdade em um sentido universal como *sujeito moral*. O sujeito dotado de vontade livre deve também ter a capacidade de governar, e, se necessário, limitar sua ação meramente autointeressada em nome de princípios universais. Meu direito de possuir propriedade como sujeito de direito, direito protegido por lei, está fundamentado em meu reconhecimento como *ser moral*, ao invés de como mero "sujeito de direito". Esta transição do direito abstrato traz-nos à esfera da *moralidade*: o reconhecimento da minha liberdade como um sujeito moral autônomo dotado de razão e sujeito a princípios morais universais livremente reconhecidos.

A exposição de Hegel da esfera da moralidade compreende a concepção kantiano-moderna da moralidade como fundamentada na universalidade, mas também abrangendo a consciência individual. Define uma esfera do direito distintamente moderna que subjaz à esfera do direito abstrato ("abstrato" no sentido de reduzido ao nível mais formal do direito ao livre-intercâmbio e à busca autointeressada dos próprios fins). Entre outras dificuldades, Hegel aponta que o sujeito moral que quer o universal de acordo com a demanda incondicional da consciência pode acabar fazendo o "mal": afirmando a retidão absoluta da sua consciência e assim rejeitando a possibilidade de diálogo com os outros. Tal moralidade inerentemente individualista, que tenta fundamentar-se no universal ou articulá-lo, mais uma vez se contradiz.

A esfera da moralidade individual deve, portanto, ser contrastada com a esfera do que Hegel chama de *Sittlichkeit* ou "vida ética" (o mundo da vida do costume, das práticas compartilhadas e da normatividade social). As condições que genuinamente fundamentam a esfera da moralidade encontram-se no contexto normativo das instituições sociais e do estado político. Esta esfera da vida ética também tem três aspectos ou dimensões: a forma imediata da vida ética representada pela *família*; a esfera oposta da *sociedade civil*, os mecanismos e instituições formais que regulam o intercâmbio econômico no mercado; e a esfera que engloba e, portanto, fundamenta a ambas, ou seja, as instituições racionais do *estado político*. De forma muito esquemática, o movimento entre estes níveis ou aspectos prossegue da esfera natural de reconhecimento intersubjetivo dentro da família, da dissolução da família (quando a criança educada se torna um cidadão adulto) e da entrada em independência social e econômico (sociedade civil), e da resultante expansão, dinamismo, mas também atomização e alienação gerada pela sociedade civil (notavelmente a criação de desigualdades de riqueza e uma subclasse social, alienada ou "ralé" (*Pöbel*) como um subproduto inevitável de um livre-mercado eficiente).

A alienação gerada pela moderna ordem social e econômica pode ser combatida, afirma Hegel, cultivando-se nos cidadãos um senso de orientação ética para o bem comum. A proposta de Hegel era que a Modernidade poderia conseguir isso através da promoção de uma renovação de instituições mediadoras (as "corporações" profissionais, que combinam traços da guilda medieval com aqueles do sindicato moderno) que fomentariam um senso de solidariedade, e um compromisso com o interesse *comunal*, ao invés de com o meramente pessoal. Essas instituições mediadoras permitiriam que os cidadãos conectassem suas preocupações pessoais e profissionais com os objetivos sociais e políticos da comunidade, e associassem sua vontade comunitariamente orientada com os funcionamentos bem-sucedidos do estado político. Em suma, a esfera da vida ética encontra sua realização e fundamento na comunidade racional e nas instituições autorreformadoras do estado político moderno. É neste sentido que Hegel afirmou que o estado político é a "Ideia de liberdade realizada no mundo", até mesmo a "marcha de Deus" por toda a face da Terra.

Estas observações, no entanto, juntamente com a sua crítica do liberalismo e orientação aparentemente "comunitarista", fez com que Hegel merecesse a reputação de apologista do conservadorismo prussiano. Ao mesmo tempo Hegel tem sido aclamado como um defensor completamente moderno da sociedade democrática liberal, que afirma os princípios básicos da autonomia moderna e o princípio da liberdade subjetiva, que todos os estados racionais devem respeitar sob pena de caírem em uma dissensão insustentável. Qualquer que seja a opinião que se tenha, é inegável que Hegel critica a inadequação normativa dos estados políticos constitucionais contemporâneos, que sofrem de uma concepção abstrata, atomizada de liberdade e de um desequilíbrio alienante na relação entre sociedade civil e Estado.

O idealismo britânico e a filosofia pós-analítica

O capítulo 2 explorará as complexas relações entre as escolas hegelianas concorrentes "de esquerda" e "de direita". Antes de nos voltarmos para esta história, no entanto, vale a pena dizer algumas palavras sobre a que foi talvez a mais significativa escola de inspiração hegeliana na virada do século: o "idealismo britânico", que incluiu figuras como J.M.E. McTaggart (1866-1925), T.H. Green (1836-1882), F.H. Bradley (1846-1924) e Bernard Bosanquet (1848-1923). Pode parecer estranho pensar que o hegelianismo estava prosperando em Oxford e Cambridge, na virada do século. Como Tom Rockmore observa, no entanto, esquecemo-nos hoje de que, há uma centena de anos atrás, a filosofia analítica "surgia em uma luta conceitual até a morte pela alma da filosofia na Inglaterra através de um combate mortal contra o idealismo britânico" (2005: 31-32). Essa batalha foi retumbantemente vencida pela filosofia analítica; o que foi equivocadamente rotulado de "idealismo hegeliano" foi completamente derrotado. Hoje, porém, as coisas não são tão definidas, pois há sinais de um renascimento do hegelianismo na filosofia pós-analítica contemporânea. Por este motivo vale a pena apresentar algo do pensamento dos idealistas britânicos, particularmente porque inspirou a revolta anti-idealista que levou à ascensão da filosofia analítica.

O idealismo britânico, embora não estritamente *hegeliano* no sentido de interpretar textos hegelianos em profundidade, pode seguramente ser dito ter se inspirado em Hegel para elaborar a sua própria versão do idealismo metafísico. A guinada britânica para o idealismo na segunda metade do século XIX (i. é, quando o hegelianismo estava declinando na Alemanha) surgiu em conjunto com uma defesa da religião e o renascimento geral da metafísica reagindo contra a corrente então dominante do empirismo britânico tradicional (ROCKMORE, 2005: 34). A defesa hegeliana do cristianismo, por exemplo, foi fundamental para o conhecido livro de J.H. Stirling: *The Secret of Hegel* (O segredo de Hegel) (1865), que defendia os temas metafísicos tradicionais: Deus, a imortalidade da alma e a liberdade da vontade (ROCKMORE, 2005: 34). A geração posterior de idealistas britânicos também rejeitou o empirismo e abraçou uma concepção de totalidade orgânica; a realidade era um todo absoluto no qual tudo deveria ser concebido como manifestação do espírito (p. 35). No entanto, grandes divergências se mantiveram entre filósofos individuais em pontos específicos da doutrina idealista. Bradley e Bosanquet destacaram a importância do Absoluto, enquanto McTaggart era ateu; outros, tais como Green, estavam longe de serem fiéis aos textos de Hegel, utilizando temas idealistas como um trampolim para as suas próprias especulações metafísicas; Bradley até mesmo negou ser hegeliano, e questionou se havia algo como uma escola hegeliana britânica (p. 35). Por conseguinte, seria mais exato dizermos que havia vários idealistas metafísicos, inspirados por Hegel, que compartilhavam uma atitude crítica em relação ao empirismo redutivo, um compromisso com o holismo metafísico e uma valorização da liberdade moral.

Os próximos parágrafos dizem algo sobre algumas das principais figuras. Green se envolveu em uma crítica do empirismo na qual rejeitou a possibilidade de conhecimento empírico direto de um modo reminiscente de Kant e Hegel, até mesmo antecipando o segundo Wittgenstein e Wilfrid Sellars (ROCKMORE, 2005: 36). Seguindo Kant, argumentou por uma análise das condições do conhecimento, mas rejeitou a coisa-em-si kantiana em favor do que considerou ser uma concepção "hegeliana" – muito diferente de Wittgenstein – de "um sujeito eterno, ou princípio espiritual, também chamado de alma ou mente" (p. 37). Green, portanto, juntou-se a Stirling na defesa de uma visão direitista-cristã do hegelianismo e de um holismo metafísico acompanhando o seu radical antiempirismo.

Bradley assumiu o idealismo antiempirista de Green em uma eclética síntese que tornou muito difícil para os seus contemporâneos classificá-lo; sua versão do idealismo abraçou uma visão do conhecimento imediato das aparências que seria sempre relativo ao que não é dado imediatamente. O Absoluto é assim definido por um "relativismo" prevalecente, mas a realidade última, transcendente às aparências, é não relacional (ROCKMORE, 2005: 38). A realidade última, a este respeito, está além do que podemos experimentar, portanto, não pode ser conhecida (p. 39). Deveríamos notar que tais afirmações metafísicas acerca da realidade além da experiência humana estão um tanto quanto em desacordo com a própria posição de Hegel. Hegel, em vez disso, afirmou na *Fenomenologia* que a distinção aparência/realidade deve ser suspensa em favor de uma concepção mais complexa de razão. A este respeito, alguns dos idealistas britânicos foram positivamente não hegelianos!

McTaggart rejeitou as inclinações religiosas e metafísicas encontradas em Green e Bradley, e se opôs acentuadamente ao cristianismo em qualquer forma (mesmo a hegeliana). Enquanto ensinou na Universidade de Cambridge, teve Russell e G.E. Moore como alunos, os quais ambos flertaram brevemente com visões parecidas com o idealismo metafísico de inspiração hegeliana de McTaggart (ROCKMORE, 2005: 39). Em *Os princípios da existência*, McTaggart argumentou que se alguma coisa existe, então o universo deve existir. Ele também notoriamente criticou nossos pressupostos concernentes à realidade do tempo (o eixo do tempo passado-presente-futuro era ilusório em comparação com o eixo anterior-posterior), e, consequentemente, afirmou a imortalidade da alma (p. 40).

O papel influente de alguns dos idealistas britânicos em Cambridge e Oxford inspirou a revolta contra o idealismo que deu à luz a filosofia analítica do século XX. Com efeito, Russell e Moore consideravam que os idealistas britânicos representam precisamente o tipo de especulação metafísica insustentável que a análise conceitual procurou dissipar. Além disso, consideravam a refutação da suposta negação idealista da realidade do mundo exterior uma de suas tarefas filosóficas centrais, sem perceber que esta chamada afirmação "idealista" era uma das que Hegel também criticava. Hegel assim veio a ser associado às mais implausíveis doutrinas do idealismo metafísico que inspiraram a defesa analítica do empirismo, o retorno à lógica e à matemática, e a restauração das ciências naturais como central para a análise filosófica.

A suspeita de que o hegelianismo é filosófica e politicamente duvidoso persistiu na filosofia analítica até muito recentemente. Este estigma surgiu devido a suspeitas em relação à natureza metafísica do pensamento hegeliano, sua relação duvidosa com o marxismo e consequências políticas possivelmente perniciosas. Felizmente, esta situação tem recentemente começado a mudar. O hegelianismo já não é tabu, graças em grande medida a pioneiros como Walter Kaufmann e Charles Taylor. Com efeito, a leitura romântico-expressivista de Hegel feita por Taylor em 1975 – leitura tingida tanto de metafísica quanto de elementos sutis da esquerda cristã – fez muito para demonstrar a importância de Hegel para superar concepções dualistas, desengajadas do *self* (cf. TAYLOR, 1983).

Mais recentemente, toda uma escola de leitores kantianos e "não metafísicos" de Hegel – de Klaus Hartmann a Robert Pippin, Terry Pinkard e Alan Wood – destacaram a relevância de Hegel para os debates contemporâneos sobre a natureza da razão e a autonomia moral, sobre a importância de práticas justificadoras, o problema da normatividade (epistemológica e social) e o significado da liberdade moderna. Filósofos distintos, como Robert Brandom e John McDowell, também têm recorrido explicitamente às ideias hegelianas ao lidarem com o problema kantiano das relações conceito-intuição e mente-mundo, e nos vigorosos debates realismo/antirrealismo que têm sido uma característica de grande parte do debate contemporâneo na filosofia anglófona (BRANDOM, 1994; 2000; McDOWELL, 1996; 1998; SEDGWICK 1997). Brandom, McDowell e Richard Rorty têm, de diferentes maneiras, também recuperado a importante influência hegeliana sobre a tradição do pragmatismo americano, de John Dewey a Charles Sanders Peirce (RORTY, 1982). De injuriado como o inimigo da análise conceitual, o neo-hegelianismo analítico deu uma volta completa. Este ressurgimento contemporâneo do interesse pelo pensamento hegeliano – sua relevância para debates sobre o holismo epistemológico, o realismo e o antirrealismo, e o problema conceito-intuição – abriu novas perspectivas para um diálogo produtivo entre a filosofia europeia moderna e a pós-analítica.

Resumo dos pontos-chave

A Fenomenologia do espírito, de Hegel

• A fenomenologia hegeliana é um método filosófico que descreve e interpreta padrões interconectados do *conhecimento* como uma aparência.

• Espírito ou *Geist* é o termo de Hegel para a razão autoconsciente ou formas compartilhadas de intersubjetividade social e cultural.

Domínio e escravidão: a luta por reconhecimento

• A "dialética do senhor e do escravo" de Hegel descreve a relação dialética entre sujeitos dependentes e independentes. Trata-se de um relato fenomenológico da origem da sociabilidade, uma versão crítica da ficção do "estado de natureza".

• O senhor é dependente do escravo, uma vez que o senhor extorquiu reconhecimento de um ser completamente dependente. O escravo, ao contrário, passará a ser o "senhor do senhor", pois o escravo experimentou sua *finitude* (através da ameaça de morte) e está assim negativamente consciente de sua mortalidade e de sua capacidade de liberdade.

• A *"consciência infeliz"* é o sujeito religioso, alienado, que luta contra sua autocontradição interna, que se esforça para unir as dimensões *universal* e *particular* da sua individualidade.

A lógica de Hegel

• A lógica de Hegel pode ser descrita como uma análise dos *sistemas* interconectados de categorias básicas do pensamento; estes sistemas de categorias são modos de conceitualizar a realidade como um todo coerente e inteligível.

- O termo "Conceito" de Hegel se refere à totalidade dialética das categorias que compõem a inteligibilidade do todo. "Conceito" também se refere à estrutura tríplice de universalidade, particularidade e individualidade dentro de qualquer todo racional.

História, liberdade, Modernidade

- Vista filosoficamente, a história evidencia um progresso racional, mesmo embora a história empírica pareça irracional e violenta; filosoficamente compreendida, a história apresenta a "realização da Ideia de liberdade".

O "fim da história"

- A ideia do "fim da história" é que o vasto labor da "história mundial" demonstra uma progressão racional no sentido da *realização da Ideia de liberdade*.

- As condições para a realização da liberdade universal estão agora estabelecidas nas instituições sociais e políticas modernas; a autoconsciência histórica atingiu um estágio no qual reconhecemos a liberdade universal dos seres humanos.

A liberdade moderna

- A *Filosofia do direito* apresenta uma descrição filosófica e uma compreensão das *condições normativas* para a realização da liberdade no mundo moderno.

- A *Filosofia do direito* almeja demonstrar como concepções individualistas de liberdade encontradas na esfera do "direito abstrato" e da "moral" estão fundamentadas no contexto normativo complexo das instituições sociais e políticas modernas.

O idealismo britânico

- Os idealistas britânicos inspiraram a revolta contra o idealismo, liderada por Bertrand Russell e G.E. Moore, que deu à luz a filosofia analítica do século XX.
- Russell e Moore consideraram que o pensamento dos idealistas britânicos representasse o tipo de especulação metafísica que a análise conceitual procurou dissipar.

2

Aventuras no hegelianismo

Agora que expus os elementos básicos do projeto filosófico de Hegel, provavelmente vale a pena fazer alguns esclarecimentos terminológicos, começando com o mais óbvio. No que se segue, estarei definindo "hegelianismo" de maneira muito ampla para significar a história da recepção, apropriação produtiva e transformação crítica da filosofia de Hegel. Mais especificamente, interpretarei "hegelianismo" como se referindo aos diversos movimentos filosóficos moldados por um envolvimento contínuo, seja afirmativo, seja crítico, com aspectos importantes do projeto filosófico de Hegel. Isso abrangeria tanto os seguidores explícitos da filosofia de Hegel, que discutem acerca do seu verdadeiro significado e significância (tais como os hegelianos "de esquerda" e os "de direita"), e aqueles movimentos independentes (como o existencialismo e o marxismo) que são explicitamente críticos do pensamento hegeliano, embora também se baseiem nele. Como veremos, existem ainda muitos filósofos individuais cujos projetos permanecem em desacordo com Hegel, mas para os quais um confronto crítico com o pensamento hegeliano continua a ser essencial para se compreender a filosofia moderna e a própria Modernidade (Heidegger, Adorno, Habermas e muitos outros).

Neste capítulo exploro algumas das aventuras do hegelianismo, em todos esses sentidos, começando com a dissolução da escola hegeliana em campos hegelianos "de direita", "de centro" e "de esquerda". As disputas que levaram a este rompimento concerniam à relação entre a filosofia de Hegel, a religião e a política: Será que o hegelianismo era, em essência, uma expressão da verdade religiosa cristã? Ou será que a religião foi suprassumida pela filosofia? Será que a realização hegeliana da liberdade significa que a filosofia tinha que ser transformada em ação prática? Perguntas como estas levaram às disputas entre as escolas hegelianas de direita e de esquerda, e, eventualmente, à transformação do hegelianismo nas direções opostas do existencialismo e do marxismo. Explorarei em particular os debates hegelianos de esquerda sobre a questão da filosofia e da política: com figuras tais como David Strauss (1808-1874), Ludwig Feuerbach (1804-1872) e Bruno Bauer (1809-1882), surgiu uma forma cada vez mais radical de humanismo hegeliano que levaria à crítica marxista do hegelianismo como mera ideologia.

Por outro lado, a questão da fé religiosa e da singularidade da existência individual suscitou a crítica existencialista-cristã radical de Kierkegaard do racionalismo hegeliano. Sugerirei que o problema subjacente a essas disputas é o de como entender a *relação entre teoria e prática*: Será que a nossa compreensão teórica determina as nossas práticas sociais? Ou será que as nossas práticas compartilhadas determinam nossas ideias e conhecimento? Ou será que há um sentido mais básico da existência pressuposto tanto pela teoria quanto pela prática? Estas perguntas continuaram a preocupar muitos expoentes do hegelianismo do século XX, particularmente dentro das tradições francesa e alemã.

A dissolução da escola hegeliana

Depois que Hegel se tornou professor de Filosofia na Universidade de Berlim em 1818, uma escola madura desenvolveu-se em torno dele, que incluía uma sociedade filosófica (a Sociedade para a Crítica Científica) e uma revista acadêmica (O Anuário da Crítica Científica) dedicado a divulgar a filosofia hegeliana. Após um início tardio de carreira, Hegel era agora reconhecido como o principal filósofo da Alemanha. Muitos dos seus alunos e seguidores imediatos estavam convencidos de que ele havia de fato alcançado o "fim" da filosofia, sua forma final e completa. Tudo o que restava era interpretar o verdadeiro significado do sistema do mestre e elaborar seu método dialético em outras áreas de investigação (como a teologia, o direito, a estética e a filosofia política).

As sementes da discórdia, no entanto, já estavam brotando entre membros da escola hegeliana. Embora o pensamento hegeliano desfrutasse de considerável prestígio institucional, os muitos oponentes de Hegel consideravam seu trabalho uma influência perniciosa e corruptora. Schopenhauer, por exemplo, tentou inutilmente se opor à influência de Hegel ministrando suas aulas (pouco frequentadas) no mesmo horário em que Hegel ministrava as suas. O ministério prussiano chegou mesmo a afastar Schelling da Universidade de Berlim em 1841, em uma tentativa de eliminar, como o ministério o colocou, "a semente diabólica do panteísmo hegeliano" (apud TOEWS, 1993: 383). Seus esforços devem ter sido recompensados, uma vez que a influência de Hegel entrou em declínio após os anos de 1850, substituída por tendências materialistas, positivistas, cientificistas e empiristas. Tão marcante foi esta guinada que, por volta da década de 1870, sua obra era considerada praticamente superada.

Para entendermos a significância das disputas acerca da obra de Hegel e as razões para a dissolução da escola hegeliana, será útil dizer algo do contexto histórico e político. Durante a década de 1820, o clima social e político da Europa pós-revolucionária estava começando a mudar, entrando em um período conhecido como a Restauração, uma guinada política conservadora após a derrota de Napoleão. Esta mudança política conservadora também afetou as políticas do governo prussiano, alterando marcadamente a vida cultural alemã e afetando em particular a Universidade de Berlim, onde Hegel serviu como reitor de 1829 a 1830. O clima político relativamente liberal da Prússia se tornou acentuadamente conservador sob Frederico Guilherme IV, cujo governo introduziu medidas repressivas (os chamados decretos de Karlsbad) autorizando a censura da educação e da imprensa. Este cerceamento generalizado da liberdade intelectual fez com que Hegel modificasse e disfarçasse os aspectos mais críticos da sua filosofia política em seus *Princípios da Filosofia do direito* (1821).

Com esta prudente camuflagem, a já ambígua obra filosófica de Hegel – combinando elementos de idealismo e realismo, absolutismo e historicismo, conservadorismo e radicalismo – tornou-se ainda mais aberta a interpretações contraditórias. As disputas que se seguiram nas escolas hegelianas versavam principalmente sobre as implicações políticas da *Filosofia do direito* e a orientação religiosa e histórica do pensamento de Hegel. Será que a filosofia de Hegel concernia basicamente a uma reconciliação (religioso-filosófica) com a realidade contemporânea? Será que Hegel tentou apresentar uma justificação dogmática da ordem conservadora prussiana? Será que a filosofia hegeliana estava confinada a uma compreensão do passado e uma justificação do presente, ou também estava orientada para o futuro? Será que a realização da razão significaria a transformação revolucionária da sociedade? Tais questões preocupavam cada vez mais tanto os discípulos quanto os críticos de Hegel.

Contra o pano de fundo desta mudança política e cultural conservadora, a questão das implicações futuras do pensamento de Hegel se tornou uma preocupação premente. No que se parece, de modo suspeito, uma dialética hegeliana malsucedida, a escola hegeliana rapidamente se quebrou em campos opostos, disputando vigorosamente entre si o significado e o legado da filosofia de Hegel. Estas controvérsias tiveram dimensões religiosas, políticas e históricas sobrepostas. A questão inicialmente defrontada pelos discípulos de Hegel era a de como entender a relação adequada entre filosofia e religião, uma disputa que logo se ligou a outro problema espinhoso: a relação entre filosofia e política. Estas tumultuosas disputas geraram perspectivas concorrentes de pensamento hegeliano que fariam um contributo importante para o desenvolvimento do marxismo e do existencialismo. Como veremos adiante neste livro, também forneceram um pano de fundo significativo para a compreensão do desenvolvimento da teoria crítica e do pós-estruturalismo.

A questão da religião, da filosofia e da política: hegelianismo de direita e de esquerda

Muitos hegelianos estavam convencidos de que o sistema de Hegel havia, finalmente, alcançado o que a filosofia estivera buscando desde as suas origens gregas: uma explicação racionalmente fundamentada e unificada do mundo e do nosso lugar nele como seres racionais. Para muitos dos seus discípulos, Hegel representava a culminação da filosofia: um sistema abrangente de pensamento racional que integrava os elementos fundamentais da filosofia antiga e da moderna, e ainda compreendia a complexidade da experiência social e histórica moderna. Embora os discípulos de Hegel estivessem convencidos da sua importância, estavam divididos quanto às implicações do seu pensamento para a compreensão do papel da filosofia, sobretudo em relação à religião e à política.

Essas questões vieram à tona após a morte de Hegel, que precipitou um debate enérgico sobre o verdadeiro significado e as possibilidades futuras do pensamento hegeliano. O debate foi deflagrado pela publicação de *A vida de Jesus examinada criticamente* (em 1835-1836), de David Strauss, um crítico hegeliano da religião ortodoxa desde um ponto de vista historicista, onde a terminologia "hegelianos de direita", "hegelianos de centro" e "hegelianos de esquerda" (também chamados de "jovens hegelianos") foi introduzida pela primeira vez (cf. ROCKMORE, 1993: 139-143). Poderíamos glosar estas três posições como as alas *acomodatícia, reformista* e *radical* da escola hegeliana (cf. TOEWS, 1993). Os hegelianos de direita tentaram defender o sistema de Hegel tal como se apresentava no momento de sua morte; isto se demonstrou difícil, entretanto, uma vez que a relação entre religião e filosofia no sistema de Hegel permaneceu ambígua e, portanto, controversa. Por um lado, Hegel afirmou que a religião é uma forma de espírito absoluto na qual a verdade é revelada em representações simbólicas; mas a Modernidade inaugura o fim da comunidade religiosa, de modo que a verdade da religião só pode ser revelada através da filosofia especulativa. Por outro lado, Hegel também afirmou que filosofia e religião expressam a mesma verdade, mesmo descrevendo a filosofia especulativa em determinado ponto como uma forma de "culto divino"; isso sugere que a verdade da religião (cristã) pode ser idêntica à filosofia especulativa. Então, dependendo de como se interpretou Hegel, ou a religião manteve um papel secundário em relação à filosofia, ou então forneceu o núcleo interno do imponente sistema filosófico de Hegel, que em última análise continua a ser uma expressão filosófica da verdade religiosa revelada.

Este, então, era o assunto em questão: se a filosofia de Hegel alcançou com êxito uma reconciliação quase religiosa com a realidade social e histórica existente (a visão dos hegelianos de direita); ou se apontava para além da reconciliação religiosa (uma mistificação) no sentido de uma transformação social e política da realidade a fim de realizar a nossa liberdade racional (a posição dos hegelianos de esquerda). Essa é a razão pela qual Strauss usou a terminologia política de alas "de direita", "de centro" e "de esquerda" da escola hegeliana: o debate sobre a relação entre religião e filosofia claramente teve implicações políticas diretas. Se filosofia é baseada na religião e defende a reconciliação com o mundo, então nossa tarefa é entender o mundo como sendo racional e assim nos reconciliarmos com o que existe. Se a religião está suprassumida pela filosofia, por outro lado, então o pensamento de Hegel se torna aberto a um par de leituras possíveis: a nossa tarefa tanto pode ser a tarefa crítica de testar se a nossa realidade social e histórica está em conformidade com a razão, ou, mais radicalmente, pode se tornar a tarefa política de transformar ativamente o nosso mundo em nome da realização da razão na realidade histórica.

Central a esta ligação entre religião, filosofia e política é uma das observações mais famosas de Hegel, encontrada no prefácio à *Filosofia do direito*: "O que é racional é real; e o que é real é racional" (PR, Prefácio: 20). Esta observação concisa, mas ambígua, tem gerado incontáveis interpretações. Marx, por exemplo, a considerou evidência do conservadorismo fundamental de Hegel, da sua propensão a fornecer uma justificativa filosófico-ideológica para o *status quo* (irracional). Outros a têm tomado como uma afirmação normativa, que aponta para a maneira como a realidade social e histórica frequentemente não alcança a racionalidade genuína, e fornece uma realização inadequada da liberdade, o que implica que deveríamos transformar a realidade de acordo com o progresso histórico da razão. De fato, sabemos agora que as aulas de Hegel sobre a filosofia do direito em Heidelberg continham uma formulação diferente: "O que é real deve se tornar racional; o que é racional deve se tornar real". Mas esta formulação mais radical – que permaneceu inédita na época de Hegel – foi marcadamente atenuada quando Hegel publicou o texto da *Filosofia do direito* em 1821, qual seja a formulação que exerceu tal interesse e influência filosóficos.

Os hegelianos de direita adotaram uma leitura conservadora da afirmação de Hegel, considerando a realidade histórica contemporânea (o Estado prussiano existente) uma mais ou menos adequada encarnação da razão. Curiosamente, os hegelianos de direita eram em sua maioria professores universitários, simpáticos à aparente coincidência da razão com o *status quo* institucional, enquanto os hegelianos de esquerda em geral estavam mais explicitamente envolvidos no jornalismo, em assuntos públicos e política – não surpreendentemente, consideravam o Estado prussiano e suas instituições longe de serem uma realização adequada da razão! Enquanto alguns membros da direita hegeliana se tornavam cada vez mais conservadores, defendendo dogmaticamente a ordem prussiana existente, a maioria dos membros era apenas reacionária. Na verdade, figuras como Karl Rosenkranz, Johann Eduard Erdmann, Eduard Zeller e Kuno Fischer defenderam uma posição mais próxima de um liberalismo moderado contra a esquerda revolucionária. Aliás, os hegelianos de centro, tais como Karl Ludwig Michelet e Rudolf Haym, defendiam a reconciliação das tendências de direita e de esquerda; à boa moda hegeliana, poderiam ser mediados através de uma síntese das visões opostas.

Os hegelianos de esquerda, em contrapartida, exigiram uma transformação radical da realidade social e histórica de modo a que o mundo pudesse realizar a liberdade mais adequadamente. Eles rejeitaram a visão dos hegelianos de direita de que a religião fornecia a verdade da filosofia, argumentando que a religião está não só suprassumida pela filosofia, mas que a tarefa da verdade filosófica era se transformar em ação. Eles, portanto, desafiaram a ortodoxia hegeliana de que a filosofia sempre só poderá interpretar o mundo retrospectivamente. Como Hegel notavelmente observou, a filosofia surge quando uma forma de vida já está em declínio: "A coruja de Minerva só alça voo ao anoitecer" (PR, Prefácio: 23). Como Karl Marx mais tarde observou, respondendo a Hegel através da sua crítica a Feuerbach: "Os filósofos têm sempre apenas *interpretado* o mundo de diversas maneiras; o que importa, contudo, é *transformá-lo*" (MARX, 1978: 145).

Marx representa a conclusão radical de uma linha de argumentação que começou com um desafio à relação entre a filosofia e a religião. David Strauss (1808-1874) inaugurou esta perspectiva humanista hegeliana de esquerda argumentando, na sua influente *Vida de Jesus* (1835), que o conteúdo tradicional do cristianismo poderia ser conciliado com a filosofia hegeliana, traduzindo-se a linguagem da religião em termos historicistas e humanistas. O significado filosófico do cristianismo, no entanto, poderia ser revelado apenas rejeitando-se a alegação de que a Bíblia era uma descrição literal da verdade histórica. Seguindo Hegel, Strauss manteve que a encarnação não ocorreu apenas em um indivíduo singular; ao contrário, a reconciliação entre os aspectos finitos e infinitos do espírito humano acontece dentro do tempo histórico e para toda a comunidade humana. A alegação de Strauss era que as narrativas míticas da Bíblia eram expressões culturais "primitivas" de verdades universais que poderiam ser corretamente decifradas apenas pela filosofia hegeliana.

Esta explicação crítica da religião foi levada adiante por Ludwig Feuerbach (1804-1872), que desenvolveu uma versão mais radicalmente "antropológica" do humanismo hegeliano. O confronto de Feuerbach com Hegel pode ser encontrado em sua "Contribuição à crítica da filosofia hegeliana", de 1839, e em seu panfleto de 1839, "Filosofia e cristianismo", o precursor da sua principal obra, *A essência do cristianismo* (1841). Feuerbach questionou a premissa hegeliana, comum a Strauss e Bauer, de que a realização da essência humana como espírito implicava "a dominação da cultura sobre a 'natureza' externa e interna"; ao contrário, argumentou Feuerbach, a reconciliação entre razão e realidade exigia uma reconciliação com a realidade da natureza, "tanto a natureza como externa ao homem quanto a corporeidade do homem como parte da natureza" (TOEWS, 1993: 394-395). Tal reconciliação, no entanto, significaria ir além do arcabouço do idealismo hegeliano, que sempre subestimou a significância da nossa natureza corpórea, sensual, tentando subsumir a realidade da natureza no edifício do pensamento especulativo. Feuerbach aprofundou, assim, a tradução humanista e antropológica crítica de Hegel, sugerindo que o sistema especulativo de Hegel disfarçava o sentido humanista e historicista do seu pensamento. De fato, a metafísica do espírito absoluto de Hegel era equivalente a uma mistificação transcendente, uma tentativa elaborada de negar as limitações do pensamento humano e o caráter finito de nossa existência histórica sensível.

O aspecto mais influente do hegelianismo de esquerda de Feuerbach, contudo, era a sua crítica da relação entre religião e filosofia. Aqui Feuerbach desafiou a tentativa dos hegelianos de direita de apresentarem o pensamento de Hegel como uma reconciliação com a realidade. A filosofia hegeliana, em vez disso, era uma desmistificação crítica da religião, uma *religião da humanidade* que reverteu as representações alienadas da religião e, assim, revelou sua verdade humanista e antropológica. Em *A essência do cristianismo*, Feuerbach argumentou que os seres humanos não são feitos à imagem de Deus; Deus é uma projeção transcendente feita pelos seres humanos que estão alienados da sua própria essência humana ou "ente-espécie" (visão também encontrada no famoso *O futuro de uma ilusão*, de Freud).

A consciência religiosa é uma projeção imagética da alienação humana da nossa natureza essencial como seres sensíveis, emocionais, autoconscientes. A tentativa de Hegel de suprassumir ou integrar a verdade da religião na filosofia especulativa, no entanto, foi uma tentativa redutora de superar esta autoconsciência religiosa, alienada, atribuindo-lhe patologicamente qualidades humanas "a um poder transcendente, super-humano" (TOEWS, 1993: 395). Ao fazê-lo, no entanto, Hegel, de maneira redutora, divinizou a nossa natureza racional, espiritual, e, ao mesmo tempo, ignorou ou demonizou a nossa existência sensível, afetiva e corporal.

Sob a influência da crítica da religião de Feuerbach, Strauss também passou a alegar (nos anos de 1840) que a religião representa "a ideia de humanidade" de uma forma distorcida, alienada. A religião "objetifica" a nossa essência humana como uma comunidade de seres racionais livres, projetando esta essência em um ser transcendente, sobrenatural. A religião, assim, transpõe a verdade da ideia de humanidade para um domínio transcendente, ao invés de levar-nos a realizar esta verdade no domínio da experiência histórica. Seguindo Feuerbach, Strauss concluiu que o conteúdo humanista da religião, que é uma expressão alienada da nossa essência humana como seres racionais, deve, portanto, ser desmistificado pela filosofia hegeliana e realizado através da prática social e política.

A explicação crítica de Feuerbach sobre a verdade da religião foi desafiada e radicalizada por Bruno Bauer (1809-1892), que argumentou que filosofia de Hegel, devidamente entendida, não resulta em teísmo ou panteísmo, mas em *ateísmo*. Bauer concordou que a verdade da filosofia hegeliana era um humanismo radical, mas rejeitou a alegação de Feuerbach e Strauss de que a verdade da religião cristã – a identidade do espírito finito e infinito – poderia ser traduzida através da linguagem da "ideia de humanidade". Para Bauer, esta ainda era muito religiosa, contendo vestígios da noção de um ser transcendente, divino. Strauss e Feuerbach, portanto, substituíram a "ideia de humanidade" pela ideia de Deus; mas, ao apresentarem a humanidade como possuindo uma "essência" substancial, eles inadvertidamente repetiram outra versão da consciência religiosa autoalienante (a "consciência infeliz" de Hegel). Na realidade, tudo o que foi atribuído a noções como "Deus", "Espírito absoluto", "espírito do mundo" e assim por diante, era obra da autoconsciência humana em sua liberdade de pensamento e atividade consciente. Por conseguinte, a verdade do hegelianismo, argumentou Bauer, era mostrar que "Deus está morto para a filosofia e apenas o Eu, como autoconsciência, ... vive, cria, trabalha e é tudo" (apud TOEWS, 1993: 394). O único poder na história humana é a *autoconsciência*, cujo devir e desenvolvimento foi o sentido de toda a história. Esta desmistificação da religião e humanização da história significava que a filosofia deveria se tornar uma prática ateísta de libertação da dominação intelectual e social ao invés de uma reconciliação religiosa com o que existe. O humanismo hegeliano de Bauer, portanto, teve implicações políticas radicais, até mesmo revolucionárias: transformou o hegelianismo em "uma prática crítica de emancipação incessante de formas culturais fixas ou estruturas de dominação" (TOEWS, 1993: 394).

O que se seguiu no campo mais radical dos hegelianos de esquerda foi uma crítica do humanismo hegeliano que Strauss, Bauer e Feuerbach haviam articulado de maneira tão poderosa. Enquanto Bauer, na sua obra tardia, argumentou que não "o homem", mas a autoconsciência em autodesenvolvimento era a força motriz da história, o recurso de Feuerbach a uma noção abstrata de "homem" ou humanidade, nosso ente-espécie coletivo, foi atacado como mais uma abstração metafísica. Por conseguinte, várias tentativas foram feitas de conceitualizar noções mais concretas de "existência", de realidade material despojada de quaisquer ilusões metafísicas. No lugar de uma noção hegeliana de razão universal impondo-se sobre a realidade, o significado de realidade emergiria historicamente a partir das relações e interações históricas concretas entre indivíduos existentes.

Outros importantes hegelianos de esquerda incluem Arnold Ruge (1802-1880), que editou o *Hallische Jahrbücher*, a publicação dos jovens hegelianos, e ajudou a estabelecer o hegelianismo de esquerda como movimento político; August von Cieszkowski (1814-1880), um conde polonês, que reverteu a ênfase na história em favor de uma visão da filosofia orientada para o futuro; e Moses Hess (1812-1875), que enfatizou a possibilidade de uma revolução social surgir da crescente contradição, identificada pela primeira vez por Hegel, entre a classe rica dominante e a indigente "ralé" ou *Pöbel* – aqueles que foram excluídos sistematicamente da participação na sociedade burguesa. Como Marx disse mais tarde do proletariado, estas pessoas pertenciam a uma classe *na* sociedade civil sem serem *da* sociedade civil (1978: 64). Em suma, estas variações do humanismo dos hegelianos de esquerda, com suas traduções progressivamente mais historicistas e antropológicas do pensamento hegeliano, abriram o caminho para a crítica materialista do idealismo hegeliano. Juntas, estas ideias forjaram a visão radical dos hegelianos de esquerda de que o futuro do hegelianismo estava na transformação revolucionária da sociedade que superaria suas tendências econômicas e sociais contraditórias, uma tese que seria notavelmente desenvolvida na revolucionária crítica do capitalismo de Marx.

Depois do hegelianismo: Kierkegaard e Marx

Esta breve visão geral das principais tendências das escolas hegelianas de direita e de esquerda sugere duas direções distintas de desenvolvimento: uma recuperação de temas religiosos e teológicos em uma filosofia orientada para a reconciliação com a realidade, e uma superação humanista, historicista, antropológica da religião e da própria filosofia, no plano histórico da prática social e política. Para os nossos propósitos, poder-se-ia dizer que estas direções amplamente opostas, grosseiramente religiosa e política, culminaram no trabalho de dois pensadores cuja obra demonstrou-se enormemente influente para o pensamento do século XX: o pensador religioso cristão dinamarquês Søren Kierkegaard (1813-1855), e o filósofo político alemão Karl Marx (1818-1883). Dada a rica complexidade do seu pensamento, só posso esboçar aqui algumas ideias-chave que nos ajudarão a entender como a crítica existencial de Kierkegaard do racionalismo hegeliano e a crítica materialista de Marx do idealismo hegeliano transformaram o pensamento hegeliano em direções aparentemente opostas. A despeito de sua oposição superficial, as críticas a Hegel de Marx e Kierkegaard estão unidas em um nível mais profundo: como Karl Löwith observou, as críticas existencialista e materialista "compreendem *uma* antítese a Hegel" (1991: 161). Elas estão unidas em rejeitarem a racionalidade do mundo histórico existente e em argumentarem em favor de um confronto radical com a realidade contemporânea, seja através de compromisso existencial-religioso individual, seja de ação social revolucionária coletiva. Exploraremos no capítulo 3 a maneira como estas duas críticas concorrentes do pensamento hegeliano – o existencialismo e o marxismo – forneceram uma matriz para o desenvolvimento do humanismo hegeliano francês em suas variantes existencialista e marxista.

A crítica existencialista de Kierkegaard a Hegel

O afastamento da razão e da autoconsciência universal na direção da existência concreta, singular do indivíduo é evidente na crítica "existencialista" de Kierkegaard ao sistema de Hegel.

Ao contrário dos hegelianos de centro, de direita e de esquerda, Kierkegaard (assim como Marx) não pode ser chamado de pensador propriamente hegeliano; sua crítica religiosa, filosófica e existencialista, que enfatiza a singularidade do indivíduo existente, reage fortemente contra o racionalismo do sistema filosófico de Hegel. Diferentemente de Marx, que aceitou que houvesse um "núcleo de verdade" na dialética hegeliana, que precisava ser invertida e conferida sua verdadeira forma, Kierkegaard, assim como o rival de Hegel, Schelling, descartou o sistema racionalista hegeliano por ignorar a natureza concreta da existência singular. Kierkegaard escreveu em um estilo altamente subjetivo e literário, muitas vezes usando pseudônimos autorais, e seu existencialismo cristão se demonstrou muito importante para uma série de diversos pensadores existencialistas do século XX, muitas vezes ateístas, como Karl Jaspers (1883-1973), Martin Heidegger (1889-1976) e Jean-Paul Sartre (1905-1980), juntamente com teólogos como Karl Barth (1886-1968) e Paul Tillich (1886-1965). Muito da obra de Kierkegaard é dirigida a uma crítica da Igreja cristã estabelecida e de outras instituições sociais (inclusive do que chamaríamos de meios de comunicação de massa), que são consideradas parte de um processo de "nivelamento" que oblitera a subjetividade e a individualidade genuínas. A crítica de Kierkegaard das tendências de nivelamento no moderno mundo, vividamente apresentada em seu panfleto *O tempo presente* (1846), é empreendida em nome do resgate de um autêntico sentido da fé cristã e um compromisso religioso com a interioridade subjetiva e a escolha existencial.

Juntamente com figuras politicamente significativas, tais como Friedrich Engels e o anarquista político Michael Bakunin, Kierkegaard assistiu as aulas de Schelling sobre Hegel na Universidade de Berlim nos anos de 1840. Nessas aulas o Schelling mais velho apresentou sua crítica da "filosofia negativa" de

Hegel: sua incapacidade de compreender a "existência" singular concreta e de reconhecer o verdadeiro significado da religião. No lugar do sistema conceitual racionalista de Hegel, Schelling ofereceu a sua própria "filosofia positiva", orientada pela sua relação com um fundamento pré-conceitual do Ser, e revelou menos por uma razão filosófica do que por uma intuição quase religiosa. Este movimento, conforme veremos, foi assumido e transformado por Heidegger em sua confrontação com Hegel. Impressionado pelas críticas de Schelling, Kierkegaard desenvolveu a sua própria crítica existencialista do ponto cego fundamental do sistema especulativo de Hegel: apreender a existência concreta do pensador individual e reconhecer a primazia da subjetividade religiosa sobre as esferas da moralidade e da vida ética. Kierkegaard considerou, aliás, que o hegelianismo representasse a conformidade social e institucional da filosofia, assim como de sua incapacidade de lidar com a esfera da interioridade e da subjetividade. Ao construir o sistema do conhecimento absoluto, Hegel adotou a "impossível" perspectiva do pensamento puro no lugar da subjetividade viva do ser humano individual. A universalidade do pensamento, contudo, insistiu Kierkegaard, tinha que ceder à singularidade da existência.

Na obra tardia de Kierkegaard, *Pós-escrito conclusivo não científico* (1846), o autor, pseudônimo João Clímaco, critica o sistema de Hegel tanto por razões conceituais quanto por razões existenciais. Conceitualmente, o sistema de Hegel tem o problema de justificar o seu começo desprovido de pressuposto; a abstração de tudo necessária para a imediação pura é impensável, e pressupõe reflexão, enquanto o "movimento" que se supõe evidente na transição do ser para o nada para o devir é uma mera abstração (CUP: 111ss.). Além disso, desde um ponto de vista "existencial", o próprio sistema, paradoxalmente inacabado, sofre de um ponto cego fundamental. Ao adotar a perspectiva do pensamento especulativo, do "pensamento pensando a si mesmo", como Aristóteles o coloca, Hegel abstrai da *subjetividade concreta* e da *existência vivida* do ser humano individual. Embora possa haver um sistema conceitual, afirma Clímaco, não pode haver nenhum sistema de existência para seres finitos como nós; contra Hegel, só pode haver um tal sistema de existência para Deus (CUP: 118ss.). Existência e conceito são *incomensuráveis*: o conceito é o que sintetiza o pensamento e o ser, ao passo que a existência é precisamente a sua separação. A existência concreta, a existência subjetiva de um "eu" individual como síntese de finito e infinito, permanece irredutível ao sistema conceitual. Hegel esquece, assim, da sua própria existência; na verdade, interpreta Deus ao apresentar o sistema filosófico desde a perspectiva do próprio pensamento puro.

No lugar do começo sem pressuposto de Hegel, e do movimento abstrato de conceitos do pensamento puro, Kierkegaard propôs o "salto": aquilo que suspende toda reflexão abstrata e nos pressiona a uma decisão. Pois esta é a única maneira pela qual podemos voltar à subjetividade concreta do indivíduo vivo. Como pergunta Kierkegaard, como o "eu" existente está relacionado com o "eu" = "eu" da autoconsciência pura? (CUP: 117). Em outras palavras, como pode o sistema de pensamento especulativo de Hegel fazer justiça ao sujeito concreto, vivo, que demanda não apenas conhecimento conceitual, mas uma decisão existencial acerca de como viver? A tentativa de construir um sistema é impossível para sujeitos humanos finitos; um sistema da existência é possível para Deus, mas não para os indivíduos existentes finitos, que estão em uma relação dialética com Deus como o infinito. Com esta crítica Kierkegaard radicaliza o importante tema existencial da *finitude humana* – a natureza finita e a dependência inerente da existência humana – mostrando a maneira como o sistema de Hegel tenta superar nossa existência finita adotando o ponto de vista especulativo do pensamento puro. Novamente, esta será uma crítica existencialista repetida por uma série de pensadores posteriores, de Heidegger a Sartre e Simone de Beauvoir. A alternativa à lógica especulativa de Hegel, argumenta Kierkegaard, é um *salto de fé* existencial que abraça o abismo intransponível entre sistema e existência (CUP: 118ss.). Kierkegaard conclui sua crítica desafiando a própria noção de *"existência"* na lógica de Hegel, argumentando que se trata de uma categoria abstrata incapaz de capturar a subjetividade viva dos seres humanos individuais. A noção de existência ontologicamente distintiva de Kierkegaard, peculiar aos seres humanos finitos, provou ser uma inspiração para todos os tipos de pensadores existencialistas, retornando, agora desprovida de conotação cristã, na analítica existencial do *Dasein* em *Ser e tempo*, de Heidegger.

A crítica materialista de Marx a Hegel

No outro polo da crítica existencialista de Kierkegaard está o confronto do jovem Karl Marx com Hegel, que emerge da crítica da esquerda hegeliana ao hegelianismo. (Note-se que a crítica do jovem Marx a Hegel foi essencialmente concluída por volta de 1846; após sua guinada materialista-socialista, Marx tornou-se mais interessado na dialética de Hegel e sua *Lógica*.) Não obstante, permaneceu uma inspiração para as várias correntes do *marxismo hegeliano* que se desenvolveram especialmente no século XX. Influenciado pelo trabalho de Feuerbach (pelo menos antes 1843), mas também se apropriando mais tarde do que chamou de "método dialético" de Hegel, Marx inaugurou uma tradição filosófica independente que devia se juntar ao pensamento hegeliano durante o século XX (p. ex., na obra de Georg Lukács, Herbert Marcuse e Maurice Merleau-Ponty). Enquanto Kierkegaard enfatizava a incompatibilidade do sistema hegeliano com a existência individual, Marx afirmou que a metafísica de Hegel era uma *mistificação ideológica*: uma distorção da relação entre a esfera material das relações econômica e social, e a esfera ideal do significado, da cultura, da religião e da filosofia. Para Marx, a dialética hegeliana era uma mistificação que, todavia, continha uma importante verdade sobre a base material da sociedade: era necessária uma *inversão radical* da "crítica mistificadora" de Hegel a fim de eliminar os elementos ideológicos que obscureciam a base material da economia, da sociedade, da política e da história. Como Marx notoriamente observou em *Das Kapital*, seu objetivo era resgatar o "miolo racional" da dialética hegeliana da sua "casca mística":

> Meu método dialético não é apenas diferente do hegeliano, mas diametralmente oposto. Para Hegel, o processo vital do cérebro humano, ou seja, o processo do pensamento, que, sob o nome de "a Ideia", ele até mesmo transforma em um sujeito independente, é o demiurgo do mundo real, e o mundo real é apenas a forma externa, fenomenal da "Ideia". Comigo, ao contrário, o ideal nada mais é do que o mundo material refletido pela mente humana, e traduzido em formas de pensamento... A mistificação que a dialética sofre nas mãos de Hegel de modo algum o impede de ser o primeiro a apresentar sua forma geral de funcionamento de maneira abrangente e consciente. Com ele, ela está de cabeça para baixo. Deve ser virada de cabeça para cima novamente se quisermos descobrir o miolo racional dentro da casca mística (MARX, 1977: 420).

O relacionamento de Marx com Hegel não era, portanto, de mera sucessão ou elaboração. Tampouco Marx simplesmente ignorou o pensamento de Hegel como uma forma ultrapassada e desacreditada de idealismo metafísico. De fato, Marx advertiu contra tratar Hegel da maneira como Spinoza havia sido tratado anteriormente, isto é, como um "cachorro morto" (1977: 420). Ao contrário, Marx reverteu radicalmente o hegelianismo, embora mantendo a noção de dialética hegeliana, transformando a reconciliação filosófica hegeliana com a realidade na transformação revolucionária marxista da sociedade.

No início da década de 1840 o jovem Marx escreveu uma breve crítica à *Filosofia do direito* de Hegel, argumentando que a explicação de Hegel da relação entre a sociedade civil e o Estado tinha de ser revertida. A sociedade civil (principalmente a economia e suas instituições sociais mediadoras) não estava fundamentada no Estado político, como Hegel havia defendido; ao contrário, o Estado político e suas instituições mediadoras é que estavam fundamentados na sociedade civil, ou seja, nas forças e relações econômicas da sociedade. Por volta da mesma época (1844), estivera escrevendo seus *Manuscritos econômicos e filosóficos*, descobertos e publicados em alemão somente em 1932, que se baseavam no conceito hegeliano de "alienação" (*Entäusserung*) na *Fenomenologia do espírito* e o aplicou à esfera do trabalho assalariado e das relações econômicas. Em 1845, Marx escreveu as postumamente descobertas "Teses sobre Feuerbach", que incluíam os seus famosos aforismos sobre a necessidade de os filósofos *mudarem* o mundo em vez que meramente *interpretá-lo*; ele escreveu também, com Engels, em 1845-1846, *A ideologia alemã*, um ataque mordaz a várias figuras hegelianas de esquerda e uma apresentação antecipatória da sua filosofia materialista da história. Em suma, durante a década de 1840, um período crucial de seu desenvolvimento filosófico, Marx comprometeu-se a criticar as dimensões ideológicas do hegelianismo, analisando o que descreveu incisivamente, em *A ideologia alemã*, como a "putrescência do espírito absoluto" (MARX, 1978: 147). Ao mesmo tempo, Marx aplicou certos conceitos de Hegel, nomeadamente os de alienação e objetivação, às esferas da economia, da sociedade e da história.

Embora Marx se tenha engajado em uma crítica sustentada de aspectos da lógica de Hegel, foi a *fenomenologia* que se manteve o foco da sua crítica. Além disso, foi a *dialética* de Hegel que se provou ser o tema mais importante para o desenvolvimento da sua própria Teoria da História e da Sociedade. Na "Contribuição à crítica da economia política", Marx assinalou que a crítica hegeliana da religião (particularmente a feuerbachiana) já estava bem avançada em seus dias: esta crítica mostrava como a religião é uma manifestação alienada da consciência humana, tanto uma expressão quanto um protesto contra o sofrimento real; e que a luta contra a religião é, portanto, também uma "luta contra *aquele mundo* cujo *aroma* espiritual é a religião" (MARX, 1977: 54). Em uma de suas observações mais famosas, Marx descreve a religião como "o suspiro da criatura oprimida, o sentimento de um mundo sem coração e a alma de condições desalmadas. É o *ópio* do povo" (p. 54). A crítica da religião, no entanto, não deveria ser simplesmente uma crítica da mistificação ideológica; deveria ser também uma *crítica das condições sociais* que dão origem à necessidade de consolo através da religião.

O pensamento hegeliano de esquerda, no entanto, não conseguiu dar este passo, permanecendo com a crítica da religião e da afirmação humanista do "homem como o ser mais elevado para o homem", mas sem chegar a criticar as condições históricas e sociais que geraram o sofrimento e a injustiça motivando a guinada para a religiosidade em primeiro lugar. O hegelianismo de esquerda permaneceu fixado no nível de uma crítica da religião sem proceder a uma *crítica da política* e uma transformação da realidade social. A tarefa histórica da filosofia, de acordo com Marx, é, finalmente, "desmascarar a autoalienação humana em sua *forma secular* agora que ela tem sido desmascarada em sua forma *sagrada*" (MARX, 1977: 54). Os hegelianos de esquerda, até mesmo Feuerbach, não conseguiram chegar a este nível seguinte da crítica, e, portanto, inadvertidamente afirmaram as condições historicamente regressivas e socialmente injustas do Estado político alemão. Como disse Marx em suas "Teses sobre Feuerbach", não é suficiente interpretar filosoficamente o mundo; a realização da razão exige que *mudemos* o mundo através da *ação* social e política.

O resultado, para Marx, é que o hegelianismo de esquerda também reverte a uma forma de mistificação ideológica e justificação espúria do *status quo* injusto. Continua a ser uma poderosa reflexão filosófico-ideológica de uma forma de vida social e política que foi historicamente progressiva e regressiva ao mesmo tempo – o Estado alemão da década de 1840. Com efeito, para Marx se poderia dizer que a Alemanha realizou sua revolução na esfera do pensamento (na filosofia idealista), em vez de fazê-lo na esfera da ação social e política (como a Revolução Francesa): "Na política, os alemães têm apenas *pensado* o que outras nações têm *feito*" (MARX, 1977: 59). A nação que deu início à Reforma Protestante (com Martinho Lutero), liberando o indivíduo da Igreja, não conseguiu traduzir esta mudança radical em uma genuína emancipação humana. Permanece amarrada ao *ancien régime* pré-revolucionário e ainda não entrou na Modernidade pós-revolucionária.

Então, será que há alguma possibilidade de emancipação real, não apenas para uma determinada classe de pessoas, mas para toda a sociedade? A resposta de Marx foi que uma transformação radical só pode acontecer se houver uma determinada classe, o grupo mais marginalizado da sociedade, cuja emancipação exija a emancipação da sociedade como um todo. Aqui Marx se baseia na identificação de Hegel, na *Filosofia do direito*, do surgimento de uma subclasse social em condições econômicas de intercâmbio de livre-mercado e produção em massa (ideia desenvolvida e elaborada por Moses Hess, um importante mediador entre

Hegel e Marx). A "ralé" empobrecida de Hegel, radicalmente excluída da sociedade burguesa, sofre de uma falta de reconhecimento e uma negação de valores sociais que gera vários tipos de rebeldia antissocial, desde pequenos crimes a atos de violência e insurreição social. Embora Hegel considerasse a "ralé" um subproduto infeliz da Modernidade, ele não viu nenhuma solução real para o surgimento desta subclasse alienada, que deveria ser deixada à própria sorte. A subclasse alienada de Hegel foi um resultado disfuncional do funcionamento da economia moderna; sua difícil situação só poderia ser melhorada, afinal, através da caridade privada e emigração (para as colônias!). Marx, em contrapartida, via o proletariado como um componente necessário da sociedade burguesa, uma subclasse cuja existência econômica é baseada na sua exploração. O proletariado de Marx era, portanto, uma classe com "grilhões radicais, uma classe na sociedade civil que não é uma classe da sociedade civil, uma classe que é a dissolução de todas as classes", uma classe cuja experiência particular de injustiça e perda de humanidade representa um mal geral ou injustiça universal (MARX, 1977: 64). Longe de ser um subproduto inevitável da sociedade burguesa, o proletariado, para Marx, era o produto da desintegração das classes médias, os futuros coveiros do capitalismo.

Marx criticou o idealismo hegeliano como uma mistificação ideológica que oculta a verdadeira base da economia, da sociedade e da política modernas; mas, ao mesmo tempo, ele também se apropriou do método dialético de Hegel e o transformou. A explicação idealista de Hegel da realização histórica da liberdade racional como espírito precisava ser transformada no *materialismo histórico*, que postulava a sucessão dos diferentes modos de produção e o conflito entre as classes sociais resultante como o verdadeiro motor da história. Esta crítica exerceu uma enorme influência sobre o desenvolvimento posterior da filosofia social e política esquerdista, que tendia a ver a *Filosofia do direito* como uma precursora teoricamente suplantada pela crítica marxista do capitalismo. A filosofia hegeliana – como expressão ideológica das ideias da classe dominante burguesa – precisava ser substituída pelo marxismo "científico", a verdadeira explicação das forças econômicas subjacentes à história e à política e das relações de luta de classes que as determinam. Este aspecto econômico das teorias de Marx obscureceu, por um longo período de tempo, o aspecto humanista que tanto devia a Hegel e à tradição do pensamento hegeliano de esquerda (a Feuerbach, p. ex.).

Alienação: de Hegel a Marx

Uma das razões para este ressurgimento de interesse no relacionamento Marx-Hegel foi a surpreendente descoberta de uma das primeiras obras de Marx, os chamados *Manuscritos econômico-filosóficos* de 1844, que foram tardiamente publicados em 1932. Baseando-se nos conceitos de autoalienação humana e objetivação, provenientes de Hegel e Feuerbach, o jovem Marx desenvolveu a sua própria análise crítica do trabalho alienado sob as condições do capitalismo moderno. O conceito de alienação – grosso modo, o fosso entre a nossa essência humana e a nossa existência real – foi identificado por Rousseau e por Hegel como um aspecto definidor da história da subjetividade. Rousseau identificou nossa autoalienação da liberdade natural como o preço a pagar pela vida na sociedade moderna; foi um pré-requisito para o progresso moral e a autonomia individual, mas também a fonte da inautenticidade moral e da insatisfação subjetiva. Hegel, por sua vez, explorou as diferentes configurações da alienação na *Fenomenologia do espírito*, desde a experiência de reconhecimento desigual no domínio e na servidão à consciência religiosa alienada (a "consciência infeliz"). Esta última é uma forma alienada de subjetividade que não se limita apenas à Modernidade (Hegel aponta, p. ex., para as experiências judaicas e cristãs de alienação religiosa). Conforme Hegel alega, no entanto, a alienação só pode ser superada através da compreensão racional da nossa condição histórica e através da realização social do reconhecimento mútuo.

O uso feito por Marx do conceito de alienação, em contrapartida, destacou o modo como os indivíduos são impedidos de desenvolverem suas capacidades através da livre atuação pela maneira como as relações econômicas e sociais são estruturadas sob o capitalismo burguês. De acordo com os manuscritos de 1844, de Marx, a instituição da propriedade privada e a organização do trabalho assalariado resultam em quatro dimensões relacionadas da alienação:

1) *A alienação do produto do trabalho*, que o indivíduo confronta como objetos estranhos e não como expressões da sua própria atividade social.

2) *A alienação do processo de produção* ou do trabalho como atividade significativa, que é experimentada como uma diminuição e dissipação de nossas capacidades, ao invés do seu aprimoramento e realização.

3) *A alienação da própria humanidade*, do nosso ser "espécie" de seres sociais racionais envolvidos em formas compartilhadas de atividade significativa.

4) *A alienação do outro*, dos nossos companheiros seres humanos individuais, que são experimentados como meros instrumentos ou ameaças hostis a nosso autointeresse individual (MARX, 1977, p. 74ss.).

Em suma, os produtos do trabalho humano coletivo nos confrontam como uma *objetividade alheia*, que nos domina ao invés de nos libertar; eles representam uma fonte de estranhamento dos outros, ao invés da livre-expressão do nosso ser individual e social. Além disso, o valor de troca das *commodities* mascara as relações sociais reais que lhes deram origem, transformando os produtos do trabalho humano em *objetos de fetiche* dotados de qualidades subjetivas "mágicas" (p. ex., um carro que satisfaz meu desejo de liberdade ou de poder).

A descoberta dos manuscritos econômicos e filosóficos de Marx renovou o interesse no papel importante do humanismo hegeliano no desenvolvimento inicial da crítica do capitalismo e da filosofia da história de Marx. Tornou o tema da *alienação* crucial para entender Marx, mas também a crítica hegeliano--marxista da Modernidade. Pensava-se que Hegel meramente aconselhasse uma compreensão filosófica da nossa realidade histórica, uma reconciliação filosófica com o "fim da história" no qual a liberdade racional é finalmente realizada. Kierkegaard e Marx, portanto, ambos rejeitam o que percebiam como a reconciliação de Hegel com a Modernidade: Kierkegaard rejeitava por razões religiosas a substituição da existência individual pelo sistema. Marx aceitava o método dialético de Hegel, mas rejeitava os elementos idealistas mistificadores que obscureciam a base material da sociedade burguesa, a complexa dialética entre as forças econômicas de produção e as relações sociais de produção, que por sua vez geravam as insustentáveis contradições do capitalismo. A reconciliação racional de Hegel com a realidade — a "cruz rósea no coração do presente" — não conseguiu superar a alienação disseminada, endêmica à Modernidade, sendo antes uma expressão sua. A síntese hegeliana de pensamento e realidade, portanto, se desfez, dividindo-se no mundo do desespero existencial de Kierkegaard, com a sua exigência subjetiva de superar a alienação através de um compromisso religioso, e no mundo do trabalho alienado de Marx, com sua exigência social de superar a alienação através da práxis revolucionária. Kierkegaard e Marx assim definiram o palco para as disputas hegelianas do século XX, um período que viu versões existencialistas e marxistas de hegelianismo lutando para compreender os desafios colocados pela história do século XX.

Resumo dos pontos-chave

A dissolução da escola hegeliana

• As disputas nas escolas hegelianas giravam em torno das implicações políticas da *Filosofia do direito* e da orientação religiosa e histórica da filosofia de Hegel. As questões-chave foram:

— Será que a filosofia de Hegel estava basicamente preocupada com uma reconciliação (religioso-filosófica) com a realidade contemporânea?

— Ou será que a realização da razão significaria a transformação revolucionária da sociedade?

Hegelianismo de direita e de esquerda

• David Strauss cunhou as expressões "hegelianos de direita", "hegelianos de centro" e "hegelianos de esquerda". Poderíamos glosá-las como as alas *acomodatícia*, *reformista* e *radical* da escola hegeliana.

• Os hegelianos de direita sustentavam que a filosofia de Hegel alcançou com sucesso uma reconciliação quase religiosa com a realidade social e histórica existente.

• Os hegelianos de esquerda defendiam que a filosofia de Hegel apontava para além da reconciliação religiosa (uma mistificação), na direção de uma transformação social e política da realidade, a fim de realizar a nossa liberdade racional.

• David Strauss inaugurou a perspectiva da esquerda hegeliana argumentando que o conteúdo tradicional do cristianismo poderia ser reconciliado com a filosofia hegeliana, traduzindo-se a linguagem da religião em termos historicistas e humanistas.

• Ludwig Feuerbach desenvolveu uma versão "antropológica" radical do humanismo hegeliano, argumentando que a reconciliação entre razão e realidade exigia uma reconciliação com a natureza externa e com a nossa própria natureza corpórea.

• Em *A essência do cristianismo* (1841), Feuerbach argumentou que os seres humanos não são feitos à imagem de Deus; Deus é antes uma projeção transcendente dos seres humanos que estão alienados da sua própria essência humana.

• A explicação crítica da religião de Feuerbach foi radicalizada por Bruno Bauer, que argumentou que a filosofia de Hegel não resulta em teísmo ou panteísmo, mas em *ateísmo*.

• Bauer argumentou que o único poder na história humana e do mundo é o da *autoconsciência*, cujo desenvolvimento era na verdade o sentido de toda a história.

Kierkegaard e Marx

• Kierkegaard considerou o hegelianismo representativo da conformidade social e institucional da filosofia, bem como incapaz de lidar com a esfera da subjetividade radical e da interioridade religiosa.

• Para Kierkegaard, ao construir o sistema de conhecimento absoluto, Hegel adotou a perspectiva "impossível" do pensamento puro em lugar da subjetividade viva do ser humano individual.

• O confronto de Karl Marx com Hegel surge da crítica do hegelianismo feita pela esquerda hegeliana, e manteve-se uma inspiração para as várias correntes de *marxismo hegeliano* no século XX.

- Marx afirmava que a metafísica de Hegel era uma *mistificação ideológica*: uma distorção da relação entre a esfera material das relações econômicas e sociais e a esfera ideal do sentido, da cultura, da religião e da filosofia.

- Marx, portanto, reverteu o hegelianismo, mantendo a noção de dialética hegeliana, transformando a reconciliação filosófica com a realidade hegeliana na transformação revolucionária da sociedade marxista.

- Com base nos conceitos de autoalienação humana e objetificação, oriundos de Hegel e Feuerbach, o jovem Marx desenvolveu a sua própria análise crítica do trabalho alienado sob as condições do capitalismo moderno.

Parte II

O hegelianismo alemão

3

Reificação e metafísica: Lukács e Heidegger

Tendo delineado os elementos básicos da filosofia de Hegel, e os principais movimentos nos debates entre as escolas hegelianas de esquerda e de direita, podemos agora voltar nossa atenção para o hegelianismo do século XX. A segunda parte deste livro enfoca o que chamo de "hegelianismo alemão", pelo que me refiro principalmente à tradição do marxismo hegeliano e à teoria crítica da Escola de Frankfurt. No capítulo seguinte, introduzo algumas das ideias hegeliano-marxistas básicas do filósofo político húngaro Georg Lukács (1885-1971), em particular sua crítica do conceito de *alienação*, de Hegel, e a concepção do próprio Lukács do processo de *reificação* na Modernidade. A obra clássica de Lukács, *História e consciência de classe* (1923), reenergizou a tradição do marxismo hegeliano, e teria um impacto duradouro sobre o pensamento social e político do século XX. Como veremos, o conceito de reificação de Lukács foi decisivo para a teoria crítica da Escola de Frankfurt, sobretudo no texto seminal de Adorno e Horkheimer, a *Dialética do esclarecimento* (escrito durante a Segunda Guerra Mundial, mas não publicado até 1947).

Na segunda parte deste capítulo apresento uma breve introdução ao pensamento de Martin Heidegger, um dos grandes pensadores do século XX, cuja fenomenologia existencial suscitou um desafio radical ao hegelianismo. Várias críticas de Heidegger a Hegel – pela sua teoria metafísica do tempo, e pelo seu subjetivismo metafísico cartesiano – serão exploradas em algum detalhe porque se têm demonstrado muito importantes para a filosofia francesa do pós-guerra, particularmente para a crítica pós-estruturalista francesa de Hegel. Esta análise do confronto de Heidegger com Hegel é apresentada como um contraponto ao marxismo hegeliano de Lukács. Minha sugestão é que estas duas abordagens tão diferentes de Hegel nos apresentam uma "matriz" conceitual para entendermos as perspectivas existencialista e marxista entrecruzadas que caracterizam a história dos hegelianismos francês e alemão.

Embora se trate de uma conjunção incomum, tomar Lukács e Heidegger como abordagens críticas opostas a Hegel – grosso modo, marxista e existencialista – nos fornecerá o arcabouço conceitual para examinarmos como temas hegeliano-marxistas estão entrelaçados na obra dos teoristas críticos Adorno e Horkheimer, e de hegelianos franceses tais como Alexandre Kojève e Jean Hyppolite. Adorno, por exemplo, se apropriou do conceito de reificação de Lukács, embora tenha desafiado nitidamente a fenomenologia existencial de Heidegger (ao mesmo tempo, a crítica de Adorno da metafísica e da Modernidade ressoou com a crítica de Heidegger). Kojève combinou o existencialismo heideggeriano com a dialética do senhor e do escravo de Hegel e uma concepção marxista da história e da política. Merleau-Ponty também combinou elementos da dialética hegeliana com motivos marxistas, e mais tarde desenvolveu uma ontologia que se apropriou de elementos do pensamento de Heidegger. Finalmente, a maior parte da crítica pós-estruturalista de Hegel, como veremos no capítulo 8, é oriunda do confronto de Heidegger com a metafísica da subjetividade de Hegel. Portanto, há boas razões para contrastar a crítica hegeliano-marxista à Modernidade, de Lukács, com a crítica à metafísica hegeliana da subjetividade, de Heidegger.

A crítica de Lukács a Hegel

Com exceção do idealismo britânico, o hegelianismo tornou-se, de modo geral, dormente na maior parte da Europa no final do século XIX e início do XX. Foi somente na década de 1920 que Hegel, mais uma vez, retornou à proeminência filosófica na Alemanha e na França. Isso aconteceu graças a vários fatores, dos quais menciono três: os esforços de Wilhelm Dilthey, que editou o importante volume dos *Primeiros escritos teológicos* de Hegel em 1907, e cuja própria marca de historicismo radical era devedora de Hegel; uma atitude cada vez mais crítica em relação às correntes prevalecentes do neokantismo; e o ressurgimento da tradição marxista (em grande parte por causa da Revolução Bolchevique de 1917). Este último movimento encontrou poderosa expressão na obra de Lukács, cuja abordagem hegeliana do marxismo inaugurou uma nova tradição da filosofia política que veio a ser conhecida (graças a Merleau-Ponty) como "marxismo ocidental".

Lukács foi provavelmente o primeiro filósofo político a sublinhar a importância do conhecimento que Hegel tinha de economia política e o papel desse conhecimento na sua compreensão filosófica da vida moderna. Esta foi a abordagem adotada na obra tardia de Lukács, *O jovem Hegel* (escrita em 1938 e publicada em 1947-1948), que representou um ponto de vista bastante diferente daquele de seu texto anterior, mais famoso, *História e consciência de classe* (1923). Em *O jovem Hegel*, Lukács argumentou que não podemos realmente compreender as concepções hegelianas de vida ética, de sociedade civil (que inclui os mecanismos institucionais do mercado) e sua relação com o Estado sem reconhecer a apropriação pelo jovem Hegel de teorias modernas da economia política, juntamente com ideais "comunitários" de vida ética compartilhada (*Sittlichkeit*) extraídos da filosofia política clássica (grega). Ao mesmo tempo, a ênfase de Lukács nas dimensões econômicas do desenvolvimento de Hegel era uma posição heterodoxa para um marxista hegeliano. Ao enfatizar a relação Hegel-Marx e sublinhar o conceito de alienação, Lukács manteve uma distância crítica do marxismo ortodoxo; ao mesmo tempo, escreveu desde uma posição de *resignacionismo* interno (até mesmo o pior socialismo era melhor do que o capitalismo). Esta postura política controversa (uma defesa resignada do "socialismo realmente existente") atrairia uma boa quantidade de críticas, sendo Lukács acusado de justificar o stalinismo.

Em sua obra anterior, mais conhecida, *História e consciência de classe*, Lukács adotou uma abordagem diferente. Ele radicalizou a noção hegeliana de *alienação* (que também está explicitamente presente nos primeiros escritos de Marx), transformando-a no conceito de *reificação* (o processo pelo qual relações humanas e formas de subjetividade se tornam cada vez mais "coisificadas" sob as condições do capitalismo de mercado). Lukács, então, empreendeu uma crítica marxista-humanista da aparente fusão feita por Hegel de dois conceitos-chave: *objetificação* e *alienação*. Como Lukács observa, Hegel identificou corretamente o labor ou trabalho como um dos elementos-chave na constituição da subjetividade moderna; recorde-se da famosa dialética do senhor e do escravo, na qual a experiência do labor, a objetivação dos nossos poderes através do trabalho produtivo, permitiu ao "escravo" vir a reconhecer sua liberdade como refletida na realidade social. Ao mesmo tempo, no entanto, Hegel articulou uma explicação sofisticada da maneira como a *alienação* (*Entäusserung*) resultou no fato de os produtos da nossa atividade assumirem uma vida própria como parte da objetividade social dentro da qual chegamos a reconhecer-nos a nós mesmos como membros de uma comunidade social. Para Hegel, todas as minhas ações, seja por meio da fala ou do trabalho, se tornam sujeitas às interpretações e normas que moldam a minha comunidade, e, portanto, já não são simplesmente expressão "privada" da minha subjetividade ou do meu desejo.

A crítica de Lukács, tirada de Marx, é que Hegel identifica "objetificação", em geral, com o sentido específico da "alienação" característica da Modernidade. O resultado foi "ontologizar" a alienação como uma característica inevitável da atividade humana: a alienação é o resultado da objetificação ou humanização da natureza através do labor produtivo. Mais incisivamente, Lukács, assim como Marx, sublinhou as dimensões *negativas* da alienação que Hegel alegou poderem ser superadas através do pensamento ou do espírito absoluto. Para Hegel, a alienação em seu sentido negativo – expressa em várias formas "patológicas" de subjetividade e prática cultural – é uma característica estrutural da história; é somente no *pensar* que a divisão entre sujeito e objeto pode ser completamente superada. Para Marx, ao contrário, a alienação também significa um estranhamento da nossa essência humana como seres sociais e produtivos; e este conflito entre sujeito e objeto só pode ser superado através da transformação da ordem social e econômica como tal. Contra Hegel, Lukács argumentou que nem toda objetificação pode ser interpretada como alienação, seja no sentido de que descreve o estranhamento do sujeito do seu próprio potencial humano fundamental, ou no sentido de que a relação entre sujeito e objeto permanece fundamentalmente conflituosa. Embora a alienação exista em diferentes formações históricas e sociais, é a forma específica de objetificação encontrada no âmbito do capitalismo burguês que pode ser dita produzir alienação "patológica".

Portanto, para Lukács, os críticos marxistas de Hegel estavam certos em identificarem o elemento mistificador no idealismo de Hegel, que distorce e oculta as relações sociais reais na sociedade; mas eles não conseguiram identificar a fonte desta mistificação, qual seja a confusão entre objetificação e alienação, e o fracasso em identificar a razão pela qual a sociedade burguesa sofre dessa alienação generalizada. "Objetificação", em sentido amplo, é uma característica fundamental da racionalidade autoconsciente humana, uma vez que todas as formas de atividade humana envolvem a "objetificação" das capacidades humanas, dos desejos subjetivos e dos fins sociais. A alienação, por outro lado, assume uma forma particularmente debilitante sob as condições históricas específicas da sociedade burguesa, nomeadamente o predomínio da forma mercantil sob as condições do capitalismo moderno.

Tal como outros críticos marxistas, Lukács concluiu que a dialética idealista de Hegel precisava de um fundamento "materialista histórico" que demonstrasse suas deficiências prático-políticas (resolvendo oposições ao nível da teoria, e não da prática), mas também reconhecesse suas intuições conceituais (mostrando a inadequação das concepções de liberdade prevalecentes, consagradas no seio das instituições sociais modernas). Lukács introduziu, assim, o conceito de *reificação* (*Verdinglichung*) para capturar o sentido hegeliano de alienação sem considerá-lo – como o faria o hegelianismo existencial francês – um aspecto fundamental do ser humano que transcende a história e as diferentes formações sociais. Para Lukács não poderia haver nenhuma *aproximação* entre o existencialismo e o marxismo: o existencialismo permaneceria sempre uma mistificação "ideológica" da base material e histórica do fenômeno da alienação tão bem identificado pelos existencialistas.

Reificação: a crítica de Lukács à Modernidade

O conceito de alienação, de Hegel, teve uma vigorosa vida após a morte na filosofia social e política do século XX. O conceito é oriundo de Jean-Jacques Rousseau (1712-1778), famoso por ter analisado (no seu *Discurso sobre a origem da desigualdade*) como a Modernidade divide as pessoas umas contra as outras, opondo o *self* socialmente reconhecível, dependente do olhar e das opiniões dos outros, contra o *self* interior privado, lutando pela independência natural dos outros. A alienação, para Rousseau, foi o preço da liberdade moderna: as complexas relações de dependência social na vida moderna suscitam miríades de possibilidades subjetivas, sobretudo o desenvolvimento da autonomia moral. Ao mesmo tempo, tais relações de interdependência nos "alienam" da nossa natureza interior, corrompendo o nosso desejo natural de independência e pervertendo-o através de competição social e hierarquias.

Hegel desenvolveu este tema rousseauniano, demonstrando como a consciência teve que aprender historicamente que as suas concepções inadequadas de liberdade (como independência isolada) são expressões de uma forma alienada de subjetividade (o que Hegel chamou de "consciência infeliz"). De fato, a *Fenomenologia do espírito* pode ser entendida como uma análise de diferentes figuras de subjetividade alienada que, finalmente, vencem a sua alienação através da realização do *reconhecimento mútuo*. Existencialistas hegelianos, como veremos, interpretam a alienação como uma característica trans-histórica da nossa condição existencial de seres mortais finitos no mundo. Marxistas, em contrapartida, enfatizam a alienação como uma característica estrutural da consciência histórica, uma percepção distorcida da nossa relação com a ordem social gerada pelos arranjos institucionais e econômicos da sociedade moderna. E quanto à relação entre a alienação, a filosofia e a sociedade? Esta questão estava no centro da obra altamente influente de Lukács, *História e consciência de classe*, o "texto fundador" do que Merleau-Ponty apelidou de "marxismo ocidental". Grosso modo, o marxismo ocidental descreve o marxismo humanista não dogmático, filosófico (hegeliano), que enfatizava a liberdade autônoma e a individualidade dentro de um todo social racionalmente organizado. Ao fazê-lo, permaneceu contrário ao "materialismo dialético" ortodoxo endossado pelo Partido Comunista e supostamente salvaguardado nos estados socialistas "realmente existentes".

O projeto de Lukács, em poucas palavras, era levar o marxismo de volta às suas raízes filosóficas (em Hegel), mas também desenvolver uma *ideologia crítica* marxista de como a tradição filosófica moderna (incluindo Hegel) refletia o fenômeno da reificação. Por "crítica da ideologia" quero dizer aqui uma análise crítica das maneiras pelas quais formas de discurso e alegações de conhecimento vêm a servir a uma classe específica ou interesses de grupo, distorcendo ou obscurecendo nossa compreensão das forças econômicas reais e práticas institucionais que constituem a realidade social. Estendendo a análise hegeliano-marxista, Lukács argumentou que a *reificação* se tornou o princípio organizador da vida social e cultural sob as condições do capitalismo de mercado. Podemos entender isso como uma interpretação marxista-materialista do conceito hegeliano de alienação, uma análise do processo pelo qual as relações sociais, a subjetividade individual e formas de expressão cultural são "coisificadas" sob as condições do capitalismo moderno. Ao contrário de formações econômicas e sociais anteriores, o capitalismo moderno é único em postular a *forma da mercadoria* como o princípio organizador, tanto de instituições sociais e práticas objetivas quanto de suas formas de expressão cultural subjetivas correspondentes (como a arte e a filosofia).

Lukács se baseou aqui na famosa discussão de Marx do "fetichismo da mercadoria" em *Das Kapital*. Como observa Lukács, Marx descreveu o "fenômeno da reificação" como a maneira pela qual as mercadorias são abstraídas do processo social da sua produção, sendo transformadas em uma força estranha, com aparente objetividade e independência de nós:

> Uma mercadoria é, portanto, uma coisa misteriosa, simplesmente porque nela o caráter social do labor dos homens aparece para eles como um caráter objetivo estampado sobre o produto desse trabalho [...]. É apenas uma relação social definida entre homens que assume, aos seus olhos, a forma fantástica de uma relação entre coisas (*Capital* I, 72, apud HCC: 86).

A base social real das mercadorias como produtos da atividade humana é transformada em um processo misterioso regido pelas leis "objetivas" do mercado. As relações sociais reais que organizam o labor humano são obscurecidas pela natureza aparentemente independente e isolada do objeto como uma *encarnação do valor* em geral distinto do seu uso (real ou potencial) – esta é a definição da *mercadoria*. A lógica da troca de mercadorias – como uma lógica de *equivalência* ou de identidade – se tornará a forma difusa de pensar nas sociedades burguesas, alega Lukács, não só na esfera econômica, mas nas relações sociais e expressões culturais de sentido.

Lukács estendeu a análise da forma da mercadoria – a mudança da definição do valor de um produto pelo seu uso prático para a sua definição pelo seu valor de troca monetária – à esfera da cultura e do pensamento. Esta extensão da lógica da troca de mercadorias para todas as esferas da vida social e cultural teve uma série de efeitos, sendo o mais importante a crescente reificação da experiência tanto na esfera "subjetiva" quanto na esfera "objetiva" da vida social e cultural. Não apenas as relações econômicas, mas todas as relações sociais se tornam subsumidas sob a lógica do câmbio (monetário), que é também uma lógica de equivalência formal, uma vez que o dinheiro torna tudo equivalente (tudo tem seu preço!). Para Lukács, a lógica da equivalência entre mercadorias passa a permear todas as coisas, estendendo-se do mercado econômico para penetrar os domínios da cultura, do pensamento e da experiência subjetiva.

Esta extensão da forma da mercadoria leva à discussão crítica de Lukács sobre o que ele chamou de "antinomias do pensamento burguês" (HCC: 110-149): as oposições intratáveis que definem a filosofia pós-cartesiana moderna. Sua alegação, que será importante para Adorno, é que essas oposições que definem a filosofia moderna – entre sujeito e objeto, liberdade e natureza, universal e particular, e assim por diante – são reflexões conceituais, ao nível do pensamento, de oposições reais na realidade social: as relações sociais "reificadas" geradas pelo primado da produção e troca de mercadorias. Os detalhes da extensa crítica de Lukács não precisam nos deter aqui. O que importa notar é a afirmação de Lukács de que a filosofia moderna, de Descartes a Hegel, deve ser submetida a uma "crítica da ideologia" que mostre como "a filosofia burguesa" (exemplificada por Hegel) articulou essas oposições conceitualmente, mas foi incapaz de resolvê-las na teoria ou na prática. Em vez disso, desde uma perspectiva marxista, esta resolução deveria ocorrer no plano da ação política: a superação da filosofia (hegeliana) através da práxis revolucionária (marxista). Lukács caracteriza ainda o proletariado (a classe excluída das massas alienadas) em termos hegelianos, como o "sujeito-objeto idêntico" da história; os autoconscientes fabricantes da história (o proletariado revolucionário) finalmente coincidiriam com a própria realidade social e histórica (a nova sociedade comunista). Embora Hegel tenha antecipado esta identidade sujeito-objeto, foi o proletariado de Marx – ou pelo menos o proletariado ideal ou "imputado" de Lukács, cuja vontade seria expressa pelo partido – que Lukács afirmou que realizaria esta "identidade" de sujeito e objeto na realidade histórica.

Tais visões utópicas, no entanto, foram despedaçadas pelas catastróficas experiências históricas do nazismo e do totalitarismo. Devemos notar que *História e consciência de classe* expressa as esperanças revolucionárias imediatas que se seguiram à Revolução Russa, esperanças que logo foram frustradas com a guinada opressiva do stalinismo. Lukács foi fortemente criticado por seu *utopismo revolucionário*: por ter uma visão utópica da inevitabilidade da transformação revolucionária, e, mais seriamente, por subestimar o quanto a realização da vontade revolucionária do proletariado – "objetivamente" expressa através do partido – poderia implicar várias formas de violência e opressão. Este debate seria retomado na era da Guerra Fria entre Sartre e Merleau-Ponty durante os anos de 1950. A refutação histórica da tese marxista de que o capitalismo colapsaria inevitavelmente suscitou algumas questões urgentes. Por que esta visão revolucionária fracassou? Por que "as massas" escolheram antes o fascismo? Será que a violência e a opressão estavam inevitavelmente vinculadas a formas sociais e políticas modernas? Estas perguntas preocuparam muito os teoristas críticos da Escola de Frankfurt, que as responderam voltando-se para diferentes versões do marxismo hegeliano e desenvolvendo uma teoria materialista interdisciplinar da sociedade moderna.

Dialética e diferença: o confronto de Heidegger com Hegel

Antes de passarmos à teoria crítica, como uma variante heterodoxa do marxismo hegeliano, devemos considerar a outra principal corrente do pensamento pós-hegeliano, a tradição do pensamento existencialista originária de Kierkegaard. A figura mais importante aqui, para os nossos propósitos, é Martin Heidegger, quem introduziu uma forma radical de fenomenologia existencial e desconstrução da metafísica do sujeito moderna que provou ser profundamente influente para o hegelianismo francês e alemão, embora de maneiras diferentes, às vezes até opostas. Dentre as figuras cruciais para o confronto de Heidegger com a metafísica moderna (como Descartes, Kant, Nietzsche) também devemos incluir Hegel, embora Heidegger tenha dedicado análises muito mais extensas a Kant e Nietzsche. No entanto, o *opus magnum* de Heidegger, *Ser e tempo* (1927), contém uma crítica afiada da concepção de tempo de Hegel. Além disso, suas aulas de 1930-1931 sobre a *Fenomenologia do espírito*, que culminaram em seu posterior ensaio "O conceito de experiência de Hegel", desenvolveram uma crítica do pensamento hegeliano que se demonstrou muito significativa para o hegelianismo francês do pós-guerra, assim como para o pós-estruturalismo francês. Heidegger argumentou que a metafísica de Hegel representa a culminação da metafísica cartesiana da subjetividade autofundadora (ou melhor, da "sujeitidade", o termo de Heidegger para a estrutura sujeito-objeto). Desconstruir a tradição da filosofia moderna – a metafísica da "sujeitidade" de Descartes, passando por Kant, até Hegel – tornou-se uma tarefa urgente para Heidegger, a qual foi radicalizada pelos seus seguidores franceses, notavelmente por Derrida.

A análise de Heidegger da existência (Dasein)

A profunda influência de Heidegger sobre o pensamento moderno está se tornando hoje cada vez mais palpável. A obra mais conhecida de Heidegger, *Ser e tempo*, foi publicada em 1927 e aclamada como um clássico filosófico. Nessa obra, Heidegger estava preocupado em suscitar a questão fundamental da filosofia, uma questão que tem sido esquecida na história da filosofia moderna: a *questão do Ser*. Como Heidegger observa, devemos pressupor uma vaga compreensão do "Ser" (*Sein*) em nossa experiência quotidiana; devemos pressupor o conceito de "Ser" em nosso uso mais básico da linguagem; no entanto, o conceito filosófico de "Ser" permanece obscuro ou indefinível. Qual, então, é o sentido ou o significado do Ser? Precisamos responder a esta pergunta, afirma Heidegger, se quisermos fundamentar as várias ciências que lidam com tipos particulares de entes (a matemática, a biológica, e assim por diante). Para responder a esta pergunta corretamente, no entanto, devemos começar com uma análise fenomenológica do tipo de ente que nós mesmos somos: entes capazes de questionar a nossa própria maneira de Ser. Devemos evitar o conceito tradicional, filosoficamente carregado de "ser humano" (com suas várias definições, tais como "animal racional", "ser falante", "consciência", e assim por diante). Em vez disso, Heidegger propõe que nos designemos a nós mesmos de maneira mais neutra como *"Dasein"*, isto é, como "existência" ou, mais literalmente, como "ser-aí".

Somos entes cujo modo de Ser é definido como "existência" (*Existenz*), o que significa que vivemos em um mundo significativo de uma maneira finita, temporal e autointerpretativa, de tal modo que o nosso próprio Ser é um problema para nós – algo com que nos preocupamos fundamentalmente. Heidegger analisa o *Dasein* em sua existência cotidiana média, descrevendo a complexa estrutura da nossa existência temporal, que ele chama de nosso "ser-no-mundo". Ao analisarmos a estrutura holística do nosso ser-no-mundo, podemos mostrar que somos definidos por um *cuidado* existencial com o nosso próprio Ser; e mais originariamente, pela experiência da *temporalidade* em nossa existência como entes finitos, conscientes da nossa própria finitude. Sobre a questão da temporalidade, Heidegger rejeita o entendimento filosófico tradicional do tempo como uma sucessão de momentos "agora" (a análise do tempo-consciência interno empreendida pelo professor de Heidegger, Edmund Husserl, foi uma fonte filosófica importante, assim como um alvo da crítica de Heidegger). Em *Ser e tempo*, as afirmações de Heidegger de que a estrutura fenomenológica da temporalidade humana envolve uma projeção preliminar na direção de um horizonte futuro de possibilidades, contra um fundo herdado de facticidades passadas (dadas circunstâncias), que em conjunto permitem que o presente seja desvelado como um mundo significativo no qual podemos nos engajar em atividades práticas. Encontramos uma crítica em *Ser e tempo* (§ 82) da maneira como Hegel interpreta mal a estrutura fenomenológica da temporalidade humana. Heidegger assim contrasta, criticamente, a sua própria descrição "fenomenológico-existencial" da temporalidade do *Dasein* com a concepção dialético-histórica de Hegel da relação entre tempo e espírito.

A crítica de Heidegger a Hegel sobre tempo e espírito

É significativo que Hegel seja uma das poucas figuras em *Ser e tempo* (juntamente com Descartes e Kant) a ser escolhido para uma crítica explícita. Neste sentido, poderíamos considerar a breve análise de Heidegger da concepção de Hegel da relação entre tempo e espírito como uma contribuição para o que Heidegger chamou de a tarefa de uma "destruição" (*Destruktion*) da história da ontologia – uma desmontagem das estruturas e interpretações conceituais herdadas a fim de revelar seu significado originário e suprimido. Esta ideia será apropriada e transformada pela desconstrução de Jacques Derrida do que ele chamou de a "metafísica da presença". Para Heidegger, a temporalidade como tal, com a exceção de Kant, tem se mantido impensada, ou pelo menos distorcida e incompreendida na história da metafísica (BT: 20). O entendimento "metafísico" do tempo se baseia no pressuposto de que a dimensão definitiva da experiência do tempo é proporcionada pela percepção ordinária dos entes encontrados no *presente*. Hegel é tomado para exemplificar a concepção metafísica "vulgar" do tempo como uma sequência infinita de "agoras" discretos ou momentos presentes. De fato, o conceito de tempo de Hegel, de acordo com Heidegger, é "o modo mais radical como o entendimento vulgar do tempo foi formado conceitualmente" (BT: 392). Ao longo de toda a tradição filosófica, argumenta Heidegger, o tempo, como "tempo do mundo", tem estado conectado à "alma" ou "espírito"; mas é Hegel quem assinala explicitamente a conexão entre esta concepção do tempo "centrada no presente" e o desenvolvimento histórico do espírito. A breve crítica de Heidegger da concepção "metafísica" de Hegel do tempo e do espírito – que o espírito "cai" no tempo histórico a partir de uma origem atemporal – é, portanto, apresentada como um contraste com a interpretação *existencial-ontológica* da temporalidade originária do *Dasein*.

Heidegger começa salientando que a análise do tempo de Hegel, assim como a de Aristóteles, pertence à "Filosofia da natureza". A análise de Heidegger dos § 254-258 da *Enciclopédia* de Hegel visa a estabelecer como a concepção básica de tempo de Hegel, definido como "devir intuído", privilegia o momento pontual do presente – como um momento aqui-agora – dentro do devir abstrato ou fluxo de momentos sucessivos. Heidegger argumenta que a conceptualização "lógica" do tempo de Hegel – interpretando o "momento-agora" como a "negação" da pontualidade do espaço, ou o "agora" como "logicamente" correspondente ao "aqui" – demonstra como o tempo, no sentido fenomenologicamente rico de "temporalidade vivida", é aqui formalizado e nivelado por baixo em um "grau sem precedente" (BT: 394). Esta *formalização lógica* do tempo é precisamente o que permite a Hegel fazer a conexão entre o espírito e seu desenvolvimento através do tempo histórico, pois tanto o tempo quanto o espírito partilham a mesma estrutura formal que permite que o espírito seja realizado temporalmente na história: "Hegel mostra a possibilidade da realização histórica do espírito 'no tempo', voltando à *identidade da estrutura formal do espírito e do tempo como a negação da negação*" (BT: 396). Isto é o ponto decisivo na discussão de Heidegger: a identidade de tempo e espírito enquanto partilham a estrutura lógica da "negação da negação" é igualmente a sua redução a uma abstração "formal-ontológica" vazia, que oblitera a temporalidade originária. Ao conectar tempo e espírito desta maneira, Hegel obscurece o modo como a nossa experiência do tempo está enraizada na estrutura tríplice da temporalidade "extática" ou originária: a projeção no futuro, contra o fundo de um passado compartilhado, a fim de desvelar o presente como um domínio de ação possível. De acordo com Heidegger, Hegel não consegue ver que a concepção "lógica" de tempo que ele apresenta pressupõe uma explicação fenomenológica mais originária da temporalidade.

Certamente podemos fazer perguntas aqui sobre a adequação da interpretação de Heidegger. Por que Heidegger enfoca o conceito de tempo retirado da filosofia da natureza em vez das discussões explícitas de Hegel sobre a historicidade do espírito? Além disso, por que a discussão de Heidegger a este respeito está restrita à mais elementar classificação do tempo na filosofia da natureza? Nos parágrafos em que Heidegger discute a partir do verbete "mecanismo" da *Encyclopaedia*, por exemplo, Hegel examina a estrutura categorial do tempo e do espaço pertinente não só a Aristóteles, mas à *mecânica newtoniana*. A discussão de Hegel, ademais, não pode fornecer um exemplo adequado da relação essencial entre tempo e espírito, simplesmente porque a natureza ocupa um nível categorial diferente do espírito e, portanto, não pode fornecer a base para se conceitualizar o espírito em seu desenvolvimento histórico. No § 82 de *Ser e tempo*, Heidegger negligencia esta dimensão hermenêutica na discussão de Hegel sobre o tempo dentro da filosofia da natureza. No entanto, a crítica básica de Heidegger – de que Hegel é culpado de abstração lógico-conceitual em sua explicação do tempo, da história e do espírito – será frequentemente repetida em críticas ao hegelianismo no século XX.

A leitura de Heidegger da Fenomenologia de Hegel

O próximo envolvimento continuado de Heidegger com Hegel ocorre em sua série de palestras, em 1930-1931, sobre os capítulos de abertura da *Fenomenologia do espírito*, uma leitura centrada no problema da *finitude*. Este termo se tem demonstrado um tema importante na fenomenologia, no existencialismo e em várias outras correntes do pensamento pós-heideggeriano. Refere-se ao caráter *finito* da existência humana, não apenas à nossa mortalidade, mas aos limites inerentes à nossa experiência como tal: não só é a minha existência inerentemente contingente e "desprovida de fundamento"; a experiência e o conhecimento humanos também são marcados por limites além dos quais tentamos em vão chegar. Existência finita significa não apenas que vivemos e morremos, mas que a possibilidade da minha não existência é inerente a cada momento da minha existência temporal; a finitude colore a minha experiência do tempo e da minha própria individualidade de modos profundos. Esta ideia de finitude está fortemente em desacordo com muitas suposições sobre a existência humana dentro da tradição metafísica. Como Heidegger observa em *Kant e o problema da metafísica* (1929), o problema da finitude é aberto na filosofia moderna pela descoberta de Kant da imaginação transcendental e do horizonte transcendental do tempo como temporalidade. No entanto, de acordo com Heidegger, Kant recua deste *insight* (na segunda edição da *Crítica da razão pura*) regressando à primazia do *entendimento* (em vez da imaginação transcendental) em sua explicação da autoconsciência pura. Hegel acompanha Kant, restaurando o domínio da lógica especulativa sobre a metafísica, e, assim, evitando o problema da finitude ao integrá-lo à infinidade da razão (HEIDEGGER, 1997: 171). Devemos, portanto, perguntar o que Heidegger quer dizer com "o problema da finitude": Como Hegel impede o acesso genuíno a este problema central da "possibilidade e necessidade internas da metafísica"? (p. 171).

Heidegger dedica-se a estas questões em sua série de palestras de 1930-1931 dedicadas à leitura dos capítulos "Consciência" e "A verdade da certeza de si" da *Fenomenologia do espírito*. Ele aprofunda essa análise em seu comentário posterior (1942-1943) sobre a "Introdução" à *Fenomenologia*, um ensaio intitulado "O conceito de experiência de Hegel". Nestes textos Heidegger situa o seu diálogo crítico com Hegel no contexto do projeto pós-kantiano de construir uma metafísica centrada no sujeito humano finito. O confronto entre Hegel e Heidegger acontece no terreno da *problemática da finitude*, o "cruzamento" entre o projeto hegeliano de pensar a infinitude do espírito, e o projeto heideggeriano de pensar a finitude do ser: "Tentaremos *encontrar* Hegel na *problemática da finitude*. Isso significa [...] que através de um confronto com a problemática da infinitude *de Hegel* tentaremos criar, com base na nossa própria investigação sobre a finitude, *a* afinidade necessária para revelar o espírito da filosofia de Hegel" (HPS: 38). De acordo com Heidegger, a *Fenomenologia* de Hegel permanece vinculada à concepção filosófica tradicional de finitude, que está integrada ao conceito especulativo de infinitude de Hegel e, portanto, incorporada à razão.

Com Hegel, afirma Heidegger, a infinitude se torna um problema mais significativo do que a finitude, uma vez que o interesse da razão especulativa é suprassumir todas as oposições dentro da totalidade racional. Neste sentido, Heidegger entende que o projeto do idealismo pós-kantiano consiste na tentativa sistemática de superar o conhecimento "relativo" da consciência finita (no sentido de conhecimento objeto dependente da alteridade) em favor do *conhecimento absoluto* da razão especulativa (no sentido de um autoconhecimento já não mais "relativo" ou objeto dependente). Heidegger se utiliza da conexão entre o termo "absoluto" e aquele que "ab-solve" a si mesmo de qualquer relação de dependência; o conhecimento *absoluto* de Hegel seria, portanto, um conhecimento *ab-solvente* que *ab-solve* ou se *destaca* da relatividade da consciência. Porque o conhecimento absoluto se *destaca* do conhecimento objeto dependente que define a consciência, se torna autoconhecimento ou cognição da cognição; a consciência objeto dependente se torna, portanto, consciente de si mesma, ou seja, se torna *autoconsciência*.

A este respeito, a interpretação de Heidegger da consciência na *Fenomenologia* se baseia na suposição de que toda a exposição fenomenológica de Hegel pressupõe o ponto de vista de um conhecedor absoluto no sentido de um conhecimento *absolvente* que se absolveu a si mesmo de qualquer dependência da consciência de objetos (HPS: 51). O conhecedor absolvente, por pertencer aos observadores fenomenológicos, isto é, ao "nós', está totalmente destacado da relatividade do conhecedor humano ordinário (HPS: 50). A fenomenologia hegeliana pode, portanto, ser caracterizada, afirma Heidegger, como "a *autoapresentação absoluta da razão* (*ratio-logos*), cuja essência e atualidade Hegel encontra no *espírito absoluto*" (HPS: 30). A ênfase de Heidegger aqui está no modo como a concepção de razão de Hegel integra, e, portanto, suprassume, a finitude do sujeito cognoscente. O conhecedor filosófico ou absoluto é o ponto de vista da razão conhecendo-se a si mesma, ao invés do ponto de vista finito do sujeito humano com seu limitado conhecimento de objetos.

Heidegger sobre a autoconsciência

Podemos resumir o confronto de Heidegger com Hegel como tendo dois aspectos relacionados:

1) Uma ênfase na centralidade ontológica do sujeito racional, lógico.

2) Uma ênfase na maneira como a dialética hegeliana revela o Ser a partir da perspectiva da *experiência* dialética do sujeito autoconsciente.

Como veremos, Heidegger apresenta o que poderíamos chamar de leitura "cartesiana" de Hegel, situando Hegel na esteira da tentativa de Descartes de localizar uma fundação segura para o conhecimento na certeza de si do sujeito pensante. Não surpreendentemente, as limitações da interpretação "cartesiana" de Heidegger se tornam evidentes em sua discussão sobre a autoconsciência hegeliana. A dificuldade básica da leitura de Heidegger é que a autoconsciência hegeliana é amplamente equiparada a uma versão fichteana do *ego cogito* cartesiano. O resultado é uma falha da parte de Heidegger em apreender a dialética da dependência e da independência da autoconsciência e o problema da liberdade de autoconsciência no que diz respeito à consciência infeliz.

Heidegger descreve a transição da consciência para a autoconsciência em termos fortemente fichteanos: "podemos dizer que ao dizer eu, eu é postulado como eu: eu = eu". O sujeito reflete sobre si mesmo, se diferencia do não eu; mas, ao mesmo tempo, também se une com o não eu e, portanto, consigo mesmo precisamente através desta diferenciação de si (HPS: 125). Heidegger interpreta esta formulação "fichteana" da concepção de autoconsciência de Hegel como afirmando que a autoconsciência é a condição da possibilidade de nossa consciência de objetividade em geral. Para Heidegger, Hegel concebe o "eu" em termos do *cogito*, e o ser si mesmo em termos de autoconsciência; mas esta concepção de autoconsciência envolve uma interpretação ontológica do Ser do *self* (HPS: 136). O problema, afirma Heidegger, é que o modelo de autoconsciência cartesiano-fichteano de Hegel, onde Sujeito = Objeto, resulta em uma ontologização do *self*, transformando o *self* efetivamente em um objeto. O modelo cartesiano-fichteano de autoconsciência deve, portanto, ser transformado em uma explicação da essência da autoconsciência "por meio do *ser-para-outro*": uma mudança do modelo do *self* definido pela relação sujeito-objeto (HPS: 138). Seria, portanto, de se esperar aqui uma discussão do papel do *desejo* e do *reconhecimento* na constituição da autoconsciência. Em vez disso, de acordo com a leitura de Heidegger, Hegel desenvolve a esta altura um novo conceito de Ser como *Vida infinita*. É bem verdade que Heidegger se volta para uma brevíssima consideração do desejo, mas se omite em estender esta discussão à seção crucial sobre a luta pelo reconhecimento.

A interpretação cartesiano-fichteana que Heidegger faz de Hegel a respeito da autoconsciência, entretanto, deixa de explicar o momento da *individualidade concreta* no conceito de autoconsciência. Na *Fenomenologia* Hegel define o conceito de autoconsciência como compreendendo três momentos essenciais: o "eu" puro indiferenciado (universalidade); a mediação através do objeto de desejo (particularidade); e o movimento de reconhecimento entre sujeitos autoconscientes (individualidade concreta) (PhS, § 176). Embora Heidegger explique o primeiro momento (a autoidentidade abstrata do "eu" como "eu" = "eu"), e o segundo momento (a particularidade da autoconsciência como desejo), ele não oferece nenhuma explicação para o terceiro momento (a individualidade concreta articulada através do reconhecimento intersubjetivo). Neste sentido, a interpretação que Heidegger faz de Hegel permanece no nível da *reflexão* abstrata (e não no da razão especulativa), concebendo a autoconsciência de acordo com um *formalismo* abstrato: uma concepção deficiente de autoconsciência que não consegue unir todos os três momentos da universalidade, da particularidade e o terceiro momento crucial da individualidade alcançada através do reconhecimento intersubjetivo.

Ao invés de elaborar como a independência da autoconsciência surge a partir da experiência do domínio e da servidão, Heidegger volta-se para uma discussão da Vida como o novo conceito de Ser de Hegel. Com base nessa explicação da vida, Heidegger afirma que a fenomenologia do espírito é "*a ontologia fundamental da ontologia absoluta*, ou onto-logia, em geral" (HPS: 141). A *Fenomenologia* fornece a última justificação possível da metafísica da subjetividade, presumivelmente antes da própria tentativa de Heidegger de superar esta última através da análise existencial do *Dasein*. Outra razão para a ênfase intrigante de Heidegger na vida logo se torna evidente: ela prepara o caminho para a crítica de Heidegger da observação parentética de Hegel sobre o Tempo. No meio da exposição sobre a Vida, Hegel observa que a Essência é "infinito absolutamente inquieto": é "a simples essência do Tempo, que, em sua igualdade consigo mesmo, tem a forma pura do Espaço" (PhS, § 169). Heidegger retorna aqui à sua crítica anterior da relação entre tempo e espírito, concluindo novamente que esta observação fornece evidência de que "o tempo e o espaço são para Hegel principalmente problemas de filosofia da natureza" (HPS: 144). Como resultado, Hegel não consegue desenvolver a problemática do tempo de maneira adequada em termos de história ou de espírito (p. 144). Com efeito, Hegel continua atolado na reificação da temporalidade e da historicidade do sujeito através de uma interpretação ontologicamente inadequada do *self* que permanece enraizada na ontologia das coisas. Como mencionado, o problema aqui é que Heidegger restringe a concepção de tempo de Hegel ao domínio da filosofia da natureza, e enganosamente argumenta que Hegel transpõe uma noção representacional do tempo como sucessão vazia para o domínio do espírito histórico. Ao fazê-lo, a abordagem "cartesiano-fichteana" de Heidegger negligencia precisamente os temas que são originais na explicação de Hegel da autoconsciência: o papel da individualidade concreta como *reconhecimento intersubjetivo*, e a questão da *historicidade* do espírito autoconsciente.

O conceito de experiência de Hegel

A interpretação de 1942-1943 de Heidegger da "Introdução" à *Fenomenologia do espírito* é o seu tratamento mais intensivo da filosofia de Hegel como um todo. Nesta seção conclusiva, tentarei apenas uma breve análise da interpretação "cartesiana" de Hegel feita por Heidegger. Esta permanece importante porque serviu como ponto de referência autorizado para numerosos críticos pós-heideggerianos do hegelianismo, que insistiram em que Hegel alçasse o *cogito* cartesiano em nível de um "sujeito absoluto".

Heidegger começa sua interpretação enfatizando a centralidade de Descartes para a metafísica moderna. Com efeito, a filosofia moderna, para Heidegger, é definida pela busca (inaugurada por Descartes) de um fundamento absoluto para o conhecimento em uma "certeza incondicional de si", e uma fundamentação *a priori* ou transcendental para este conhecimento (argumentada por Kant). Heidegger cita, assim, a famosa observação de Hegel sobre Descartes nas *Lições sobre a História da Filosofia* concernente à descoberta do terreno da autoconsciência:

> Aqui, podemos dizer, estamos em casa, e como o marinheiro após uma longa viagem por um mar tempestuoso, podemos agora saudar a vista da terra; com Descartes a cultura dos tempos modernos, o pensamento da filosofia moderna realmente começa a aparecer, após uma longa e tediosa viagem até aqui (HEGEL, 1896: 217).

Heidegger considera que este comentário reflita o endosso de Hegel do cartesianismo, sem discutir a crítica de Hegel da equação de Descartes do pensamento com o entendimento abstrato (em lugar da razão especulativa). Hegel, de acordo com Heidegger, herda e completa esta busca de um conhecimento absoluto ou autofundador que está fundamentado na incondicional certeza de si da autoconsciência.

Consideremos este ponto mais detalhadamente. Hegel é o primeiro filósofo, observa Heidegger, a possuir plenamente o terreno da subjetividade certa de si mesma. Este evento importante no pensamento moderno ocorre quando Descartes torna o *cogito ergo sum* o fundamento inabalável de todo conhecimento; o *cogito* como *"fundamentum inconcussum"* é assim elevado ao nível do Absoluto. O Absoluto, explica Heidegger, é espírito:

> aquele que está presente e solitário na certeza do autoconhecimento incondicional. O conhecimento real dos entes agora significa o conhecimento absoluto do Absoluto em seu absolutismo (HCE: 28).

As formulações de Heidegger são certamente legítimas, desde que consideremos que a afirmação de Hegel desenvolva um sistema de conhecimento absoluto. É nesta conexão que Heidegger desenvolve sua interpretação *ontologicamente* orientada da *Fenomenologia*, ou seja, que Hegel pressupõe a presença ou *parusia* do Absoluto a nós, e que o Absoluto quer desvelar o seu Ser através do conhecimento (absoluto). Com efeito, o objetivo de Hegel desde o início da *Fenomenologia*, afirma Heidegger, é "apontar para o Absoluto em seu advento em nosso meio" (HCE: 31). O Ser ou o Absoluto já está sempre presente a nós como aquilo dentro do que o conhecimento em geral é possível: "Esta proximidade a nós (*parusia*) já é em si mesma a maneira na qual a luz da verdade, o próprio Absoluto, lança seu raio sobre nós" (HCE: 30). O Absoluto *é* como o horizonte ontológico do ser através do qual e no qual os entes são desvelados a nós em sua presença inteligível.

Heidegger então desloca a ênfase em sua leitura de Hegel a fim de desenvolver uma tese que é crucial para o seu projeto como um todo: a saber, que no curso da filosofia moderna, de Descartes a Hegel e Nietzsche, o significado do Ser é cada vez mais *subjetivizado* até estar em perigo de ser completamente obliterado (este é o desafio ambíguo posto pela essência da tecnologia moderna ou o que Heidegger chamará de "enquadramento" ou *Gestell*). Esta tese da *subjetivação do Ser* é uma característica central da leitura de Heidegger da *Fenomenologia* e do papel de Hegel na realização da metafísica ocidental. Para Heidegger, a filosofia moderna desde Descartes tomou posse do terreno da subjetividade como "a certeza de si da representação mental a respeito de si mesma e do que representa" (HCE: 33). Hegel, por sua vez, toma completa posse do terreno da subjetividade ao transformá-lo em espírito autoconhecedor e dotado de vontade própria. De acordo com Heidegger, a filosofia se torna "Ciência" (*Wissenschaft*) na metafísica absoluta de Hegel precisamente porque "retira seu significado da natureza da certeza de si do sujeito que se conhece como incondicional" (p. 33). A ciência filosófica é, portanto, a realização do projeto cartesiano de um conhecimento que se fundamenta a si mesmo, e que tem o seu fundamento absoluto na certeza de si incondicional do sujeito cognoscente.

Neste ponto, Heidegger articula a conexão explícita entre a metafísica da *sujeitidade* (que repousa sobre a relação sujeito-objeto) e o entendimento moderno do Ser como *tecnologia*. É importante notar que por "tecnologia" ou "técnicas" Heidegger não denota simplesmente máquinas ou dispositivos técnicos; em vez disso, "tecnologia" é o termo de Heidegger para a maneira como a realidade se mostra na Modernidade de uma maneira essencial e tecnologicamente desvelada – ou seja, os entes são cada vez mais revelados exclusivamente como um estoque ou reserva de recursos disponíveis para ordenação e uso. Ora, como vimos, Heidegger argumenta que o entendimento moderno do Ser se desvela como *sujeitidade*. Este processo da subjetivação do Ser culmina no espírito absoluto hegeliano e na vontade de poder nietzscheana; ele determina a Modernidade, sobretudo, como a época da *tecnologia*. Heidegger liga assim a sua crítica da metafísica ao seu confronto com a Modernidade: o encontro crítico com a tecnologia como metafísica do sujeito completada é anunciada através da interpretação de Hegel do Ser como sujeitidade. Nos termos de Heidegger:

> Dentro da sujeitidade, cada ente se torna como tal um objeto [...]. Se, na era da sujeitidade [ou seja, a Modernidade] que é o fundamento da natureza da tecnologia, a natureza *qua* Ser é colocada em oposição à consciência, então esta natureza é somente a soma total de entes particulares tomados como o objeto dessa objetificação tecnológica moderna que põe as mãos indiscriminadamente na propriedade das coisas e dos homens (HCE: 132).

O que é surpreendente nesta análise é sua proximidade com a *própria* crítica de Hegel da metafísica da reflexão. Hegel também critica os efeitos práticos do princípio da identidade abstrata e da universalidade que resultam na obliteração da particularidade, na dominação da alteridade e na reificação da subjetividade. Como vimos anteriormente, alegações semelhantes foram feitas por Lukács, mas de uma perspectiva hegeliano-marxista. A Modernidade, para Heidegger, é a era da sujeitidade e, portanto, da objetivação tecnológica. A tecnologia moderna é ela mesma nada mais do que a consciência natural que "realiza a autoconfiante viabilidade ilimitada de tudo o que existe através da transformação irresistível de tudo em um objeto para um sujeito" (HCE: 62-63). A era moderna da tecnologia é a era da racionalidade instrumental, objetificante, da transformação ilimitada de seres em recursos disponíveis para uso.

Neste sentido, as observações críticas de Heidegger têm afinidades com o próprio confronto crítico de Hegel com a metafísica moderna do sujeito e suas implicações prático-morais. A diferença fundamental entre Hegel e Heidegger gira em torno de seus respectivos relacionamentos com a Modernidade. Hegel fornece uma legitimação crítica da Modernidade, que inclui uma crítica do caráter anacrônico de metafísicas do sujeito (como o cartesianismo) na Modernidade "plenamente desenvolvida". Isto contrasta com a afirmação de Heidegger de que a moderna metafísica do sujeito fornece a base para o niilismo da era da tecnologia moderna.

A leitura "cartesiana" que Heidegger faz de Hegel e a crítica desconstrutiva da metafísica hegeliana do sujeito se tornou um ponto de referência decisivo para filósofos pós-estruturalistas franceses como Deleuze, Foucault e Derrida. A este respeito, o que tenho chamado de a estirpe "existencialista" do pensamento hegeliano e do pensamento anti-hegeliano desempenharia um papel fundamental na apropriação francesa de Hegel. Por outro lado, a estirpe marxista do hegelianismo também se demonstraria muito importante para os teoristas críticos da Escola de Frankfurt, que permaneceram fortemente contrários a Heidegger, principalmente por razões políticas (o desastroso engajamento de Heidegger com o nacional-socialismo durante a década de 1930). Conforme veremos, a crítica de Lukács do processo de reificação no âmbito da Modernidade (capitalista) forneceu a inspiração para a apropriação de Hegel por Adorno. Adorno também desenvolveu uma crítica aguda do pensamento de Heidegger, embora, ao mesmo tempo, tenha elaborado uma crítica da metafísica análoga, em determinados aspectos, ao pensamento de Heidegger. É este intrigante cruzamento entre o hegelianismo alemão e o francês e o anti-hegelianismo que exploraremos nos capítulos seguintes.

Resumo dos pontos-chave
A crítica de Lukács a Hegel
• Lukács montou uma influente crítica marxista-humanista da aparente fusão feita por Hegel de dois conceitos-chave: *objetificação* e *alienação*.

- Hegel identifica "objetificação" com o sentido específico de "alienação" característico da Modernidade: o resultado foi "ontologizar" a alienação como uma característica inescapável da atividade humana.

Reificação: a crítica de Lukács à Modernidade

- O projeto de Lukács consistia em retornar o marxismo às suas raízes filosóficas (em Hegel), mas também em desenvolver uma *crítica ideológica* marxista de como a filosofia moderna (incluindo Hegel) reflete o fenômeno da *reificação*.
- "Reificação" é o processo pelo qual relações sociais, subjetividade individual e formas de expressão cultural são "coisificadas" sob as condições do capitalismo mercantil.

A crítica de Heidegger a Hegel sobre tempo e espírito

- O conceito de tempo de Hegel, de acordo com Heidegger, é "o modo mais radical como o entendimento vulgar de tempo tem sido formado conceitualmente".
- No entanto, Hegel não consegue ver que a concepção "lógica" de tempo que ele apresenta pressupõe uma explicação fenomenológica mais originária da temporalidade.

A leitura de Heidegger da Fenomenologia *de Hegel*

- O confronto entre Hegel e Heidegger concerne *à problemática da finitude*, o "cruzamento" entre o projeto hegeliano de pensar a infinidade do espírito e o projeto heideggeriano de pensar a finitude do Ser.

Heidegger sobre a autoconsciência

- Heidegger apresenta uma leitura "cartesiana" de Hegel, situando Hegel, na esteira da tentativa de Descartes de localizar um fundamento seguro para o conhecimento na certeza de si do sujeito pensante.

- A abordagem "cartesiano-fichteana" de Heidegger, no entanto, negligencia o papel do *reconhecimento intersubjetivo*, bem como a *historicidade* do espírito autoconsciente.

O conceito de experiência de Hegel

- A leitura de Hegel feita por Heidegger desenvolve a tese de que, no curso da filosofia moderna, o sentido do Ser é cada vez mais *subjetivizado*.

- Hegel fornece uma legitimação crítica da Modernidade, inclusive uma crítica do caráter anacrônico da metafísica do sujeito; em contrapartida, Heidegger afirma que a metafísica do sujeito culmina no niilismo da Modernidade tecnológica.

4

Esclarecimento, dominação e não identidade: a dialética negativa de Adorno

Como outras variedades do pensamento hegeliano, o que chamo de "hegelianismo alemão" é caracterizado por uma apropriação seletiva de certos conceitos ou temas, notadamente dos conceitos de *alienação* e *reificação*. Neste capítulo e no capítulo 5 explorarei as maneiras pelas quais a tradição alemã da teoria crítica – de Theodor Adorno a Jürgen Habermas e Axel Honneth – se apropriou de elementos-chave do pensamento de Hegel, embora, ao mesmo tempo, tenha submetido o sistema da metafísica hegeliana a várias formas de crítica. Conforme veremos, a justificação crítica da Modernidade de Hegel, o seu "método dialético" e elementos da sua filosofia da história, todos desempenharam um papel significativo no desenvolvimento da teoria crítica da Escola de Frankfurt, sendo igualmente alvos centrais da sua crítica. Este capítulo se concentrará em como os teoristas críticos Theodor Adorno (1903-1969) e Max Horkheimer (1895-1973) transformaram estes conceitos hegelianos na sua própria crítica radical da razão moderna e dos efeitos de dominação da cultura de consumo. Sua transformação do conceito de reificação lukacsiano permitiu a Adorno e Horkheimer apresentarem um potente diagnóstico crítico dos perigos suscitados pelo predomínio da racionalidade *instrumental* ou *subjetiva* na Modernidade ("instrumental" no sentido de empregar a razão como meio para alcançar determinado fim, e "subjetivo" no sentido de fins subjetivamente escolhidos, sobretudo a autopreservação). Também permitiu a Adorno apontar maneiras pelas quais o predomínio do "pensamento identitário" calculista poderia ser superado através do recurso à experiência estética da arte de vanguarda e à forma crítica do pensamento "não identitário". De fato, o projeto posterior de Adorno de pensar uma *dialética negativa* – uma dialética não mais orientada para o encerramento conceitual, a unidade ou a universalidade – é uma das muitas tentativas dos filósofos europeus pós-hegelianos de *repensarem a dialética hegeliana,* conforme veremos mais tarde nos casos de Merleau-Ponty, Deleuze e Derrida.

Esclarecimento, mito e o destino da razão

A oscilação entre as correntes existencialista e marxista que investigaremos mais tarde no hegelianismo francês também pode ser discernida, de uma maneira mais atenuada, na obra de Theodor Adorno. O complexo projeto filosófico de Adorno combinou uma suspeição romântico-existencialista do universal e uma ênfase na singularidade do individual, com uma crítica marxista dos efeitos destrutivos do capitalismo de mercado sobre a possibilidade da liberdade no mundo moderno. Com efeito, poderíamos descrever o pensamento de Adorno como um "hegelianismo anti-hegeliano": um projeto que se apropriou de elementos da dialética hegeliana, embora também os considerando como exemplos do tipo de "pensamento identitário" que precisava ser superado.

Esta complexa apropriação do pensamento de Hegel, aliás, também foi evidente em Lukács, que passou de uma perspectiva romântico-existencialista em sua juventude para uma posição explicitamente hegeliano-marxista (embora mais tarde tenha repudiado seu o livro mais famoso, *História e consciência de classe*, como insuficientemente "materialista"). Tanto Lukács quanto Adorno permaneceram devedores, de maneiras diferentes, do que consideravam ser o método hegeliano de pensamento "dialético". Lukács deu à dialética hegeliana uma interpretação *marxista-materialista*, usando-a para diagnosticar a maneira como as oposições conceituais que marcam a filosofia moderna, de Descartes a Kant e Hegel (sujeito e objeto, liberdade e natureza, universal e particular, e assim por diante), foram reflexões conceituais de oposições "reificadas" na realidade social geradas pela predominância da forma da mercadoria. Adorno, em contrapartida, subverteu a dialética hegeliana no que chamou de "dialética negativa": um pensamento dialético que recusou a totalidade, o encerramento ou a suprassunção em qualquer unidade conceitual "superior", ou a subordinação da particularidade sensível à universalidade conceitual. Como veremos, a dialética negativa de Adorno apresentou um tipo aberto, porém crítico, de pensamento que procurou preservar os aspectos multiformes do que chamou de "não identidade" – a particularidade sensível, o corpo, a natureza, a diferença, e assim por diante – que tendem a ser obliterados pelo pensamento conceitual.

Na *Dialética do esclarecimento*, Adorno e Horkheimer desenvolveram uma explicação dialética da relação entre a razão esclarecida e a mitologia na Modernidade. Seu objetivo era demonstrar como a mitologia já é uma forma de esclarecimento, ao passo que a razão esclarecida – com sua fé no progresso técnico, na organização "racional" da sociedade e na dominação da natureza – é a nossa mitologia moderna. Como veremos, Horkheimer e Adorno basearam-se na dialética de Hegel entre o esclarecimento e a fé (delineada na *Fenomenologia do espírito*), mas também a transformaram. Eles argumentaram que as raízes da dominação e da crescente dissolução da subjetividade autônoma evidente na Modernidade deveriam ser encontradas na ascensão da racionalidade instrumental combinada com o predomínio da forma da mercadoria como um princípio estruturador da cultura moderna. Ao fazê-lo, Adorno e Horkheimer tentaram diagnosticar os fundamentos metafísicos e históricos das catástrofes da história do século XX (o nazismo, o holocausto, o surgimento de totalitarismos "rígidos" e "suaves"). Tal diagnóstico sombrio, no entanto, também suscitou a questão de quais tipos de resistência crítica ou possibilidades de transformação social podem estar disponíveis no que alegaram ter se tornado uma "sociedade administrada", totalmente reificada. No que se segue, explorarei a descrição quase-hegeliana de Adorno e Horkheimer da dialética do esclarecimento, delineando seus efeitos sobre a moralidade e a cultura, embora também examinando algumas das dificuldades suscitadas pelo que alguns críticos (tais como Habermas) chamaram de sua "crítica totalizante" da Modernidade.

A dialética do esclarecimento

Como o subtítulo sugere, a *Dialética do esclarecimento*: fragmentos filosóficos, consiste em uma série de ensaios filosóficos fragmentários que juntos compõem uma crítica radical da cultura ocidental moderna. Escrito durante o período mais negro da Segunda Guerra Mundial e publicado como um "texto *underground*" somente em 1947, o projeto do livro é resumido pelos autores – uma "mensagem em uma garrafa" para as gerações futuras – como uma resposta à questão candente que confronta todos os pensadores políticos do século XX: "Por que a humanidade, ao invés de entrar em um estado verdadeiramente humano, está afundando em um novo tipo de barbárie" (DE: xiv). A *Dialética do esclarecimento*, observam Adorno e Horkheimer, é uma investigação sobre a "autodestruição do esclarecimento" (DE: xvi), um autoexame radical da cultura iluminista e do governo autoritário da *razão instrumental* na Modernidade.

A racionalidade instrumental, recordemos, refere-se ao desdobramento da racionalidade como um meio para satisfazer determinados fins, que Adorno também chama de racionalidade *subjetiva*, no sentido de uma racionalidade submetida à satisfação do desejo de autopreservação. Sua tese é que tanto o mundo da vida social e cultural quanto os processos psíquicos de formação subjetiva individual têm sido penetrados pelos processos de reificação. A razão, no sentido substantivo e prático-moral, tem sido restringida e deformada nas formas estreitas e desprovidas de conteúdo da *racionalidade instrumental*. Esta é a forma dominante de racionalidade na Modernidade, expressa em áreas tão diversas quanto a ciência e a tecnologia modernas, a economia e a burocracia modernas, a publicidade e a cultura de massa.

O primeiro ensaio na *Dialética do esclarecimento*, "O conceito de esclarecimento", desenvolve duas teses básicas: a de que o mito já é esclarecimento; e a de que o esclarecimento reverte à mitologia. Este entrelaçamento de esclarecimento e mito é analisado da cultura mítica grega à cultura instrumentalista da Modernidade. Longe de opor o niilismo da razão moderna à sabedoria trágica dos gregos (como fez Nietzsche, p. ex.), Adorno e Horkheimer argumentam que as raízes da razão esclarecida devem ser encontradas no surgimento do pensamento mítico. Ao privilegiar a racionalidade instrumental sobre a natureza sensível e a liberdade social, a cultura esclarecida reverte a uma fé mítica na maquinaria social e econômica do poder. A fé cega nas forças da eficiência técnica, no domínio tecnológico, no mercado econômico e na cultura da mercadoria compreendem nossas formas contemporâneas de irracionalidade social.

Assim como acontece com Lukács, Adorno e Horkheimer adotam a ideia do sociólogo Max Weber de que os processos *de racionalização* social e cultural, que deveriam melhorar a nossa liberdade ao estender a formalidade, a calculabilidade e a previsibilidade das práticas e instituições sociais, acabou destruindo a nossa liberdade subjetiva e nos aprisionando dentro de uma "gaiola de ferro" da razão. Eles, então, procuram demonstrar estas teses ainda mais em duas longas digressões: uma sobre a narrativa épica de Odisseu, interpretada como um relato da pré-história do sujeito alienado moderno; a outra sobre a relação entre Kant, de Sade e Nietzsche, que demonstra o niilismo moral implícito na cultura esclarecida, como a razão esclarecida, levada à sua conclusão extrema, reverte ao terror (amoral).

O que liga estas duas digressões ao ensaio sobre esclarecimento e mito é o problema da *dominação da natureza*: como o desenvolvimento da racionalidade instrumental moderna, voltada para o domínio da *natureza externa* através da ciência e da tecnologia, também resultou na dominação da nossa própria *natureza interna* – sensibilidade, afetividade e desejo – dentro de uma "sociedade administrada" completamente reificada. O destino da arte na Modernidade é então considerado no famoso, e muito incompreendido, ensaio de Adorno e Horkheimer, "A indústria cultural: o esclarecimento como mistificação das massas". De maneira resumida, Adorno e Horkheimer argumentam que a dissolução da experiência social ocasionada pelo predomínio do *pensamento identitário* (e subjacente a este, da forma da mercadoria) mina a fé modernista de que o poder criativo da arte poderia superar a reificação social. Ao contrário, a regressão da arte modernista ao entretenimento mercantilizado e à distração ideológica degrada o seu poder crítico, promovendo uma fetichização da técnica e uma afirmação resignada dos poderes sociais, culturais e políticos prevalecentes. A *Dialética do esclarecimento* então termina com um ensaio intitulado "Elementos do antissemitismo", que esboça uma pré-história filosófica do antissemitismo e uma análise das raízes psicológicas e sociais da reversão da civilização europeia à violência racista e à destruição niilista durante a Segunda Guerra Mundial.

Gostaria de enfocar aqui três temas da crítica da Modernidade de Adorno e Horkheimer: (a) o entrelaçamento de esclarecimento e mito; (b) a dominação da natureza através da razão instrumental; e (c) as implicações do colapso da arte autônoma na cultura da mercadoria. Todos estes temas estão relacionados, principalmente, pela tese de que a Modernidade não conseguiu atingir o projeto iluminista da liberdade e da autonomia porque restringiu a razão a *razão instrumental*, seja como ciência e tecnologia seja como cultura da mercadoria; e de que esta razão instrumental tem dominado a natureza interior e exterior, seja entendida como ambiente natural seja como aparência sensível, como forma de realização sensível ou como desejo inconsciente. Ora, é significativo que a crítica *negativa* de Adorno e Horkheimer da Modernidade ocidental, o "lado negro" da razão e da cultura esclarecidas, devesse "preparar um conceito positivo de esclarecimento que o libertasse do seu emaranhamento na dominação cega" (DE: xviii). Infelizmente, esta concepção *positiva* de razão não instrumental, o que Adorno chamou de pensamento estético de *não identidade*, está ausente da *Dialética do esclarecimento*. Permanece um torso, uma crítica fragmentária da racionalidade esclarecida que, no entanto, antecipa muitos temas associados ao pós-estruturalismo.

O entrelaçamento de esclarecimento e mito

A descrição de Adorno e Horkheimer da relação entre razão esclarecida e pensamento mítico tem afinidades impressionantes com a análise de Hegel da relação entre esclarecimento e fé na *Fenomenologia do espírito*. Nesta última, Hegel mostrou que, embora a razão esclarecida tenha criticado a fé religiosa, indicando a sua incapacidade de concordar com os preceitos do saber racional, a razão não poderia oferecer algo substancial para substituí-la. Ao invés disso, a razão reverteu ao próprio dogmatismo que criticou na religião; pois o Iluminismo endossou uma fé cega em uma forma de racionalidade instrumental interpretada estritamente. O resultado desta concepção de razão vazia e formal, dirigida para a dominação da natureza, mas vazia de conteúdo ético e social, foi alçar a *utilidade* ao maior valor da cultura iluminista. O utilitarismo é, portanto, a "verdade" do Iluminismo, o que significa que é também o que mostra a falsidade ou inadequação das suas alegações de racionalidade. Pior ainda, esta racionalidade vazia pode ser facilmente ligada à dominação e ao terror (Hegel analisa na *Fenomenologia* a relação entre "liberdade absoluta" e violência política no caso da Revolução Francesa e do terror jacobino, que ele considerou ser um estágio "necessário" do desenvolvimento da sociedade burguesa moderna). Porquanto a razão iluminista privilegia uma universalidade vazia em detrimento de uma particularidade concreta, acaba sancionando a violência contra a particularidade em nome de um falso universal.

A "dialética" de Adorno e Horkheimer também é tirada de Hegel, mas é transformada, na "dialética negativa" de Adorno, em um movimento indefinido que recusa a integração em uma "unidade superior" (cf. desconstrução). Recordamos que, para Hegel, a experiência histórica e cultural da consciência é *dialética*, no sentido de constituir um movimento ou devir no qual a consciência reverte em seu oposto, e então se transforma incorporando seu oposto em um nível mais complexo. A razão se contrapõe ao seu oposto (a não razão, como a natureza, a fé, e assim por diante), mas considera que esta oposição falhe ou se autodestrua; ela, portanto, incorpora o seu oposto em si mesma, transformando-se em algo mais complexo, tanto diferenciado quanto unificado em um nível superior de complexidade.

Adorno e Horkheimer assumem esta ideia hegeliana de dialética, mas eliminam dela o elemento de encerramento e desenvolvimento teleológico (nomeadamente, que uma forma mais complexa, racional de consciência emerja progressivamente na história). O movimento da história ocidental, afirmam eles, não revelou um progresso de racionalidade e realização de liberdade. Em vez disso, o projeto do esclarecimento tem se autodestruído; como Adorno e Horkheimer afirmam, "a Terra completamente esclarecida está radiante com uma calamidade triunfante" (DE: 1). O domínio do Iluminismo sobre a natureza resultou não em liberdade, mas em uma dominação destrutiva da natureza e na reificação social dos sujeitos modernos. A razão esclarecida se transforma no seu oposto: uma crença mítica nas forças reificantes da razão instrumental.

A dominação da natureza

O conceito de razão esclarecida que Adorno e Horkheimer analisam surge com a Revolução Científica e com a transição das sociedades feudais para as capitalistas. O projeto de libertar a humanidade da escravidão da natureza deveria ser garantido pelo desenvolvimento da racionalidade científica e da perícia técnica, pelo universalismo moral como base racional da moralidade, e pela criação de riqueza através do desenvolvimento industrial e das economias de mercado. O filósofo Francis Bacon, dos primórdios da era moderna, é citado pela sua explicação do *conhecimento como poder*: o conhecimento orientado para o controle das forças naturais, que devem ser aproveitadas em benefício humano (DE: 1). O desenvolvimento da racionalidade científica, aliás, dá início a um processo que o sociólogo Max Weber chamou de "desencantamento da natureza": a visão animista da natureza como um todo vivo harmonioso dá lugar, no período moderno, a um entendimento científico da natureza como matéria inerte regida pelas leis da física. Este desencantamento da natureza, observam Adorno e Horkheimer, "significa a extirpação do animismo" (DE: 2). Ao mesmo tempo, este processo de racionalização, para Weber, não apenas desencanta a natureza, mas também torna mais complexa a estrutura das sociedades modernas em esferas distintas de prática institucional (ciência, moralidade e legalidade, arte), cada uma com a sua própria lógica, procedimentos e normas distintivos.

A visão mítica do mundo, em contrapartida, considera a natureza como uma unidade dinâmica, animada por espíritos, energias cósmicas, forças divinas; a natureza compreende um todo vivo, infinito, do qual os seres humanos são partes finitas, conectadas. O desencantamento científico moderno da natureza resulta na alienação dos seres humanos do mundo natural; a natureza se torna agora matéria inerte a ser racionalmente dominada, aproveitada e controlada, uma mera fonte de recursos naturais a serem utilizados para propósitos produtivos. Em sua análise, a racionalidade instrumental do Iluminismo, cuja essência é *a tecnologia*, é dirigida para um objetivo fundamental: *a dominação da natureza*, tanto externa como interna a nós, o que também implica *a dominação dos outros*. "O que os seres humanos procuram aprender da natureza é como usá-la para dominar completamente a ela e aos outros seres humanos" (DE: 2). O Iluminismo, portanto, alça "a computação e a utilidade" a valores absolutos (uma ideia que já encontramos na análise de Hegel do Iluminismo); tudo o que não é útil ou computável, mesmo nas esferas da arte e da moralidade, é considerado irrelevante ou irracional. O Iluminismo testa as afirmações da experiência estética e moral pelos padrões da utilidade racional, da calculabilidade e da rentabilidade, e condena tudo quanto não se conforme a estes critérios estreitos. Como Adorno e Horkheimer observam, um tanto quanto hiperbolicamente, "o Iluminismo é totalitário" (DE: 4).

O que quer que façamos desta afirmação, o seu ponto é que o Iluminismo destrói progressivamente os seus próprios mitos, sejam religiosos, sociais ou políticos. Muito parecido com a análise do niilismo de Nietzsche, o seu argumento é que "os mitos que se tornaram vítimas do Iluminismo eram eles mesmos seus produtos" (DE: 5). Cada mito é uma tentativa de narrar eventos como provenientes de uma origem (DE: 8). Como tais, os mitos desafiados pelo Iluminismo eram narrativas legitimadoras que procuravam interpretar tanto a realidade natural quanto a social a fim de melhor controlá-las. O mais poderoso mito, neste sentido, é aquele da própria razão esclarecida: o mito da emancipação humana através do controle racional e do domínio instrumental da natureza. A racionalidade esclarecida é o mito secular do domínio da natureza através do seu desencantamento científico e controle técnico. "O mito se torna esclarecimento e a natureza mera objetividade. Os seres humanos adquirem o aumento do seu poder com o estranhamento daquilo sobre o que é exercido" (DE: 6). A tragédia do esclarecimento é que nos permite ganhar poder sobre aquilo que supostamente nos escraviza, no entanto, escraviza-nos ainda mais no processo de assegurar-nos este poder de controle racional.

E quanto ao outro lado da história? O mito é geralmente considerado o oposto da razão esclarecida. A visão de mundo mítica anima a natureza; a natureza é entendida como um todo vivo de forças divinas que podem, no entanto, ser influenciadas pelos rituais da magia e da religião. O que motiva o pensamento mítico é o medo do desconhecido, o medo do natural e do sobrenatural, do errático, do imprevisível, das forças ineslutáveis da natureza. Então, apaziguar os deuses através da magia, do ritual e do sacrifício se torna uma maneira de influenciar a natureza e superar o medo do incognoscível e do indomável. Neste sentido, no entanto, o mito partilha o mesmo impulso e objetivo da razão esclarecida: dominar, ou pelo menos influenciar, as forças da natureza. A interpretação mítica da natureza já utiliza símbolo, metáfora e representação para nomear, classificar e narrar a origem do mundo. O exemplo mais gráfico da lógica de substituição no pensamento mítico é a prática do *sacrifício*: o animal ou indivíduo humano sacrificado é um *representante* da tribo ou da comunidade, um representante *exemplar* do poder e da pureza *em geral* (animal sagrado ou virgem), que é oferecido como um presente aos deuses para apaziguá-los ou agradecê-los. Em troca pelo sacrifício a comunidade recebe proteção ou favor dos deuses contra as vicissitudes da fortuna e do destino.

Adorno e Horkheimer salientam aqui que esta prática envolve uma relação de generalidade conceitual (a vítima sacrificial particular representando um conceito geral ou universal) e uma relação de troca (o sacrifício humano oferecido é recompensado pelos deuses com boa fortuna). Neste sentido, o mito já é uma forma de *racionalização*: um modo de tentar influenciar ou controlar a natureza por meio de uma narrativa de origens e uma prática de substituição e de troca. Uma vez organizado na forma simbólica da religião e do ritual, *o mito já é uma forma de esclarecimento*: uma tentativa racional de superar o medo de forças naturais desconhecidas através de uma representação conceitual do mundo e de uma intervenção prática sobre o mundo. Os rituais mágicos do xamã ou do sacerdote, os sacrifícios rituais da comunidade tribal, antecipam o método experimental da ciência moderna: o sacrifício da fé no altar da verdade científica pelo prêmio do controle técnico e social sobre toda a vida humana. Para Adorno e Horkheimer, este é precisamente o entrelaçamento do esclarecimento e do mito: "A própria mitologia põe em marcha o processo interminável do esclarecimento pelo qual, com inelutável necessidade, cada visão teórica definida é submetida à crítica aniquiladora de que é apenas uma crença, até que mesmo os conceitos de mente (*Geist*), verdade e, de fato, de esclarecimento mesmo terem sido reduzidos a magia animista" (DE: 7).

Uma vez que tanto o mito quanto o esclarecimento estão enraizados no desejo de instrumentalmente controlar e dominar a natureza, eles estão mutuamente entrelaçados em seu desenvolvimento social e histórico. "Assim como os mitos já implicam esclarecimento, a cada passo o esclarecimento se enreda mais profundamente na mitologia" (DE: 8). A mitologia do esclarecimento se tornou uma fé na tecnologia, no progresso e na eficiência que nos entregará liberdade social e individual. O resultado histórico, no entanto, tem sido o oposto: uma deformação da razão e do desejo, o privilégio de uma falsa identidade entre os seres humanos e o mundo, entre mente e corpo, sujeito e objeto, onde as profundas estruturas da subjetividade têm sido penetradas pelos processos reificantes da racionalização instrumental. O curso da história cultural do Ocidente, então, tem sido uma narrativa do entrelaçamento do mito, da dominação e do trabalho. O Iluminismo buscava a liberdade social através da dominação da natureza, mas reverteu a uma mitologia que dominou socialmente o natural dentro dos seres humanos.

O que é essa colonização da subjetividade pela razão instrumental? Adorno e Horkheimer apontam para a *relação sujeito-objeto* como o elemento-chave que caracteriza o domínio da racionalidade instrumental moderna. O sujeito cognitivo moderno, confrontado por um mundo de objetos manipuláveis, esforça-se em ordenar a sua experiência controlando a natureza, tanto externa quanto interna ao sujeito, através da racionalidade teleológica e da ação prática. O esquema sujeito-objeto está baseado, eles argumentam, sobre as relações de *dominação social* que compreendem a fonte do nosso entendimento conceitual (ou seja, oposições binárias) e formas de expressão linguística. Estas formas conceituais e linguísticas de dominação, por sua vez, legitimam e fomentam a dominação social e a opressão; tomadas em conjunto, resultam na exclusão do que quer que não se conforme ao paradigma instrumentalista da razão. Apenas o surgimento da arte autônoma e da experiência estética apresentou um espaço alternativo para tudo o que foge à regra da razão instrumental. A arte moderna forneceu um refúgio para o pensamento da não identidade, e, portanto, uma imagem ou experiência da liberdade que está encerrada dentro da realidade social moderna. A própria arte moderna, no entanto, está longe de estar livre das exigências da racionalidade instrumental, o que nos leva ao problema da industrialização e da mercantilização da arte.

A arte como mercadoria: a indústria cultural

No capítulo sobre a "A indústria cultural: o esclarecimento como mistificação das massas", Adorno e Horkheimer aplicam sua tese sobre a vontade de dominação inerente à racionalidade instrumental ao domínio da arte autônoma e da cultura moderna. Os potenciais críticos da arte moderna foram neutralizados, argumentam eles, através da transformação da arte em um sistema organizado de produção de mercadoria cultural de massa. Isto é o que Adorno e Horkheimer chamam de "indústria cultural": um sistema econômico, industrial e social organizado que abrange não só filmes, rádio, meios de comunicação de massa e televisão, mas também arquitetura, esporte, indústrias de lazer, turismo, *marketing* e publicidade. Sua aplicação da ideia da dialética do esclarecimento à moderna cultura de massa tem sido enormemente influente, mas também frequentemente mal-interpretada no desenvolvimento de estudos culturais, Teoria dos Meios de Comunicação e filosofias da cultura.

Em que consiste a sua crítica da indústria cultural? Seu argumento básico é que a industrialização da produção cultural e a correlata substituição da autonomia estética pelos valores da utilidade instrumental e social resultaram na mercantilização da arte. Esta industrialização e mercantilização levaram à redução da arte autônoma a entretenimento, publicidade ou propaganda. A possibilidade da não identidade – o momento de liberdade, alteridade e experimentação – é assim destruída; a arte moderna, seja elevada ou inferior, de elite ou popular, deve agora se conformar aos requisitos dos vários mercados culturais. A função crítica da cultura se torna integrada nos circuitos de produção e consumo de mercadorias. A mercantilização da arte promove a autonomia da publicidade e do *marketing*, o "realismo social" da cultura de consumo contemporânea. O potencial crítico da arte desaparece em favor da satisfação do desejo do consumidor; estes desejos manipulados então retroalimentam o sistema da produção de mercadorias culturais: "A indústria cultural engana infindavelmente os seus consumidores com aquilo que promete infindavelmente" (DE: 111).

Quais são os efeitos da cultura da mercadoria sobre a nossa experiência social? Para Adorno e Horkheimer, a manipulação dos desejos subjetivos serve aos fins das indústrias culturais: trata-se de uma técnica de controle social que leva à resignação cultural, e não à resistência social. O poder esclarecedor da cultura estética reverte ao mito da felicidade através do consumismo cultural e do entretenimento mercantilizado. O questionamento da nossa atualidade histórica degenera em uma afirmação resignante dos poderes sociais prevalecentes. A pseudolibertação prometida pela indústria cultural está acoplada a uma evacuação da subjetividade genuína, sua degeneração em uma *pseudoindividualidade* reificada, o fim do indivíduo autônomo: "As reações mais íntimas dos seres humanos se tornaram tão inteiramente reificadas, mesmo para eles mesmos, que a ideia de qualquer coisa peculiar a eles sobrevive apenas em uma extrema abstração: personalidade significa pouco mais do que deslumbrantes dentes brancos e liberdade de odor corporal e emoções" (DE: 136). A teoria crítica, como Adorno e Horkheimer desoladamente concluem, pode fazer pouco mais do que manter o espírito de reflexão crítica vivo perante estas forças abrangentes de reificação. Pois a indústria cultural praticamente liquidou o indivíduo autônomo graças à manipulação do desejo subjetivo no nível mais básico da formação do sujeito individual (inconsciente).

Três problemas para Adorno e Horkheimer

1) *O conceito de dominação*. Uma afirmação central da *Dialética do esclarecimento* é que a razão esclarecida se torna conivente com a dominação da natureza interna e externa. Mas que conceito de "dominação" Adorno e Horkheimer evocam aqui? Ele cobre tudo, desde a formação de conceitos e a comunicação linguística; a coerção da ação individual através do controle social, econômico e político; o domínio do ambiente natural através da intervenção científica e tecnológica; até a repressão dos desejos sensuais e das pulsões na constituição de um ego socializado. Mas como podem todos estes processos intelectual, social e tecnológico serem chamados de "dominação" sem alguma explicação de como deveriam se interconectar? Além disso, como podem todos estes serem explicados através do único princípio global: a "dominação da natureza"?

2) *A crítica "totalizante" da razão*. Para Adorno e Horkheimer, o domínio da razão instrumental obstrui qualquer forma viável de prática ou intervenção política. Como sujeitos modernos, somos colonizados pelas forças opressivas da racionalidade instrumental e da reificação social. Como Adorno e Horkheimer explicam, então, a sua própria intervenção crítica (e nosso entendimento dela) se todos os sujeitos modernos estão realmente tão dominados quanto eles sugerem? A resposta de Adorno e Horkheimer é que a cultura esclarecida deve ser capaz de acomodar a reflexão em seus próprios "elementos reincidentes" –

aqueles elementos na Modernidade que revertem à fé mítica na instrumentalidade e que legitimam as forças de dominação – a fim de *se manter fiel* aos princípios do pensamento esclarecido e, assim, conservar a promessa de liberdade social. Mas esta reflexão crítica pressupõe que a cultura da Modernidade – a sua linguagem, práticas e potenciais radicais – não foi inteiramente reificada pelas forças da racionalidade instrumental. A crítica totalizante da razão esclarecida de Adorno e Horkheimer não pode ser coerentemente mantida, pois a própria inteligibilidade da sua crítica pressupõe que os sujeitos modernos não sejam totalmente reificados da maneira que afirmam. A sua descrição da modernidade cultural é decididamente *unilateral*, como Hegel diria, ignorando os aspectos positivos dos processos de modernização e racionalização na Modernidade.

3) *A ambivalência da mercantilização cultural.* Um paralelo com o colega e amigo de Adorno, Walter Benjamin (1892-1940), é instrutivo aqui. Para Benjamin, meramente criticar a cultura de massa e o consumo dos seus produtos pelas massas não explica por que esses produtos são desejados em primeiro lugar. Adorno e Horkheimer presumem que os desejos subjetivos dos indivíduos modernos podem ser completamente manipulados, mas isso implica que já estejam além do alcance do pensamento crítico e da reflexão. Ao invés disso, devemos investigar qual possa ser o potencial de verdade escondido da cultura popular e de massa; devemos interpretar os desejos de liberdade, prazer e felicidade, ainda que distorcidos ou estereotipados, cifrados nas mercadorias culturais, e tentar antes despertar criticamente estes desejos e orientá-los para fins emancipatórios. Essa, pelo menos, era a aposta de Benjamin a respeito do potencial político das novas tecnologias de mídia da fotografia e do cinema, que dissolveram a obra de arte tradicional, a despojando de sua "aura"

única, e despojando o/a artista da sua autoridade privilegiada. Por um lado, a cultura de massa é uma indústria cínica e destrutiva, orientada inteiramente para o lucro e a manipulação do desejo do consumidor em detrimento da autonomia estética e moral; mas, por outro lado, também tem potenciais críticos cifrados que podem ser decifrados e desatados, possibilidades comunicativas que contrariam as tendências homogeneizantes das indústrias culturais.

O Hegel de Adorno e a dialética negativa

Em resposta a este diagnóstico terrível, Adorno mais tarde desenvolveu uma "dialética negativa" antitotalizante, que tentou se libertar das garras do "pensamento identitário". Seu objetivo filosófico era fazer justiça ao "não idêntico" – a singularidade não conceitualizável dos indivíduos em seus aspectos multifários – movimento que antecipa a desconstrução da metafísica por Derrida. Ao mesmo tempo, Adorno também apresentou uma leitura mais nuançada do pensamento de Hegel (em seus *Três estudos sobre Hegel*), que novamente ressoa com abordagens desconstrucionistas que encontram em Hegel simultaneamente o epítome da metafísica identitária *e* o arauto de um pensamento "pós-metafísico" da diferença.

A relação de Adorno com Hegel é, portanto, interessante e ambígua. Por um lado, Hegel é o representante *por excelência* do pensamento identitário, reduzindo a particularidade sensível à universalidade, a não identidade à unidade conceitual. Como o grande pensador do "sistema" filosófico, Hegel fornece um modelo conceitual exemplar, expressando a pulsão alegadamente "totalitária" da racionalidade moderna e sua manifestação na dominação social. Por outro lado, Hegel também é apresentado como um pensador cujo "sistema" é permeado de momentos de não identidade, particularidade sensível, ambiguidade metafórica, e assim por diante. Em uma virtuosa exibição de interpretação, os *Três estudos sobre Hegel*, de Adorno, apresentam os elementos de sensibilidade poética, contingência histórica, de ambiguidade conceitual e retórica nos textos de Hegel – em uma palavra, o aspecto de *não identidade* sequestrado dentro do próprio sistema de Hegel. Mesmo a lendária obscuridade de Hegel é defendida com argumentos filosóficos: trata-se de uma tentativa de articular a complexidade da experiência moderna com uma linguagem que procura imitar especulativamente seus objetos, rejeitando a vontade de clareza cartesiana do discurso filosófico modelado na matemática e nas ciências exatas (ADORNO, 1993: 102ss.). Todas as ambiguidades e contingências – o aspecto da não identidade – inerente a nossa experiência social deve ser reconhecida e refletida na forma de pensamento conceitual.

A dialética negativa de Adorno, em resumo, é uma tentativa de evitar alguns dos impasses que afligem qualquer "crítica totalizante" da Modernidade (uma crítica que, ao interpretar a razão como razão instrumental a serviço da dominação da natureza, não deixa espaço para qualquer explicação de como a prática emancipatória pode ser possível). Ela apresenta uma dialética sem *Aufhebung*, sem a subordinação da particularidade sensível à unidade de pensamento conceitual. Como fazê-lo filosoficamente? O que Adorno está tentando pode ser ilustrado mais precisamente traçando-se um paralelo com a arte modernista, por exemplo, o cubismo, que tentou, em termos pictóricos, apresentar as coisas na multiplicidade de todas as suas facetas sensíveis (BRUNKHORST, 1999: 2-3). A este respeito, um pensamento não identitário, como o cubismo, pode ser considerado um modo *antirrepresentacionalista* de pensamento: a apresentação indefinida, não coercitiva do objeto singular na pluralidade dos seus vários aspectos (perspectiva que ele também descreve como restaurando a *primazia do objeto* sobre o sujeito). Adorno se volta, portanto, para exemplares de pensamento não identitário, por exemplo, escritores modernistas, artistas e compositores (Beckett, Klee, Schoenberg) cujas obras de arte radicalmente "negativistas", antirrepresentacionalistas apresentam um símbolo indireto de liberdade – um momento de não identidade emancipada – que é suprimida dentro do mundo reificado da Modernidade.

O problema básico ao qual Adorno está respondendo é como encontrar uma maneira diferente de pensar a relação entre *conceito e intuição*. Se nos lembrarmos da máxima de Kant segundo a qual conceitos sem intuições estão vazios, enquanto intuições sem conceitos são cegas, podemos ter uma ideia do problema que preocupou Adorno. Como fazer justiça ao momento de *não identidade* (grosso modo, o que Kant chama de intuição), a singularidade inefável das coisas? A arte é uma maneira pela qual a não identidade pode ser preservada: teorias estéticas, de Kant a Adorno, tentaram, de várias maneiras, explicar esta relação na experiência de obras artísticas. No entanto, Adorno afirma que, mesmo na estética, o discurso conceitual tem dominado seu objeto – nomeadamente a arte e sua expressão de não identidade – de tal modo que a filosofia mantém a sua posição de superioridade epistêmica e metafísica em relação à arte.

A dialética negativa evita a subordinação conceitual do não idêntico, permanecendo sensível aos aspectos sensuais, subjetivos e contingentes do sentido que permanecem irredutivelmente ligados ao discurso conceitual. Como J.M. Bernstein argumenta, o projeto de Adorno pode ser considerado uma tentativa de abrir as formas suprimidas de *inferência material* que são essenciais à constituição do sentido e à comunicação discursiva, mas que concepções racionalistas do sentido tendem a suprimir em favor de relações formais de inferência, como as que encontramos na lógica formal e na análise conceitual (2004: 39ss.). O objetivo de

Adorno, ao contrário, era encontrar uma maneira de fazer filosofia que invocasse a dimensão da não identidade por meios negativos: dissolvendo criticamente conceitos filosóficos mostrando sua dependência de formas não conceituais de sentido (metáfora, imagética, aforismo, e assim por diante). Somente desta forma, sustentava Adorno, poderia um espaço de *liberdade* ser mantido – como aquele tornado possível graças à arte modernista – que resistisse à vontade de identidade, sistematicidade e controle instrumental tão característica do pensamento, da cultura e da sociedade modernos.

De muitas maneiras, o retiro de Adorno na teoria estética e o difícil pensamento da dialética negativa representaram um certo afastamento da filosofia política marxista e da prática política no sentido mais concreto. Sua crítica estética da Modernidade – uma teoria estética que mostraria como a arte de vanguarda, em sua recusa de convenções de representação, critica implicitamente o caráter não livre da experiência social moderna – pode ser considerada uma forma sofisticada de pessimismo político, um sintoma da recusa de Adorno a aprovar a possibilidade de transformação social. Com efeito, Adorno tem sido criticado por terminar em um impasse negativista, autodestrutivo que evita reconhecer as conquistas institucionais positivas da Modernidade que devem ser preservadas em qualquer forma de crítica racional (cf. HABERMAS, 1987; HONNETH, 1995). Ao mesmo tempo, os escritos estéticos de Adorno e discussões sobre música, arte e literatura apresentam uma teoria estética do modernismo, que também serviria como uma filosofia crítica da liberdade respondendo a uma modernidade cultural e social sitiada. A crítica estética da Modernidade – a maneira como a arte revela formas de verdade a respeito da nossa experiência social – continua a ser um modo poderoso de entendimento da nossa realidade histórica.

Os impasses da dialética negativa de Adorno

A apropriação de temas hegelianos por Adorno – seu hegelianismo anti-hegeliano – foi contrabalançado pela sua crítica do pensamento hegeliano, que ele alegou representar o ponto alto do pensamento identitário sistemático na filosofia ocidental. A resposta de Adorno a isso, no entanto, suscitou ela própria muitas questões. Em conclusão, quero discutir brevemente algumas das "aporias" (termo de origem grega, que significa "caminho intransponível" ou "impasse") da dialética do esclarecimento de Adorno e sua dialética negativa, e indicar como a geração seguinte dos teoristas críticos da Escola de Frankfurt, quais sejam Jürgen Habermas e Axel Honneth, responderam a Adorno invocando seja um paradigma comunicativo da razão (Habermas) seja uma teoria intersubjetivista do reconhecimento (Honneth).

A primeira dificuldade já foi abordada, ou seja, o problema de se engajar em uma crítica totalizante da razão instrumental, embora apelando ao discurso filosófico-conceitual a fim de se fazer esta crítica. Pode-se resumir esta crítica em uma observação: certamente nem toda conceptualização nem todo discurso podem ser interpretados como uma forma velada de dominação! A crítica de Adorno à dialética hegeliana, como suprimindo o momento de não identidade intrínseco ao pensamento conceitual, ignora distinções cruciais no que podemos considerar que a razão abranja. A principal delas é a falha em distinguir entre a estrutura sujeito-objeto estrita da razão instrumental, e as formas complexas intersubjetivamente mediadas da razão linguístico-comunicativa e prático-moral. Apesar das suas críticas radicais ao pensamento identitário, Adorno permaneceu adepto da estrutura de representação sujeito-objeto – ainda que implodida em nome da libertação do objeto em sua não identidade sensível – que Hegel foi um dos primeiros a desafiar seriamente.

Além disso, o caráter aporético da dialética negativa sugere a necessidade de se passar a uma concepção diferente de razão: uma que seja capaz de sustentar a não identidade, de preservar a contingência, a sensibilidade e a abertura para o futuro que Adorno alegou estarem se tornando cada vez mais obliteradas na Modernidade. Como veremos no capítulo 5, este movimento é feito pela geração seguinte de teoristas críticos, Habermas e Honneth. Habermas desafia a crítica "totalizante" da razão de Adorno: Como é que uma tal crítica justifica o seu próprio *status* normativo se todas as formas de discurso racional estão afligidas por reificação e cumplicidade com a dominação? A crítica totalizante da razão mina a sua própria base normativa, uma vez que se baseia em uma forma de normatividade que é excluída pela própria teoria. Habermas critica, portanto, os impasses gerados pela utilização por Adorno do paradigma da consciência sujeito-objeto, que deveria, portanto, ser substituído por uma concepção intersubjetiva da razão (o que Habermas chama de "razão comunicativa"). Esta virada "intersubjetivista" significou ainda reavaliar o papel de Hegel na história da filosofia moderna: longe de ser um exemplar da metafísica da identidade, Hegel foi o primeiro a desenvolver essa concepção *intersubjetivista* da razão.

Esta crítica é desenvolvida pelo herdeiro de Habermas, Axel Honneth. Baseando-se em Habermas, mas também se afastando dele, Honneth argumentou que o compromisso de Adorno com uma concepção da razão como razão instrumental a serviço da autopreservação exclui a esfera do *social* – das interações normativamente orientadas entre agentes sociais – de sua filosofia da história e sua filosofia social. A ênfase de Adorno no papel fundamental da razão como orientada para a dominação da natureza significa que o papel do social como uma esfera *intersubjetivamente* mediada das interações normativamente guiadas recua ao segundo plano. Portanto, para Honneth, a virada teorético-comunicativa habermasiana precisa ser complementada por uma descrição neo-hegeliana da intersubjetividade mediada pela psicologia social. Para Honneth, isso implica que devemos retornar ao tema hegeliano clássico da "luta por reconhecimento" a fim de desenvolver uma teoria intersubjetivista do reconhecimento com dimensões éticas, sociais e políticas viáveis.

Resumo dos pontos-chave

A Dialética do esclarecimento *de Adorno e Horkheimer*

- A tese de Adorno e Horkheimer é que tanto o mundo da vida social e cultural da experiência social e cultural quanto os processos psíquicos envolvidos na formação subjetiva individual se tornaram penetrados por processos de *reificação*.
- A razão na Modernidade foi reduzida a *racionalidade instrumental*, expressa em áreas tão diversas quanto a ciência e a tecnologia modernas, a economia e a burocracia modernas, a publicidade e a cultura de massa.
- A razão esclarecida, que devia nos libertar de uma crença mítica em forças cegas da natureza, transforma-se em uma crença mítica nas forças reificantes da razão instrumental na sociedade moderna.

A indústria cultural

- A industrialização da produção cultural resultou na mercantilização da arte, reduzindo-a a entretenimento, publicidade ou propaganda.
- A construção de desejos do consumidor e a manipulação de forças culturais serve aos fins de indústrias culturais e melhora as técnicas de controle social.
- A pseudolibertação prometida pela indústria cultural está acoplada ao fim da subjetividade autônoma, a sua degeneração em *pseudoindividualidade* reificada.

A dialética negativa de Adorno

- A "dialética negativa" antitotalizante de Adorno tenta fazer justiça ao *"não idêntico"*: a singularidade não conceitualizável do indivíduo em seus aspectos multifários.

- A dialética negativa de Adorno é desprovida de *Aufhebung* – desprovida da subordinação da particularidade sensível à unidade do pensamento conceitual.

- Adorno invocou a dimensão da não identidade dissolvendo criticamente conceitos filosóficos e mostrando sua dependência de formas não conceituais de significado.

Críticas à dialética negativa de Adorno

- Como é que uma tal crítica da razão instrumental justifica o seu próprio *status* normativo se todas as formas de discurso racional estão afligidas pela reificação?

- A crítica totalizante da razão mina a sua própria base normativa, uma vez que se baseia tacitamente em uma forma de normatividade excluída pela própria teoria.

- Habermas e Honneth criticam o uso por Adorno do paradigma de consciência sujeito-objeto, que deveria ser substituído por uma concepção intersubjetivista da razão.

5

Modernidade, intersubjetividade e reconhecimento: Habermas e Honneth

No capítulo 4 examinamos o hegelianismo anti-hegeliano de Adorno, sua tentativa de construir uma dialética negativa que resgataria a dimensão de não identidade ameaçada pela regra da racionalidade instrumental. Este capítulo continua a exploração do que chamo de "hegelianismo alemão", que se envolveu em uma crítica do pensamento hegeliano, mas também manteve um senso de sua relevância para o problema da Modernidade e a Teoria da Intersubjetividade. Neste capítulo exploro a apropriação de temas hegelianos na obra da geração seguinte de teoristas críticos da Escola de Frankfurt, Jürgen Habermas e Axel Honneth. Enfocarei especialmente a sua abordagem da *crítica da Modernidade*, sua virada de inspiração hegeliana para uma teoria da *intersubjetividade*, e sua ênfase renovada do conceito de *reconhecimento mútuo* como uma característica essencial da identidade social. Ao fazê-lo, espero mostrar que o pensamento hegeliano continua a ser uma fonte de inspiração filosófica para compreendermos nossa experiência da Modernidade e para a renovação da filosofia social e política contemporânea.

Uma das diferenças mais marcantes entre o hegelianismo francês e o alemão é a ênfase dada ao problema filosófico da

Modernidade. Como veremos na Parte III, os hegelianos franceses frequentemente se voltaram para a dialética do senhor e do escravo, de Hegel, e sua descrição da consciência infeliz ou alienada; mas raramente há qualquer menção a Hegel em relação ao que Habermas chamou de "discurso filosófico da Modernidade". Com efeito, o hegelianismo francês colocou muito mais ênfase no problema da subjetividade alienada, e, com a nova geração de 1960, se voltou bruscamente contra concepções hegelianas do sujeito. Esta diferença entre o hegelianismo francês e o alemão teve consequências importantes para o debate sobre o destino histórico do "projeto de esclarecimento" moderno. Com efeito, muito do antagonismo entre a filosofia francesa e a alemã recentes – mais precisamente entre o pós-estruturalismo francês e a teoria crítica alemã – deriva de avaliações fundamentalmente diferentes da significância do legado de Hegel, em particular os problemas relacionados à Modernidade e à intersubjetividade.

Hegel como filósofo da Modernidade

As contribuições de Hegel à *crítica* filosófica *da Modernidade* têm desempenhado um papel profundo na filosofia social recente. Isso é evidente nos debates sobre se o projeto iluminista de alcançar liberdade racional ainda é um projeto viável, embora inacabado; ou se entramos em uma época pós-moderna, que deixou para trás concepções modernistas do sujeito, do conhecimento e da história. Como Habermas aponta, Hegel é um dos primeiros pensadores a desenvolver um conceito distintivamente filosófico de Modernidade. É certo que "Modernidade" é um conceito com uma vasta gama de significados. Habermas o define como tendo *sentidos históricos, sociais, culturais* e *políticos* distintos. Em seu sentido *histórico*, "Modernidade" define a época da história ocidental desde 1500, marcada pela descoberta do Novo Mundo, a Reforma, o Iluminismo e a Revolução Francesa. Com base no trabalho de Weber sobre racionalização moderna,

"Modernidade" tem um sentido *social*, referindo-se ao desenvolvimento de economias de mercado e da organização estatal burocrática como esferas relativamente independentes operando de acordo com critérios de eficiência e produtividade. Novamente com base em Weber, "Modernidade" tem um *significado cultural*, referindo-se a processos de racionalização cultural definidos pelo desenvolvimento das "esferas de valor" autônomas da ciência, do direito/moralidade e da arte, cada uma com as suas próprias formas de conhecimento e prática. Finalmente, "Modernidade" tem um *significado político*, definido por uma história de mudanças revolucionárias seguida pelo desenvolvimento de formas constitucionais e democráticas de governo relativamente estáveis e autorreformadoras.

Ao mesmo tempo, no entanto, "Modernidade" também indica uma condição histórica na qual existe um forte reconhecimento social e cultural do "direito de subjetividade". Esta foi a expressão de Hegel para descrever a condição moderna na qual *a liberdade individual como autonomia racional* é considerada o mais elevado princípio de legitimação racional. Com efeito, Modernidade significa que é preciso haver uma *legitimação racional* das normas teóricas e morais (tradição não é suficiente); que práticas sociais e culturais deveriam ser modos de os indivíduos expressarem sua autonomia (ao invés de serem um empecilho a que se o faça); e que instituições políticas ganhem legitimidade apenas por serem a expressão racional de processos de tomada de decisão coletiva (a democracia constitucional é a forma distintivamente moderna de política). A autonomia racional do indivíduo é o princípio fundamental das instituições sociais e políticas; as últimas derivam sua legitimidade de seu reconhecimento e promoção desta autonomia, mas também proveem as condições que permitem que tal autonomia se desenvolva em primeiro lugar.

"Modernidade", portanto, se refere ao projeto de criar e sustentar formas individuais e coletivas de vida capazes de serem fundamentadas no livre-exercício da autonomia racional e legitimadas por ele. De acordo com Habermas, Hegel foi o primeiro entre os filósofos modernos a reconhecer que a Modernidade se tornou um problema filosófico: ele foi o primeiro a investigar a necessidade da Modernidade de uma normatividade autogerada independente de qualquer corpo de tradições, instituições ou práticas adquirido do passado (PDM: 16); o primeiro a refletir explicitamente sobre a necessidade da Modernidade de "autoencorajamento" (*Selbstvergewisserung*) em relação a esta normatividade autogerada (p. 16). Pois a Modernidade já não toma emprestado do passado os critérios para as suas instituições e modo de vida; em vez disso, "tem que criar sua normatividade fora de si mesma" (PDM: 7). Para Hegel, a tarefa da filosofia é a "de apreender *o seu próprio* tempo – e para ele este significa a idade moderna – no pensamento" (PDM: 16). Desta maneira, a filosofia contribui para a autocompreensão da Modernidade em seus aspectos social, cultural e político, oferecendo ao mesmo tempo uma perspectiva crítica acerca dos seus problemas e deficiências; pode até mesmo oferecer visões alternativas de vida mais de acordo com as pretensões da Modernidade de articular a liberdade racional. Habermas endossa claramente esta concepção de modernidade amplamente "hegeliana" (mas também marxista); mas se trata também de um modelo que tem sido rejeitado por críticos que contestam que a filosofia deva fornecer legitimação crítica à Modernidade.

A era moderna, ademais, é marcada universalmente e legitimada "por uma estrutura de relação consigo mesma que [Hegel] chama de subjetividade" (PDM: 16). Subjetividade não se refere aqui à experiência pessoal, sentimento, crenças e assim por diante; trata-se, antes, de uma estrutura de *relação consigo mesmo* que pode ser aplicada em níveis psicológico, social, cultural e institucional. Os quatro aspectos fundamentais da "subjetividade" neste sentido hegeliano podem ser listados da seguinte maneira:

1) *Individualismo*, pelo qual o sujeito individual é capaz de perseguir os fins particulares que ele mesmo escolheu.

2) *O direito à crítica*, pelo qual quaisquer reivindicações, normas ou práticas que façam alguma reclamação acerca de indivíduos racionais devem demonstrar que têm direito a reconhecimento de acordo com razões.

3) *Autonomia de ação*, pela qual os indivíduos são reputados responsáveis por suas ações autodeterminadas.

4) *Idealismo filosófico*, pelo qual a filosofia moderna, com Kant, "apreende a Ideia autoconsciente (ou autocognoscente)" (PDM: 17).

De um ponto de vista histórico, o princípio da subjetividade foi estabelecido com a Reforma (que tornou a própria intuição do sujeito central para a fé religiosa), o Iluminismo (que valorizava o poder racional de julgamento de cada ser humano) e a Revolução Francesa (que defendia a liberdade, a igualdade e a dignidade de cada indivíduo). No domínio da cultura, o princípio da subjetividade encontra expressão na *ciência* moderna, que "desencanta a natureza ao mesmo tempo em que liberta o sujeito cognoscente"; na *moralidade* moderna, cujos conceitos pressupõem o poder dos indivíduos exercerem julgamento racional e uma capacidade de se autolegislar; e, finalmente, a subjetividade encontra expressão na arte moderna, particularmente com o Romantismo, o que confere plena voz a formas de interioridade subjetiva, ironia, imaginação criativa e experimentação estética (PDM: 17-18).

Em suma, a Modernidade é a condição na qual "a vida religiosa, o Estado e a sociedade, assim como a ciência, a moralidade e a arte são transformados precisamente nas muitas encarnações do princípio de subjetividade" (PDM: 18). Da subjetividade abstrata do *cogito ergo sum* de Descartes ao princípio da autoconsciência pura de Kant, a filosofia moderna apreende esta condição através da estrutura da subjetividade como uma relação consigo mesmo que é também uma *autorreflexão*: o sujeito cognoscente autorreferente "que se curva para trás sobre si mesmo como objeto, a fim de apreender-se como em uma imagem no espelho – literalmente, de um modo 'especulativo'" (p. 18). Kant leva esta concepção de subjetividade à sua expressão filosófica mais completa em suas três críticas. A razão, a fonte de julgamento para todas as pretensões de validade, é dividida em momentos ou aspectos (razão teórica e prática) de tal modo que agora tem apenas uma unidade *formal*, ao invés de substantiva. De acordo com a autocrítica kantiana da razão, as práticas da ciência, da moralidade e da arte se tornam institucionalmente diferenciadas como esferas distintas de atividade e de conhecimento, cada qual com seus próprios critérios para a adjudicação de pretensões de validade (PDM: 19). Hegel, portanto, apreende a filosofia kantiana como refletindo as características essenciais da Modernidade enquanto regida pelo princípio da subjetividade.

Ao criticar as principais oposições filosóficas que marcam a projeto kantiano – natureza e espírito, sensibilidade e entendimento, entendimento e razão, razão teórica e razão prática, finito e infinito, conhecimento e fé – Hegel, ao mesmo tempo, tentou responder às rupturas ou divisões da própria Modernidade. Como Habermas o coloca, "A crítica do idealismo subjetivo é, ao mesmo tempo, uma crítica da Modernidade; somente deste modo pode esta última assegurar seu conceito e, assim, assumir sua própria estabilidade" (PDM: 21). Hegel realiza esta tarefa, argumenta Habermas, mas ao custo de exaurir o impulso crítico que primeiro o motivou. Desde o início, o desejo de Hegel de construir uma filosofia de unificação – desde o primeiro esboço romântico de uma nova mitologia da razão, passando pelos primeiros escritos teológicos, até a *Fenomenologia* e o sistema maduro da *Enciclopédia* – o levou a abraçar o poder reconciliador da razão em seu sentido dialético expandido. O Hegel maduro desenvolveu uma concepção do conhecimento absoluto que lhe permitiu ir além "dos produtos do Iluminismo – arte romântica, religião racional e sociedade burguesa" –, mas ao fazê-lo, argumenta Habermas, Hegel abandonou as intuições críticas do seu período juvenil. Para colocar a questão sem rodeios: "Hegel tem, em última instância, que negar à autocompreensão da Modernidade a possibilidade de uma crítica da Modernidade" (PDM: 22). Ao postular a razão como capaz de superar todas as oposições e encontrar reconciliação com a racionalidade da realidade histórica, Hegel fornece à Modernidade um autoencorajamento excessivo que efetivamente neutraliza a sua crítica anterior.

Trabalho e interação

Nos primórdios da sua carreira, Habermas voltou-se para os textos de Hegel em Jena, anteriores à *Fenomenologia*, a fim de indicar o "caminho não percorrido" do pensamento moderno, qual seja o da *razão comunicativa*. Ele assim descobriu os traços de um território da intersubjetividade na abordagem de Hegel do trabalho e da interação, que se tornou obliterada, argumentou Habermas, na reversão madura de Hegel a uma "filosofia da consciência" e metafísica monológica do espírito. O ensaio de Habermas, "Trabalho e interação: Observações sobre a *Filosofia da mente* de Hegel em Jena" (do início dos anos de 1960), é fascinante a este respeito. Aqui encontramos as sementes do próprio projeto de Habermas de uma teoria da racionalidade comunicativa, um paradigma alternativo ao prevalecente modelo sujeito-objeto da "filosofia da consciência". O movimento-chave de Habermas neste ensaio é se concentrar na discussão de Hegel sobre a *interação*: o momento de *intersubjetividade* na descrição de Hegel da constituição da autoconsciência, que se desloca de uma concepção monológica para uma concepção *dialógica* do sujeito. Embora possamos encontrar o início de uma teoria do reconhecimento intersubjetivo nos textos de Hegel em Jena, Habermas afirma que o Hegel maduro reverte ao paradigma sujeito-objeto que oblitera a dimensão da *ação comunicativa*. Esta linha de crítica reaparecerá na teoria neo-hegeliana do reconhecimento de Axel Honneth.

Habermas começa sua discussão apontando como Hegel nos apresenta uma crítica da descrição de Kant do "eu" como universalidade formal e da concepção do "eu" de Fichte como atividade autopostulatória. (Note-se que Fichte é o primeiro filósofo a introduzir o tema do reconhecimento – a convocação ou *Aufforderung* do Outro que me convida ao meu livre autodesenvolvimento – como um elemento constitutivo da formação do "eu".) O sujeito, para Hegel, não é apenas o universal formal, o "eu" vazio em geral, mas também este indivíduo singular, o "Eu" como "eu", por assim dizer. O sujeito liga e une o "eu" universal (o "eu" como qualquer sujeito linguístico, racional) ao "eu" individualizado (o "eu" como *este* indivíduo *singular*). Esta identidade entre o universal e o singular é o que fornece a base para a concepção do "eu" de Hegel como sujeito.

Este sujeito social, no entanto, não é apenas definido pela relação entre universal e singular. O sujeito como um ser social chega a uma percepção da sua própria autoidentidade no contexto da interação comunicativa com os outros. Isto é evidente no caso de relações morais entre sujeitos humanos. O jovem Hegel usa o exemplo do *amor* como uma forma de reconciliação na qual identidade e diferença são reunidas sem subordinar um parceiro ao outro. Nas aulas de Jena, Hegel explica que o amor é uma forma de "conhecimento" (*Erkennen*) que se reconhece a si mesmo no outro" (TP: 147). O amor como um movimento alcança uma reconciliação a respeito de um conflito preexistente, mas ainda não articula uma explicação de como a identidade do ego é baseada nas relações de reconhecimento recíproco. Reconhecimento, na acepção de Hegel, é uma relação *dialógica* entre sujeitos oponentes que é, ao mesmo tempo, teórica e prática; reconhecimento é um movimento que significa tanto "uma relação de lógica *e* da práxis de vida" (p. 147). Isto é evidente na dialética da relação moral, que Hegel desenvolve em termos de *luta por reconhecimento* (p. 147). Nesta dialética, Habermas enfatiza como relações de comunicação podem ser distorcidas à força; no entanto, estas formas distorcidas de comunicação exercem força prática sobre sujeitos interagentes. O movimento dialético vai da comunicação distorcida ao reconhecimento mútuo; a força de distorção da falta de comunicação é negada de tal maneira que estabelece "o caráter não compulsório do reconhecimento dialógico de si mesmo no outro" (TP: 148). O amor é um desses casos de uma relação dialógica que supera formas distorcidas de comunicação.

Ao mesmo tempo, Hegel fala do crime como uma forma de relação dialógica distorcida na qual um indivíduo se isola do contexto da vida comum e afirma o seu próprio interesse particular contra este todo comum. Este movimento dialético é o que Hegel chama de a "causalidade do destino", cujo exemplo mais claro é o processo de punição que atinge o criminoso que ataca a totalidade moral. O ato criminoso mina as condições intersubjetivas da vida comum compartilhada, nomeadamente a comunicação não compulsória e a mútua satisfação de interesses, o que põe em marcha o processo de punição que o criminoso experimenta como um destino que o revida (TP: 148). O criminoso é confrontado com o poder da vida deficiente e, portanto, se sente culpado; ele sofre sob o poder da vida reprimida e perdida que ele próprio provocou, e experimenta a deficiência que causou em sua própria vida reprimindo os outros (p. 148). Esse afastamento dos outros, e da comunidade de um modo mais geral, é experimentado como a sua própria alienação de si mesmo. Esta alienação só pode ser superada quando o criminoso, ansiando por aquilo que perdeu, identifica-se com o poder estranho que ele outrora atacou e, assim, torna-se reconciliado com a totalidade social (p. 148). Com esta dialética de crime e castigo, de reconciliação e perdão, a oposição e a separação da totalidade moral é superada: "Na relação dialógica do reconhecer-se a si mesmo no outro, eles experimentam a base comum da sua existência" (p. 148).

Nas aulas de Hegel em Jena, esta luta pelo reconhecimento acontece na esfera das relações de propriedade primitivas, onde ocorrem como uma luta de vida e morte (TP: 149). Cada protagonista se envolve em uma autoafirmação "abstrata" (afirmando sua independência meramente como proprietário), mas neste processo cada qual sofre o mesmo processo de autoalienação que observamos acima. Em sua luta, cada protagonista toma o outro como um adversário e arrisca sua vida contra o outro; ao fazê-lo, no entanto, cada um também se isola da dependência intersubjetiva que sustenta a sua própria vida. O destino como a "causalidade do destino" também se vinga aqui, não como a punição do crime, mas sim como a destruição dos indivíduos autoafirmativos que tentam se separar da totalidade moral (p. 149). Estes sujeitos em conflito mortal não estão reconciliados uns com os outros, no sentido de imediatamente se reconhecerem no outro, mas atingem uma nova base de reconhecimento mútuo – um entendimento de que "a identidade do "eu" só é possível mediante a identidade do outro, que, por sua vez, depende do meu reconhecimento e me reconhece" (p. 149).

O que surge dessa experiência é um reconhecimento da dependência mútua dos sujeitos que tentam satisfazer os seus próprios interesses. Em um nível mais profundo, tais sujeitos aprendem que sua subjetividade é dependente da unidade entre universal e singular. Esta concepção hegeliana do "eu" como a identidade do universal e do singular, uma identidade fundamentada no reconhecimento mútuo, se opõe, portanto, à concepção monológica do "eu" de Kant: "a unidade abstrata da consciência pura que se relaciona exclusivamente consigo mesma" (TP: 149-150). Com efeito, Hegel extrairá consequências radicais da sua análise do movimento dialético do reconhecimento mútuo, da sua percepção de que esta experiência desta dialética provém da esfera *prática*, e não da teórica.

Os problemas que afligem a filosofia moral de Kant, na leitura que Habermas faz de Hegel, decorrem da negligência das dimensões *intersubjetiva* e *comunicativa* da razão; a concepção monológica de Kant da decisão moral abstrai da base intersubjetiva da interação moral. Para Hegel, abstrair deste contexto comunicativo significa que a unidade entre universal e singular nunca pode ser alcançada; o indivíduo permanece sempre subordinado ao universal (abstrato). Nas palavras de Hegel: "Enquanto as leis forem a mais alta 'instância' [...] o indivíduo deve ser sacrificado ao universal, ou seja, deve ser morto" (TP: 152). Este é um ponto importante porque Hegel tem sido frequentemente acusado, principalmente pelos seus críticos existencialistas, de esquecer o indivíduo e subsumir o singular sob o universal. Habermas mostra que esta crítica estereotipada de Hegel não pode ser válida. Ao contrário, Hegel está entre os primeiros a apontar para a interação de universal e singular na constituição da subjetividade, e a argumentar que a subjetividade é fundamentalmente *intersubjetividade*, ou seja, fundamentada em reconhecimento mútuo. A inovação de Hegel é mostrar que a constituição do "eu" não é uma questão da autorreflexão do "eu" solitário, mas envolve antes o acordo comunicativo de sujeitos opostos (p. 152).

O que é decisivo, ademais, é o *meio* no qual a identidade entre universal e singular é formada. Hegel identifica três desses meios: *interação social* (família), *linguagem* e *trabalho*. A ação comunicativa é, portanto, introduzida como o meio para o processo formativo do espírito autoconsciente, embora Hegel não desenvolva plenamente todos estes como meios intersubjetivos fundados no reconhecimento mútuo. A crítica de Habermas a Hegel será que não só as interações interpessoais dentro da família, mas também a *linguagem* e o *trabalho* têm que ser entendidos como fenômenos intersubjetivos, fundamentados na comunicação racional.

Linguagem: a linguagem, na descrição de Hegel, pelo menos nessas palestras de Jena, ainda não é totalmente comunicativa ou intersubjetiva. Ao contrário, é representacional e instrumentalista; predicada, segundo Habermas, na imagem do indivíduo solitário, que emprega símbolos ao confrontar a natureza e dar nomes às coisas. O nível pré-representacional da percepção imediata ou intuição é "ainda animalesco", no sentido de ainda não fazer parte do domínio intersubjetivo, simbólico. Com efeito, a descrição de Hegel do domínio pré-linguístico das imagens é sugestiva do inconsciente freudiano. Hegel fala mesmo da "produção noturna da faculdade representacional da imaginação, do domínio fluido e ainda não organizado das imagens" (TP: 153). Para Hegel, é apenas no âmbito da linguagem que a distinção sujeito-objeto começa a emergir, que a consciência e o ser da natureza começam a se separar para a consciência: o domínio pré-representacional das imagens é traduzido no domínio representacional dos nomes (p. 153). O nascimento da memória também acontece graças à entrada do sujeito no domínio simbólico da linguagem, o que lhe permite fazer distinções e ainda reconhecer o que distinguiu (p. 153). Nomeação e memória são os dois lados do poder simbólico da representação.

Trabalho: A outra categoria essencial para a constituição do "eu" é o trabalho, que Hegel descreve como "aquele modo específico de satisfazer impulsos que extingue da natureza o espírito existente" (p. 153). Assim como a linguagem quebra a imediatez da percepção, assim também o trabalho quebra a imediatez dos nossos desejos, adiando a satisfação imediata e detendo o processo de satisfação de impulsos. E assim como o símbolo, *a ferramenta* também é algo que tem um aspecto geral contraposto aos momentos efêmeros de percepção e desejo. à experiência do trabalhador é dada permanência na ferramenta, que permite o trabalho repetitivo sobre o nosso ambiente natural: "[os] instrumentos mantêm as regras de acordo com as quais a dominação dos processos naturais pode ser repetida à vontade" (TP: 154). O ser humano, submetido à causalidade da natureza, se transforma em uma coisa através do trabalho; o sujeito transmite as energias do esforço humano para o objeto trabalhado de acordo com as leis da natureza pelas quais o sujeito também está dominado (p. 154). O sujeito é capaz de depositar sua subjetividade, sua experiência prática, em ferramentas e técnicas; ele assim supera a sua sujeição à natureza, através de ferramentas, a fim de deixar a natureza, por assim dizer, trabalhar pelo sujeito (p. 154).

Ferramentas ou artefatos técnicos, de um modo mais geral, assim proveem um meio no qual o espírito alcança existência. O sujeito que trabalha, tendo se reificado em um objeto, adquire como produto indesejado de seu trabalho o conhecimento de regras técnicas que lhe permite retornar a si mesmo da sua reificação (TP: 155). Enquanto a língua deu origem ao sujeito nomeador, o trabalho dá à luz a consciência astuta ou artificiosa (p. 155). A consciência astuta controla a natureza por meio de ferramentas, pelo exercício da racionalidade instrumental; transforma sua subordinação *pela* natureza em uma subordinação *da* natureza. O sujeito falante, ao contrário, é penetrado por representações simbólicas que moldam a sua consciência perceptiva; continua a ser dominado pela objetividade da linguagem. Em compensação, a consciência astuciosa, ao exercer a racionalidade instrumental, é capaz de controlar a natureza e, portanto, estende a sua liberdade subjetiva sobre o poder do espírito objetivo (p. 155). Este controle técnico da natureza permite ao sujeito recuperar a liberdade que alienou ao reificar-se, uma vez que é capaz de expandir as possibilidades de satisfazer as suas várias necessidades. O processo do trabalho, que começou como um cerceamento do desejo, termina em uma satisfação socialmente mediada do desejo – "a satisfação em mercadorias produzidas para consumo, e na interpretação retroativamente modificada das próprias necessidades" (p. 155).

Hegel, portanto, identifica as consciências *nomeadora, astuta* e *reconhecedora* como três padrões dialéticos distintos da formação de subjetividade. A questão é como estes três processos autoformativos são unidos: Será que são coerentes uns com os outros como padrões relacionados da formação de consciência? Habermas argumenta que estes três processos dialéticos autoformativos podem ser unificados de acordo com um paradigma *intersubjetivista* da *ação comunicativa*. A transmissão da tradição cultural depende da linguagem como ação comunicativa, pois apenas os significados intersubjetivos extraídos de uma tradição linguístico-cultural permitem aos falantes se orientarem reciprocamente através de expectativas complementares de comportamento (TP: 158). A ação instrumental também está embutida no contexto da interação comunicativa. O trabalho social, juntamente com a utilização solitária de ferramentas, é dependente do uso de símbolos, pois a moderação de impulsos animalescos pressupõe uma atitude distanciada em relação aos objetos identificáveis que, por sua vez, dependem da consciência linguística (TP: 159). A questão da inter-relação entre trabalho e interação, observa Habermas, é mais interessante, ainda que menos óbvia (p. 159). Normas de interação comunicativa são independentes de ação instrumental; regras técnicas, por outro lado, são elaboradas sob condições de comunicação linguística, mas nada têm em comum com regras de interação comunicativa (p. 159). A ação instrumental é regida pela causalidade da natureza e não pela causalidade do destino. Por esta razão, a interação não pode ser reduzida ao trabalho, uma vez que as normas comunicativas estão em desacordo com as normas da ação instrumental (p. 159).

Por tudo isso, Hegel não reduz a interação ao trabalho, nem alça o trabalho a uma versão da interação (TP: 161). Em vez disso, Hegel liga trabalho e interação "sob o ponto de vista da emancipação das forças da natureza externa, assim como da interna" (p. 161). A importância desta ideia para a crítica da razão instrumental de Adorno, dirigida contra a dominação da natureza no interesse da autopreservação, deve ser claro. No final, Habermas argumenta que Hegel abandona esta descrição subjetivista dos três padrões dialéticos de consciência (família, linguagem, trabalho) em favor de uma concepção monológica do espírito que vem a conhecer a si mesmo e a se relacionar consigo mesmo historicamente. Ao fazê-lo, Hegel ganha bastante em clareza teórica, o que lhe permite construir uma dialética progressiva de formas de consciência conectadas; mas este ganho envolve a reversão a uma filosofia da consciência na qual a identidade sujeito-objeto tem precedência sobre a interação comunicativa. A tarefa filosófica, argumenta Habermas, consiste, pois, em recuperar o momento intersubjetivista na obra de Hegel, e, assim, recolocar o modelo de ação comunicativa no centro do nosso entendimento da subjetividade.

A teoria neo-hegeliana do reconhecimento de Honneth

A tese de Habermas – de que as sementes de uma teoria intersubjetivista do reconhecimento encontram-se nos textos de Jena do jovem Hegel – provê a base para a apropriação do pensamento hegeliano por Axel Honneth em sua própria Teoria do Reconhecimento. Enquanto Habermas defendia uma teoria da ação comunicativa, Honneth apresenta a Teoria do *Reconhecimento* como uma maneira de superar as deficiências da filosofia da consciência sujeito-objeto. Para colocá-lo brevemente, a Teoria da Ação Comunicativa de Habermas tem dois elementos-chave: ela postula condições formal-pragmáticas universais de se alcançar entendimento linguístico mútuo; e se atém a uma nítida distinção entre o mundo da vida comunicativamente estruturado das práticas cotidianas, e os sistemas funcionalistas econômicos e burocráticos que cada vez mais "colonizam" o mundo da vida. A isto devemos acrescentar a teoria normativa da *ética do discurso* que Habermas também desenvolve: sua versão teorético-comunicativa do imperativo categórico kantiano. A ética habermasiana do discurso fornece um procedimento formal para assegurar a resolução racional de conflitos em pretensões de validade, que repousa sobre o princípio universalista do reconhecimento do direito de cada sujeito à comunicação irrestrita de seus interesses.

Honneth argumenta, no entanto, que a Teoria da Ação Comunicativa de Habermas está propensa a um formalismo de estilo kantiano que abstrai das formas de reconhecimento intersubjetivo que possibilitam a autoidentidade de agentes comunicativos e que estruturam as instituições e práticas da vida social. Neste sentido, Honneth repete a crítica de Hegel a Kant, mas a dirige ao seu próprio professor. Para Honneth, a racionalidade comunicativa habermasiana e seu ideal normativo de comunicação não distorcida não pode realmente explicar as experiências de sofrimento e dano moral que motivam sujeitos subordinados a demandarem justiça ou desenvolverem movimentos sociais. Ao contrário, estas experiências de desrespeito social e sofrimento constituem formas de *não reconhecimento* que potencialmente perturbam ou danificam as formas de autorrelação essenciais para o desenvolvimento da subjetividade autônoma. Daí a necessidade de se renovar a teoria hegeliana da intersubjetividade, agora reformulada em termos empíricos, não metafísicos, através da psicologia social de G.H. Mead.

A leitura de Honneth do Hegel de Jena

De acordo com o relato de Honneth em *Luta por reconhecimento*, a filosofia social moderna começa quando concepções antigas da boa vida comum dão lugar à ênfase moderna da luta pela autopreservação. Para Maquiavel e Hobbes, a luta pela autopreservação fornece a base para uma concepção racional da sociedade e da política não mais vinculada a uma concepção do bem humano ou à vida ética da *polis*. O resultado é uma filosofia política orientada para o controle da luta fundamental pela autopreservação através de um modelo contratual de autointeresse racional e autocontenção mútua. Em ambos os casos, no entanto, a tarefa política de manter o conflito social sob controle é alcançada ou através da suspensão de restrições normativas ao soberano (Maquiavel), ou então substituindo-se o regime autoritário pelo conteúdo liberal do contrato social (Hobbes) (SR: 9-10). A inovação de Hegel consiste em se apropriar do modelo da luta social, embora o removendo do quadro desistoricizado do naturalismo moral, por um lado, e do quadro formalista da moral kantiana, por outro. Em vez disso, baseando-se na concepção aristotélica de florescimento humano comum e na descrição de Fichte da convocação pelo Outro que consolida a nossa autoidentidade, Hegel reformula esta luta originária como uma *luta por reconhecimento* da própria independência.

Honneth, então, explora a concepção original de reconhecimento intersubjetivo que Hegel desenvolve em algumas das suas primeiras obras (tal como o ensaio de 1802 sobre a lei natural, e o *Sistema da vida ética* (*System der Sittlichkeit*), com seu relato fascinante da relação dialética entre crime, lei e o contexto da vida ética). O *insight* radical de Hegel consistia em desafiar as suposições *atomistas* das teorias contratualistas da sociabilidade e da legitimidade política. Com efeito, tanto as concepções hobbesianas quanto as kantianas da lei natural pressupõem a primazia do indivíduo isolado, seja como amedrontado e autointeressado seja como moral e desinteressado (SR: 11-12). O problema com um tal modelo é que não consegue explicar *a sociabilidade* e por isso deve tentar construir o social a partir de um agregado de indivíduos predeterminados. Para Hegel, então, a tarefa era criticar estas concepções da lei natural e desenvolver uma abordagem intersubjetivista do problema da liberdade social e política: como reconciliar a liberdade subjetiva e a particularidade com a universalidade da comunidade política racional.

Hegel rejeitou o modelo "contratualista" da filosofia moderna. Como é sabido, este modelo postula um "estado de natureza" hipotético habitado por indivíduos isolados que protegem sua sobrevivência pactuando um contrato social que institui a vida social sob normas compartilhadas. No seu lugar, Hegel baseou-se tanto na concepção aristotélica da *polis* como totalidade ética quanto no seu antigo ideal romântico da sociedade reconciliada como "uma comunidade eticamente integrada de cidadãos livres" (SR: 12-13). Ao invés de depender das convicções morais dos indivíduos ou de leis formais impostas pelo Estado, Hegel escolheu o conceito de *Sitten* (maneiras, costumes) para articular o modo como as normas compartilhadas que permitem o exercício da liberdade social têm que estar embutidas em um modo comunal de vida (SR: 14). A fim de avançar além das concepções clássica e romântica da comunidade como "vida ética", Hegel incorporou o sistema de propriedade e direito juntamente com os *insights* da economia política moderna em sua conceptualização de formas modernas de existência social. Esta combinação de vida ética com processos econômicos forneceu a base do que se tornou a famosa descrição de Hegel da esfera da *sociedade civil*, que se distingue tanto da esfera doméstica da família quanto das instituições políticas do Estado. Mas como devemos explicar essa forma de organização social "cuja coesão ética se assentaria sobre uma forma de solidariedade baseada no reconhecimento da liberdade individual de todos os cidadãos"? (p. 14). O modelo de Hegel das diferentes formas de *reconhecimento mútuo*, tal como desenvolvido em suas palestras de Jena, é uma tentativa de responder a esta pergunta.

Para tanto, Hegel recorre à concepção de *reconhecimento* de Fichte como a interação recíproca entre indivíduos (sua ação mútua autolimitante) que fundamenta o espaço das relações jurídicas. Hegel então aplica este conceito modificado de reconhecimento a diferentes formas de interação social e formas de vida comunicativas (SR: 16). As relações sociais são agora entendidas como relações normativas de intersubjetividade prática "nas quais o movimento de reconhecimento garante o acordo complementar e, portanto, a mutualidade necessária de sujeitos opostos" (p. 16). Isto significa que, no contexto do reconhecimento mútuo, os sujeitos estão sempre aprendendo ou revelando outros aspectos da sua autoidentidade; portanto, eles procuram ainda o reconhecimento de formas mais complexas da sua individualidade. O resultado é um movimento de reconhecimento que fornece uma base para relações éticas entre os sujeitos, mas que também envolve necessariamente conflitos e negações que devem ser resolvidos em formas mais complexas de reconhecimento intersubjetivo (SR: 17). Aqui Hegel argumenta que a luta violenta hobbesiana pela autopreservação é, antes, uma relação conflituosa, mas ética, orientada para o "reconhecimento intersubjetivo de dimensões da individualidade humana" (p. 17). Aqui temos em forma esquelética o núcleo da celebrada descrição de Hegel (na *Fenomenologia*) da experiência dialética da consciência como espírito intersubjetivo. Com sua reinterpretação do modelo de Hobbes como uma luta por reconhecimento, alega Honneth, Hegel introduz uma concepção original de luta social na qual "o conflito prático entre sujeitos pode ser entendido como um momento ético em um movimento que ocorre dentro de uma vida social coletiva" (p. 17).

Amor, sociabilidade e a luta por reconhecimento

O *insight* mais importante que Honneth extrai de Hegel concerne ao papel fundamental do reconhecimento mútuo na nossa transformação em sujeitos sociais e morais autônomos. Hegel identifica corretamente, de acordo com Honneth, as três principais formas de relação intersubjetiva: (1) experimentar *amor* ou intimidade em contextos familiares e interpessoais; (2) ter *direitos* como agente moralmente responsável em contextos legais e morais; e (3) alcançar um sentimento de *solidariedade* ou pertença na comunidade social. Sem dúvida, o Hegel maduro se afastou desta concepção, desenvolvendo um sistema de diferentes formas de espírito fundamentadas, de acordo com Honneth (seguindo Habermas), no modelo sujeito-objeto da filosofia da consciência. No entanto, durante o seu período em Jena, Hegel enfatizou estas formas de reconhecimento primário sem integrá-las em uma teoria coerente, que é o que Honneth tentará fazer. A sua aposta é que as bases de uma teoria do reconhecimento, atualizada através da psicologia social, já estão presentes na obra do jovem Hegel.

Hegel concebeu o amor como uma relação interpessoal de reconhecimento mútuo na qual a individualidade "natural", ou o eu inculto, é confirmada (ao invés do papel social ou da contribuição para a comunidade). Mesmo as relações sexuais envolvem a reciprocidade de conhecer-se a si mesmo no outro; nas relações sexuais, ambos os sujeitos podem se reconhecer em seu parceiro, uma vez que cada um deseja ser desejado pelo outro. Na visão de Hegel, a sexualidade representa, assim, "a primeira forma da unificação de sujeitos opostos" (SR: 37). Esta ideia hegeliana de desejo como reconhecimento – o desejo como o desejo do desejo do outro – será desenvolvida por *Kojève*, Lacan e a teoria psicanalítica francesa (cf. BUTLER, 1988). Este recíproco conhecer-se-no-outro, contudo, só pode se tornar um relacionamento amoroso se o relacionamento se tornar uma relação de intimidade compartilhada ou reconhecimento intersubjetivo. Este processo de mútuo reconhecimento, por sua vez, pressupõe que se tenha tido a experiência de ser amado enquanto criança, de ser um ente totalmente dependente do amor de um cuidador para satisfazer suas necessidades básicas.

Para Honneth, a tese de Hegel pode ser generalizada: as condições que asseguram o desenvolvimento bem-sucedido da identidade pessoal e social de um sujeito pressupõem, em princípio, "certos tipos de reconhecimento de outros sujeitos" (SR: 37). Isto vai além da alegação comum, também encontrada em teorias da socialização, de que a formação da identidade de um sujeito supostamente depende da experiência de reconhecimento intersubjetivo. Antes, o ponto mais profundo de Hegel é que um indivíduo só pode experimentar a si próprio como certo tipo de pessoa se ele ou ela também reconhece os outros como sendo tal e tal tipo de pessoa (p. 37). Se eu falhar em reconhecer o meu parceiro como, digamos, honesto, então suas reações não podem me oferecer a sensação de que eu tampouco sou reconhecido como honesto; isso acontece porque eu lhe nego precisamente a característica (honestidade) que eu desejo que o outro, pelas suas reações, atribuam a mim (SR: 38). Neste sentido, há uma reciprocidade obrigatória construída nas relações de reconhecimento intersubjetivo.

Honneth chega assim à conclusão, o que Hegel não o faz, de que a experiência de ser amado "constitui uma precondição necessária para a participação na vida pública de uma comunidade" (p. 38). O amor constitui uma das condições emocionais de desenvolvimento bem-sucedido do ego: é apenas sentindo que suas necessidades e desejos particulares são reconhecidos e afirmados que alguém pode desenvolver o senso básico de confiança ou autoconfiança que lhe confere a capacidade de participar, juntamente com outros, do que Habermas chama de "formação de vontade política" (p. 38). A ideia é que o reconhecimento fornece os meios pelos quais os indivíduos são capazes de se tornar agentes sociais autônomos e sujeitos políticos responsáveis. O amor fornece uma pista, uma expectativa, da vida ética; ele constitui o contexto experiencial primário no qual os seres humanos adquirem a capacidade de se envolverem em formas mais complexas de reconhecimento mútuo que tornam possível a unificação de sujeitos opostos ou conflitantes.

No entanto, como Honneth aponta, Hegel ainda tem que esclarecer a distinção entre relações de amor e vínculos sociais: o vínculo interpessoal amoroso não pode ser equiparado aos laços intersubjetivos que constituem a comunidade social-ética. Embora as relações familiares envolvam relações interpessoais de reconhecimento mútuo, estas relações claramente não estão no mesmo nível de direitos intersubjetivamente garantidos dentro do quadro normativo da sociedade (SR: 40). O campo do amor, das relações interpessoais no seio da família ou entre indivíduos particulares, se revela insuficiente para a compreensão das *normas intersubjetivas universais* que introduzem o conceito de pessoa jurídica (p. 40). Sem essa experiência de normas de interação *generalizadas*, o espírito não pode conceber-se como uma pessoa com direitos legais (p. 40).

Por esta razão, Hegel se volta novamente para o tema de uma "luta por reconhecimento", agora interpretada como uma crítica da descrição hobbesiana de um "estado de natureza" como uma condição original de "guerra de todos contra todos" (p. 40). Na verdade, de acordo com Honneth, Hegel desloca o estado de natureza para uma forma de *sociabilidade primitiva*, onde a totalidade de uma família é oposta contra outra totalidade familiar; a pluralidade de diferentes famílias com sua respectiva propriedade gera uma condição de relações sociais de competição emergentes (SR: 40-41). Ora, como é bem sabido, teorias do contrato social não pretendem apresentar uma condição empiricamente verificável ou historicamente exemplificada com sua ficção do "estado de natureza". Ao contrário, elas apresentam um experimento mental que tem como objetivo mostrar como agentes racionais podem ser incitados a concordarem em respeitar normas sociais e morais a fim de assegurarem a sua própria autopreservação e melhorarem o seu bem-estar. No entanto, a objeção central de Hegel à descrição hobbesiana da "guerra de todos contra todos" é que se esforça em explicar como os indivíduos chegam a uma ideia de "direitos e deveres" intersubjetivos em uma situação quase-social definida por relações de competição mútua (SR: 41). Em relatos convencionais no âmbito da tradição do direito natural, o ato de fazer o contrato é "postulado seja como uma demanda de prudência (Hobbes) ou como um postulado da moralidade (Kant, Fichte)" (p. 41). A transição para o contrato social é, portanto, apresentada como uma decisão intelectual, racional; um ato *teórico* que, de alguma maneira, entra na situação pré-racional do "estado de natureza" (p. 41).

Em contrapartida, Hegel tenta mostrar que a constituição do contrato social – consequentemente das relações jurídicas –

surge como um evento *prático* (e não teórico); uma necessidade empírica "que decorre necessariamente da situação social inicial do próprio estado de natureza" (p. 41). A única maneira pela qual podemos explicar como os sujeitos podem concordar em resolver conflitos através da lei, tal como definido no contrato social, é pressupor que tais indivíduos estejam dispostos a restringirem reciprocamente as suas próprias esferas de liberdade. E isso, por sua vez, é possível porque eles são seres sociais envolvidos em relações intersubjetivas "que sempre já garantem um consenso normativo mínimo antecipadamente" – uma *normatividade intersubjetiva* que subjaz mesmo a relações de competição social (SR: 42).

O ponto crítico de Hegel é que os sujeitos humanos devem ter *já reconhecido uns aos outros* a fim de serem capazes até mesmo de entrar no conflito violento que suscita a formação do contrato social. Nas palavras de Hegel, os seres humanos como seres sociais são fundamentalmente definidos por relações de reconhecimento: "Enquanto reconhece, o homem é ele mesmo este movimento, e este próprio movimento é o que substitui o seu estado natural: ele é reconhecimento" (HEGEL. *Filosofia do espírito de Jena*: 111, citado em SR: 42). Os seres humanos estão sempre já mutuamente reconhecidos; isso é o que torna possível o tipo de interação racional descrito na ficção da formação do contrato social. O que Hobbes descreve como a luta pela autopreservação que gera uma condição de competição hostil, Hegel reformula como uma descrição na qual "a detenção unilateral de posses é interpretada não como "lutas por autoafirmação", mas como "lutas por reconhecimento" (SR: 43).

A ideia de que as relações intersubjetivas de reconhecimento subjazem ao conflito social fornece o núcleo da Teoria do Reconhecimento de Honneth como uma maneira de analisar conceitualmente a "gramática moral" desses conflitos. Com efeito,

Hegel delineia os elementos de uma explicação intersubjetivista da construção do mundo social como "um processo de aprendizagem ético" que leva, através de várias formas da luta por reconhecimento, "a relações cada vez mais exigentes de reconhecimento" (SR: 62). Embora os primeiros trabalhos de Hegel tenham os primórdios de uma teoria intersubjetivista do social, Honneth afirma que Hegel não conseguiu levar esta virada lógica a uma concepção de vida ética baseada na Teoria do Reconhecimento. Em vez disso, Hegel se volta enfaticamente para a filosofia da consciência, com uma guinada correlata em sua filosofia política de um modelo intersubjetivista do político para um modelo baseado na relação do espírito consigo mesmo. Na *Fenomenologia do espírito*, por exemplo, a luta por reconhecimento já não é a "força moral que dirigiu o processo de socialização do espírito", mas está confinada, em vez disso, à função da formação da autoconsciência através da dialética do senhor e do escravo (SR: 62). Para Honneth, esta reversão à filosofia da consciência marca o fim da teoria intersubjetivista do reconhecimento de Hegel, bloqueando o desenvolvimento de um modelo da "luta por reconhecimento" (SR: 63). Honneth vai, portanto, desenvolver esses elementos das palestras de Hegel em Jena que são negligenciados na filosofia política madura de Hegel: o conceito intersubjetivista de identidade humana; a distinção dos vários meios de reconhecimento; e a ideia de um papel historicamente produtivo para a luta moral (p. 63).

Ética e política de reconhecimento

Honneth se ocupa destes temas no restante de *Luta por reconhecimento*, desenvolvendo uma versão pós-metafísica da teoria hegeliana do reconhecimento, que fornece um quadro teórico para analisar a "gramática moral" dos conflitos sociais. Com base na psicologia social de George Herbert Mead (1863-1931), Honneth argumenta que o jovem Hegel, como vimos, identificou corretamente as três formas cruciais de autorrelação que são constituídas através de relações intersubjetivas de reconhecimento mútuo. Na esfera das *relações familiares*, é o *amor* que possibilita que um senso básico de autoconhecimento, confiança ou *autoconfiança* floresça; dentro da esfera dos *direitos* e da *lei*, o reconhecimento como um participante de pleno direito das instituições sociais e políticas confere a indivíduos, sujeitos e grupos um senso de *autoestima* social; e dentro da esfera do *trabalho e da interação social*, o reconhecimento da dignidade e do valor de um indivíduo para a comunidade contribui para o desenvolvimento de um senso de *solidariedade social*, pertença e valorização em relação a uma comunidade de pares. Tomadas em conjunto, estas formas de reconhecimento interpessoal e social criam as condições necessárias para o desenvolvimento de formas positivas de autorrelação prática, e, assim, possibilita aos agentes sociais exercerem sua liberdade autônoma dentro de uma comunidade social e política.

Estas três esferas de reconhecimento mútuo (amor, direitos e solidariedade social), com suas formas correspondentes de autorrelação prática (autoconfiança básica, autorrespeito moral e autoestima social) proveem uma matriz na qual se pode explicar a maneira pela qual as falhas de reconhecimento em qualquer uma dessas esferas pode gerar distúrbios em diferentes aspectos das estruturas de personalidade básicas do sujeito. Assim, falhas em qualquer uma destas três esferas de reconhecimento – o não reconhecimento como desrespeito social nas esferas das relações familiares, dos direitos legais e da contribuição social – constituem uma forma de *dano moral* que motiva vários tipos de luta social. Baseando-se em estudos empíricos de movimentos sociais, Honneth assinala que estas lutas são geralmente definidas por um núcleo de normatividade moral. Elas não tratam principalmente da alocação de recursos ou da defesa de princípios morais, mas são antes motivadas por um sentimento de indignação moral, pela sensação que se tem de que tem sido negado o que lhe é devido, seja isso respeito, honra, dignidade ou justiça. Com efeito, as lutas sociais surgem tipicamente em situações experimentadas como *intoleráveis* por sujeitos que experimentam a si mesmos como socialmente excluídos, como subordinados, marginalizados ou estigmatizados.

O não reconhecimento na esfera da família – a falta de vínculo afetivo e contato amoroso com um cuidador primário, por exemplo – pode perturbar profundamente o senso de autoconfiança corporal e afetiva de uma pessoa, a expectativa de que as próprias necessidades e desejos básicos sejam válidos e serão satisfeitos por alguma outra pessoa. O não reconhecimento na esfera da moral e dos direitos legais (como na exclusão de indivíduos de determinada raça ou gênero da plena participação política) pode perturbar o sentimento de que se é reconhecido como um sujeito moral autônomo e agente social, e, portanto, prejudicar a própria capacidade (ou a capacidade da sua comunidade) de participar de deliberação pública ou de processos de decisão política. O não reconhecimento na esfera da comunidade social – por exemplo, a desvalorização da própria cultura, modo de vida, sexualidade, trabalho, e assim por diante – pode minar a forma de autorrelação que Honneth descreve como *autoestima social* (o que não é o mesmo que a autoestima pessoal!). Esta experiência de não reconhecimento corrói o senso de autoidentidade e agência social de um sujeito ou grupo ao desvalorizar a sua contribuição individual para a comunidade social.

Todas estas formas distintas de não reconhecimento são formas de desrespeito que constituem diferentes tipos de dano moral, ou pelo menos formas distintas de desvantagem social que deveriam de alguma maneira ser corrigidas. Sujeitos que experimentam tais formas de não reconhecimento podem reagir de uma maneira negativa, até mesmo patológica (que pode envolver diferentes formas de perturbação psíquica ou disfunção social); ou, se as circunstâncias forem propícias, podem responder com uma exigência de reconhecimento, organizando movimentos sociais que exijam ter suas reivindicações de inclusão social e participação equitativa reconhecidas. A Teoria do Reconhecimento de Honneth, portanto, tenta encontrar uma maneira de explicar a origem e a legitimidade dos movimentos sociais que entendem a si mesmos como "lutas por reconhecimento".

A ideia original de Hegel acerca do papel do reconhecimento mútuo no desenvolvimento da identidade social encontrou, portanto, uma elaboração frutífera tanto na obra de Habermas quanto na de Honneth. Da Teoria da Modernidade à ética do reconhecimento, Habermas e Honneth desenvolveram produtivamente a concepção de Hegel das condições intersubjetivas da constituição da agência social. A este respeito, eles conseguem renovar a teoria crítica da Modernidade e superar alguns dos impasses enfrentados pela dialética negativa de Adorno. O interesse de Habermas na intersubjetividade hegeliana e a apropriação mais explícita de Honneth do tema hegeliano do reconhecimento se provaram muito produtivos para a teorização da intersubjetividade e o desenvolvimento de uma explicação normativa da Modernidade. Mas será que esta abordagem teórica crítica lida adequadamente com as dimensões da singularidade, da finitude, da negatividade e da diferença que definem a experiência da subjetividade moderna? Será que a intersubjetividade hegeliana é uma resposta adequada às pretensões de diferença radical? Para responder a estas perguntas devemos nos voltar para a rica tradição do hegelianismo francês que formou decisivamente grande parte da filosofia francesa do século XX. Só então podemos entender como estas estirpes concorrentes do hegelianismo – o contraste entre a ênfase alemã na Modernidade e na intersubjetividade, e o foco francês na singularidade e na diferença – constituem uma matriz conceitual que gera muito da filosofia "continental" contemporânea.

Resumo dos pontos-chave

Hegel como o filósofo da Modernidade

• "Modernidade" descreve uma condição histórica na qual há um reconhecimento do *"direito à subjetividade"*: *a liberdade individual como autonomia racional* é tomada como mais elevado princípio de legitimação racional.

• Habermas afirma que Hegel foi o primeiro a investigar o problema filosófico da necessidade da Modernidade de uma normatividade autogerada independente de qualquer corpo recebido de tradições, instituições ou práticas do passado.

• A crítica de Hegel das dicotomias que definem a filosofia moderna é também uma crítica das dicotomias da Modernidade; para Habermas, a tentativa de Hegel de unificar o caráter dividido da razão embota a força da sua crítica anterior da Modernidade.

Trabalho e interação

• Habermas concentra-se na discussão de Hegel da *interação*: o momento da *intersubjetividade* na descrição de Hegel da autoconsciência, que muda de uma concepção monológica para uma concepção *dialógica* do sujeito.

• Hegel examina a identidade entre universal e singular em três meios distintos: a interação social (família), a linguagem e o trabalho. A ação comunicativa é assim introduzida como o meio para o processo formativo do espírito autoconsciente.

• Habermas argumenta que Hegel mais tarde abandona esta descrição intersubjetivista dos três padrões dialéticos de consciência (família, linguagem, trabalho) em favor de uma concepção monológica do espírito que vem a se conhecer historicamente.

A Teoria do Reconhecimento de Honneth

• A tese de Habermas – de que as sementes de uma teoria intersubjetivista do reconhecimento deve ser encontrada nos textos do jovem Hegel em Jena – fornece a base para a apropriação de Honneth do pensamento hegeliano em sua própria Teoria do *Reconhecimento*.

• Hegel reinterpreta o modelo de Hobbes como uma luta por reconhecimento, introduzindo uma concepção de luta social na qual "o conflito prático entre sujeitos pode ser entendido como um momento ético [...] dentro de uma vida social coletiva".

• Hegel identifica três formas primárias de relacionamento intersubjetivo: o *amor* dentro de contextos familiares; ter *direitos* como agente moralmente responsável em contextos legais e morais; e alcançar um senso de *solidariedade* com a comunidade social.

• Falhas em qualquer uma dessas três esferas de reconhecimento – não reconhecimento nas esferas das relações familiares, dos direitos legais e da contribuição social – constituem uma forma de *dano moral* que motiva vários tipos de luta social.

Parte III

O hegelianismo francês

6

O hegelianismo francês e seus descontentes: Wahl, Hyppolite, Kojève

A importância dos temas hegelianos e da crítica do hegelianismo para a filosofia francesa moderna não pode ser subestimada. Tendo discutido a maneira como o hegelianismo alemão baseou-se em Hegel para teorizar a Modernidade, a intersubjetividade e o reconhecimento, volto-me agora para a rica tradição do hegelianismo francês, que enfocou a consciência infeliz, a dialética do senhor e do escravo e transformou a dialética hegeliana. Neste capítulo, explorarei os trabalhos de alguns dos mais significativos hegelianos franceses, começando com Jean Wahl (1888-1974) e Alexandre Koyré (1892-1964), que definiram a pauta para as obras mais famosas de Jean Hyppolite e Alexandre Kojève, cujos trabalhos, por sua vez, moldaram a geração seguinte de pensadores, incluindo Sartre, Simone de Beauvoir, Bataille, Lacan, Merleau-Ponty, e até mesmo Deleuze e Derrida. O tema hegeliano da "consciência infeliz" ou alienada revelou-se decisivo para estes pensadores, uma vez que se tratava de uma imagem que podia expressar igualmente bem a alienação existencial do sujeito humano, ou a alienação histórica e social do indivíduo sob o capitalismo moderno. A isso é preciso acrescentar o relato de Hegel de uma luta por reconhecimento e a famosa dialética do senhor e do escravo, as quais inspiraram uma boa dose de existencialistas, assim como o pensamento hegeliano-marxista. Conforme argumentarei, são as interpretações altamente originais desses temas hegelianos cruciais que conferiram ao hegelianismo francês o seu caráter distintivo como uma combinação de motivos existencialistas e marxistas. Com efeito, sugiro que o hegelianismo francês possa ser entendido como uma contínua meditação sobre o destino do sujeito alienado na Modernidade, um destino a ser superado ou por um abraçamento existencialista da finitude ou então por uma transformação marxista da sociedade.

Um Hegel francês

De acordo com uma história bem conhecida, Hegel era praticamente desconhecido na França até o extraordinário curso ministrado pelo emigrante russo Alexandre Kojève na École Pratique des Hautes Études, de 1933 a 1939, com a presença de futuros luminares como Georges Bataille, Maurice Merleau-Ponty, Jacques Lacan e até mesmo o surrealista André Breton. A leitura idiossincrática, até mesmo violenta, que Kojève faz de Hegel – combinando motivos heideggerianos e marxistas – acendeu a paixão de uma geração pelo pensamento hegeliano-marxista, preparando assim o cenário para o florescimento do hegelianismo e do anti-hegelianismo francês, do existencialismo ao pós-estruturalismo (cf. BUTLER, 1988; DESCOMBES, 1980; ROTH, 1988). Embora haja um grau de verdade na lenda, a história do hegelianismo e seu legado na França é mais complexa do que essa imagem sugere (cf. BAUGH, 2003). Descrições usuais do hegelianismo francês tendem a saltar diretamente para as aulas dramáticas do curso de Kojève sobre Hegel na década de 1930 (DESCOMBES, 1990; BUTLER, 1988).

Contudo, como Baugh argumenta, tais descrições negligenciam duas figuras-chave na história do hegelianismo francês: Jean Wahl e Alexandre Koyré. A seguir discutirei a consciência infeliz e suas aventuras, de Wahl a Hyppolite, antes de passar à célebre explicação de Kojève da luta por reconhecimento e da dialética do senhor e do escravo de Hegel.

A consciência infeliz de Wahl

Como observa Bruce Baugh, o influente livro de Wahl lançado em 1929, *Le malheur de la conscience dans la philosophie de Hegel*, foi em muitos aspectos o estímulo primário para o renascimento do hegelianismo francês no século XX. Ele introduziu um tema que viria a revelar-se muito significativo para uma série de filósofos que surgiam na década de 1930: a árdua condição existencial da consciência alienada ou infeliz. Reagindo contra a leitura epistemológica anterior de Hegel centrada na *Enciclopédia*, Wahl enfatizou a dimensão teológico-existencial dos primeiros escritos teológicos de Hegel e da *Fenomenologia do espírito*. Desde este ponto de vista, a imagem da consciência infeliz representou uma condição existencial fundamental dos seres humanos como sujeitos divididos, alienados de si mesmos. A este respeito, Wahl apresentou uma visão "pantrágica" que se concentrou principalmente na fenomenologia, argumentando que a lógica especulativa não conseguiu superar a trágica divisão de si que aflige não apenas a consciência, mas também o Conceito hegeliano (BAUGH, 2003: 19ss.). Wahl desenvolveu, portanto, uma crítica existencialista influente segundo a qual o sistema conceitual especulativo de Hegel foi incapaz de fazer justiça à singularidade da existência individual: Hegel subsumiu o individual sob a unidade do universal e, assim, eliminou o acidental, o contingente e a intuição sensível. O Hegel maduro era um filósofo lutando por uma unidade que reconciliaria todas as diferenças e oposições; mas esta tentativa de superar todas as oposições através de um universal concreto acabaria obliterando a individualidade.

Aqui reconhecemos um dos temas fundamentais da filosofia francesa do século XX: a tensão entre a *razão e seu outro*. De Wahl a Derrida e Deleuze, a preocupação era que uma concepção hegeliana expandida de razão levaria a uma *dominação da alteridade*, uma *redução do outro ao mesmo* (cf. DESCOMBES, 1980). Essa crítica do pensamento hegeliano, que já surge com Wahl, vincula, portanto, razão e repressão. De acordo com essa crítica, como Baugh vividamente observa, "uma razão que procura ser totalmente abrangente falsifica a realidade ao suprimir ou reprimir o seu "outro", tanto quanto um Estado policial alcança uma certa homogeneidade reprimindo a dissidência" (2003: 12). Variações desta crítica de inspiração existencialista, que igualam o empenho de Hegel pela "totalidade" filosófica com o deslize na direção do "totalitarismo" político, se tornariam um dos pilares da resposta crítica ao hegelianismo, inclusive das críticas pós-estruturalistas.

Wahl é o primeiro dos leitores franceses de Hegel a conferir um papel tão central à consciência infeliz: a imagem da subjetividade alienada que se esforça para superar a dor da sua autocontradição. A própria filosofia, para Wahl, começa com a experiência de alienação, de divisão e separação, e visa alcançar uma unidade de pensamento que reconcilie todas essas oposições, o que Hegel, em outros lugares, chama de "universal concreto". O conceito de Hegel é uma tradução deste desejo de unidade orgânica na qual particularidade e universalidade são reconciliadas no pensamento especulativo. A própria consciência, sustenta Wahl, é definida por esta onipresente divisão de si e esforço incessante pela unidade. Além disso, a experiência da consciência, conforme apresentada na *fenomenologia*, está no fundo da experiência da *negatividade*: o poder de negar toda e qualquer uma das suas próprias determinações (sempre posso negar ou recuar ou alterar qualquer uma das minhas atribuições, qualidades, papéis). Ao mesmo tempo, no entanto, a consciência também tem a experiência de como suas tentativas de alcançar unidade são constantemente minadas (como Hegel descreve no caso da consciência religiosa). A consciência, portanto, experimenta a dor da sua própria desunião e autodivisão, do seu próprio vazio ou negatividade, que é expressa na intuição religiosa e romântica de que a vida carece intrinsecamente de completude. A verdade da dialética hegeliana não é, portanto, a unidade abstrata de uma reconciliação puramente conceitual, mas a inquietação da consciência em sua busca autocorrosiva da unidade consigo mesma (sempre que tenta identificar-se com algum de seus atributos, encontra-se confrontada pelo seu oposto).

Em sua obra posterior, Wahl estende sua crítica da solução especulativa de Hegel ao problema da consciência infeliz (ou seja, da reconciliação através da razão filosófica); pois esta "reconciliação" confunde uma síntese no pensamento com a unidade existencial real do eu (BAUGH, 2003: 33ss.). A crítica de inspiração kierkegaardiana de Wahl leva a sua postulação de um "empirismo existencial", um pluralismo filosófico que considera os entes contingentes, relacionais e independentes das concepções do pensamento abstrato (p. 37-38). Isto é evidente no breve estudo de Wahl do empirismo anglo-americano *Les philosophies pluralistes d'Angleterre et d'Amérique* (1920) – uma referência importante a Deleuze – na qual expõe uma visão do empirismo como afirmando a contingência e a pluralidade, onde os indivíduos já não são entendidos como partes internamente relacionadas de um Absoluto não relacional, mas sim como indivíduos singulares independentes das relações que os vinculam. Uma tal visão envolve um pluralismo radical, além de realismo filosófico;

afirma a diferença e a individualidade e, portanto, atua como "um remédio democrático, politeísta e anarquista contra absolutismos de todos os tipos" (WAHL, 1920: 69-70, apud BAUGH, 2003: 38). A importância de Wahl a este respeito é ter introduzido uma série de temas que reaparecem na década de 1960 com a filosofia francesa da diferença: a preocupação deleuzeana com a diferença enraizada em um empirismo transcendental, a postulação de Lévinas de um Outro absolutamente transcendente como o fundamento da subjetividade, e os temas derridianos do *déchirement* (rasgo), da dispersão e da disseminação (p. 33-34).

Koyré e o tempo hegeliano

Alexandre Koyré aceita muito dessa crítica existencialista de Hegel, mas rejeita a ênfase romântica de Wahl no jovem Hegel da alienação em detrimento do Hegel maduro do sistema especulativo. Sem este último, observa Koyré, não há muito a distinguir o Hegel de Wahl de pensadores românticos tais como Friedrich Hölderlin e Novalis. Contra a ênfase de Wahl na subjetividade alienada, Koyré questiona se podemos tomar a consciência infeliz como o fundamento adequado da filosofia hegeliana. Enquanto Wahl considera o Conceito hegeliano uma expressão idealizada da natureza autodivisiva da consciência, Koyré argumentou que as formas de autodivisão que Wahl identifica com a consciência infeliz encontram-se dentro do próprio Conceito hegeliano: "A infelicidade da consciência humana e a infelicidade do homem é o sinal, o símbolo, de uma ruptura, um desequilíbrio, uma infelicidade no coração do Ser" (apud BAUGH, 2003: 24). De certo modo recordando Heidegger, Koyré alegou que a inquietude da consciência infeliz está enraizada na inquietude do ente e na estrutura da temporalidade humana. Como Heidegger analisara em *Ser e tempo*, nessa temporalidade o futuro determina tanto a persistência do passado quanto a constituição do presente (p. 24).

O impacto da fenomenologia husserliana e da análise de Heidegger da temporalidade humana se torna inconfundível aqui: a temporalidade humana – a temporalidade do *Dasein* ou ser-aí – está sempre "à frente de si mesma" no sentido de ser orientada por uma projeção no futuro à luz dos significados herdados que revelam possibilidades presentes de ação. Koyré repete, assim, uma frase hegeliana que vai ter uma longa carreira no pensamento francês: que o ser humano é um ente "que é o que não é e não é o que é" (cf. *Enciclopédia* de Hegel, § 258). Na verdade, Koyré define a "realidade humana" como "um ente que é o que não é e não é o que é", definição posteriormente adotada por Kojève e então tornada famosa por Sartre em *O ser e o nada*. A frase significa que o ser humano não é um ente definido por uma essência fixa (não somos esta ou aquela identidade), mas sim um ente que está sempre agindo, tornando-se, e, portanto, transformando o que ele ou ela é (estamos sempre nos tornando o que somos). Somos projetos temporais abertos, ao invés de identidades fixas, em contínuo devir, ao invés de entes estáticos, uma ideia que tem retornado em críticas pós-estruturalistas da identidade e da subjetividade.

Para Koyré, esta explicação fenomenológica da temporalidade humana lança luz sobre o entendimento hegeliano do tempo e do espírito. A ênfase de Koyré na temporalidade humana é transferida para a sua explicação da filosofia da história de Hegel. O tempo hegeliano é o tempo humano da experiência histórica, da autorrealização através da ação histórica: um tempo de autodesenvolvimento progressivo no qual os seres humanos conscientemente transformam o seu mundo. O tempo histórico é definido por uma contínua *autotranscendência*, uma tentativa de superar as limitações do presente em prol de possibilidades futuras a serem realizadas através da ação. O fato de a realidade humana ser sempre autotranscendente significa que a história nunca pode chegar ao fim: uma tal condição significaria a extinção da nossa capacidade humana de autotranscendência, condenando-nos a permanecermos dentro da alienação da consciência infeliz hegeliana, sem qualquer esperança de transcendência.

O Hegel de Hyppolite: humanismo, tragédia e ser

Jean Hyppolite é, sem dúvida, uma das figuras mais importantes na disseminação da filosofia hegeliana na França. A tradução de Hyppolite da *Fenomenologia do espírito* para o francês apareceu entre 1939 e 1941, enquanto seu comentário magistral sobre o texto (que aparece em 1946) imediatamente teve um profundo impacto sobre a recepção francesa de Hegel. Ao apresentar um contraponto à ênfase de Kojève da dialética do senhor e do escravo, Hyppolite tentou conduzir um curso entre a leitura existencial de Wahl da consciência infeliz e a afirmação de Koyré das possibilidades futuras da transformação histórica. Após a publicação da famosa "Carta sobre o humanismo", de Heidegger (1947), entretanto, Hyppolite adotou uma abordagem mais de inspiração heideggeriana da linguagem e do Ser. Isto é evidente em seu trabalho de 1952, *Lógica e existência*, que abandona o Hegel "humanista" da *Fenomenologia* e reinscreve a lógica hegeliana, agora compreendida como uma "lógica do sentido", no âmbito de uma filosofia heideggeriana da linguagem. Nesta seção, discuto brevemente a ênfase de Hyppolite na centralidade da consciência infeliz, sua ênfase na trágica, mas também afirmativa, dimensão da história, e sua mudança do humanismo hegeliano, centrado no poder do sujeito humano de se transformar, para uma abordagem mais heideggeriana da história do Ser. Estes elementos do hegelianismo de Hyppolite nos ajudarão a entender o questionamento posterior de Hegel realizado por Derrida, Foucault e Deleuze.

O humanismo hegeliano: entre o existencialismo e o marxismo

Hyppolite segue Wahl ao fazer da consciência infeliz o "tema fundamental" da fenomenologia de Hegel (GS: 190). Para Hyppolite, ler Hegel foi uma "revelação", tendo o seu interesse sido provocado por *Le Malheur de la conscience dans la philosophie de Hegel* (1929), de Wahl, e pelo ensaio seminal de Koyré, "Hegel em Jena" (1934). Hyppolite contribui com uma abordagem historicista e humanista da *Fenomenologia* temperada por um acento na finitude, na negatividade e na inquietude do Ser. Hyppolite mantém a ênfase marxista no poder do ser humano de transformar racionalmente a sua realidade social e histórica, mas, em consonância com a leitura "existencialista" de Hegel, ele também reconhece o caráter finito da ação humana e as dimensões trágicas da experiência histórica. A leitura influente de Hyppolite poderia ser descrita como um "hegelianismo heroico", que afirma a capacidade última de realização da nossa liberdade histórica, temperado com uma "pantragicidade" que reconhece a natureza insuperável da perda, da dor, do sofrimento, que inevitavelmente acompanha a realização histórica da liberdade (ROTH, 1988: 19-45).

Para Hyppolite e muitos outros de sua geração, o existencialismo se apresentou como uma resposta poderosa às condições históricas contemporâneas, sobretudo todos os aparentes fracassos históricos das ideias de progresso e comunidade (p. 32). A ênfase hegeliana na racionalidade da história como uma marcha do progresso parecia menos convincente após os horrores do nazismo. A integração hegeliana do indivíduo na comunidade política racional também apresentava dificuldades à luz das experiências históricas contemporâneas. Em vez disso, a resistência do indivíduo, que enfrenta sua finitude infundada, e ainda afirma a necessidade de ação em sua situação histórica particular, foi consonante com muitos pensadores franceses do pós-guerra. Toda a questão da história e seu sentido era crucial para Hyppolite e seus contemporâneos.

Vinculada a esta, a questão da *ação política* e do *engajamento* também teve grande importância no contexto da Europa do pós-guerra. O *marxismo*, portanto, se apresentou como a outra importante influência filosófica e política sobre a vida intelectual francesa, uma influência ainda intensificada pelo papel dos comunistas na resistência francesa e pelo subsequente prestígio do PCF (*Parti Communiste Français*) na França do pós-guerra. A Revolução Russa, que inspirou esperança, mas também incerteza quanto a seus resultados históricos e políticos, juntamente com o tema da *alienação* – mediado através de Hegel e dos *Manuscritos filosóficos e econômicos* de 1844, de Marx – ambos apontaram para o marxismo como o discurso filosófico mais capaz de enfrentar a situação histórica e política contemporânea. Entender a realidade política e histórica contemporânea exigia engajar-se tanto com Hegel quanto com Marx como os filósofos essenciais da história e da política, respectivamente.

Hyppolite também se voltou para o marxismo e a relação Hegel-Marx, publicando estudos sobre Hegel e Marx depois da guerra (cf. HYPPOLITE, 1969). Ele argumentou que Marx se havia apropriado de elementos filosóficos cruciais de Hegel, mas também havia mostrado as limitações do idealismo hegeliano e a necessidade de negar a filosofia através da ação política. O marxismo hegeliano, portanto, parecia fornecer uma maneira de reintegrar o indivíduo com a comunidade, e de oferecer uma direção e um propósito para a história, sem sucumbir às tentações gêmeas da *totalização metafísica* (subsumir o individual sob o universal) e da *mistificação idealista* (justificar a catástrofe histórica em nome do progresso racional). Ao mesmo tempo, no entanto, Hyppolite manteve uma posição ambivalente em relação ao marxismo, nunca endossando completamente a crítica "materialista" de Marx ao idealismo hegeliano, e permanecendo crítico em relação à versão marxista do progresso histórico, que eliminou a "tragédia existencial da história". Em contrapartida, Hyppolite argumentou que a dialética hegeliana "sempre conserva a tensão da oposição no cerne da mediação, ao passo que a dialética real de Marx trabalha pela completa supressão dessa tensão" (apud ROTH, 1988: 35). O marxismo suprime as dimensões trágicas da história a fim de efetuar uma superação política das contradições irredutíveis da experiência histórica.

Ao contrário de Kojève, que forjou uma posição filosófica independente, combinando temas hegelianos, marxistas e heideggerianos, Hyppolite preferiu permanecer no papel de comentador, explicando o texto e destacando suas dificuldades e impasses. Ao mesmo tempo, Hegel manteve-se, para Hyppolite, o filósofo autorizado através do qual o existencialismo e o marxismo podiam ser criticamente avaliados. Isso, obviamente, suscitou a questão de quão autorizada deveríamos considerar a própria explicação oferecida por Hegel da alienação, da história e da política – pergunta que Hyppolite foi criticado por não enfrentar diretamente. Não obstante, o movimento complexo de Hyppolite entre Hegel e Marx nos mostra novamente a importância do marxismo e do existencialismo na formação do hegelianismo francês, que no caso de Hyppolite foi mais tarde modificado pela história do Ser, de Heidegger, como uma maneira de superar as limitações do historicismo hegeliano.

A consciência infeliz revisitada

Como mencionado acima, Hyppolite segue Wahl ao considerar a consciência infeliz não só o tema fundamental da *Fenomenologia*, mas uma imagem da consciência alienada como tal em sua experiência histórica. Hyppolite quer assim denotar o modo como a consciência sempre se esforça pela unidade na sua experiência, por um *além* no qual finalmente será inteira, mas, ao mesmo tempo, se mantém sempre consciente da sua própria divisão, separação e desunião no interior da experiência. "Esse sentimento de disparidade dentro de si, ou da impossibilidade do eu coincidir consigo mesmo na reflexão, é de fato a base da subjetividade" (GS: 191). Ser um sujeito é estar consciente dessa desunião e inquietude no cerne da subjetividade, e, ao mesmo tempo, estar consciente do desejo de superar essa inquietude e atingir "o repouso da unidade" (GS: 195). A consciência infeliz, para Hyppolite, conecta, portanto, a *pantragicidade* de Hegel (a irredutível dor, perda e desunião no cerne da subjetividade) com o seu *panlogicismo* (o modo como esta dor e esta perda são traduzidas conceitualmente na *contradição*, que é o que impulsiona a dialética de Hegel no que diz respeito ao trabalho e à luta). Na verdade, a consciência infeliz é a própria experiência da contradição, que é explicitamente conceituada na lógica de Hegel; a contradição, por sua vez, é o que impulsiona o desenvolvimento histórico para o seu fim, alcançando a verdadeira universalidade da razão. Nesta universalidade, a consciência infeliz é integrada como um indivíduo particular no todo histórico, e o todo histórico é compreendido filosoficamente pelo indivíduo. Tal seria o remédio hegeliano para a condição alienada da consciência infeliz.

Hyppolite, no entanto, tempera esta explicação da história e da razão com uma ênfase existencialista na inquietude e na insatisfação da autoconsciência. A subjetividade está fendida pela negatividade, pela perda, por elementos que resistem à integração racional; e esta negatividade da subjetividade significa que o Ser permanece *não totalizável* – resistindo ao encerramento e à realização dentro de uma totalidade compreensível – até mesmo para a lógica especulativa de Hegel. A história não pode ser simplesmente a marcha triunfal da razão porque o sujeito da história continua a ser a consciência infeliz cuja alienação é uma condição *existencial*, e não meramente histórica. A realização da liberdade é também a experiência da alienação, sem qualquer garantia de que será superada através do progresso histórico, da sabedoria filosófica ou da revolução política. Hyppolite, portanto, criou uma leitura "híbrida" – combinando elementos existencialistas e marxistas – que resistiram à subordinação da diferença, da negatividade e da divisão à unidade dialética da razão. Como Roth observa, "Hyppolite pretendia que a ênfase na consciência infeliz mantivesse a dialética hegeliana aberta, minasse os aspectos totalizantes da sistematização hegeliana" (1988: 39). A este respeito, o Hegel de Hyppolite se demonstrou simpático à ênfase existencialista na alienação individual e na demanda por liberdade, assim como à ênfase marxista no conflito e na divisão (contradição) como geradores de luta histórica e política. Ele também lançou os fundamentos para que os alunos de Hyppolite se rebelassem contra o humanismo hegeliano, embora permanecessem devedores do tratamento de Hyppolite dos temas hegelianos da negatividade, da alienação e da história.

A lógica heideggeriana: Lógica e existência, *de Hyppolite*

A leitura humanista de Hyppolite da *Fenomenologia* e a abordagem trágica da história começou a mudar durante o final dos anos de 1940 e início dos de 1950. Com toda a probabilidade, isso foi devido ao impacto da crítica de Heidegger do humanismo filosófico. Não é exagero dizer que a "Carta sobre o humanismo" escrita por Heidegger em 1947 – na qual critica Sartre e desconstrói o conceito de humanismo subjacente aos movimentos existencialista, hegeliano e marxista – marcou o fim da ascendência de Hegel na França. A mudança de Hyppolite do humanismo hegeliano para o que Roth chama de "esperança heideggeriana" (1988: 66-80) é, portanto, emblemática da mudança do hegelianismo e do marxismo hegeliano para as perspectivas heideggeriana e nietzscheana (mas também estruturalista) durante os anos de 1960.

Hyppolite trata a relação entre a *Fenomenologia* e a *Lógica* – ou a passagem do temporal para o eterno – como a "síntese dialética mais obscura" do hegelianismo (LE: 188). Dada predominância da leitura antropológica e humanista de Hegel, Hyppolite questionou os pressupostos em uma tal leitura acerca da relação entre antropologia e ontologia. Qual é o relacionamento adequado entre elas na filosofia de Hegel? A resposta de Hyppolite foi argumentar a favor de uma "correspondência" entre fenomenologia e lógica: a lógica aparece quando a jornada fenomenológica – a experiência dialética da história humana – foi percorrida; a fenomenologia, por outro lado, pressupõe categorias lógicas que lhe conferem sua estrutura e inteligibilidade, conduzindo-nos à perspectiva do conhecimento absoluto.

Na esteira de Heidegger, para Hyppolite é *a linguagem* que fornece o meio para a revelação e a mediação da verdade fenomenológica e ontológica. A leitura antropológica redutora de Hegel não pode estar correta, uma vez que não consegue explicar a lógica especulativa e a revelação ontológica da verdade através da linguagem e da conceitualidade. Pela mesma razão, para Hyppolite a autoconsciência não pode ser simplesmente reduzida à autoconsciência dos indivíduos; ao contrário, é "autoconsciência do Ser em toda a realidade humana" (LE: 179). Adotando Heidegger, que descreveu a linguagem como a "casa do Ser", Hyppolite argumenta que a nulidade do Ser – expressa na ideia hegeliana de liberdade que se realiza na história – significa que os seres humanos não dominam o Ser ou a história. Em vez disso, "o homem é a casa (*le demeure*) do Universal, do *logos* do Ser", e, apenas desse modo, "torna-se capaz da verdade" (LE: 187). O sujeito humano não poderia, portanto, ser elevado a um absoluto metafísico, mas deve revelar a verdade do Ser na linguagem, na ação histórica e no pensamento filosófico. Desta maneira, Hyppolite buscou uma via de mediação entre a ênfase fenomenológica na história e no sujeito humano, e a ênfase lógico-especulativa na ontologia e na verdade.

Quais serão as razões da virada heideggeriana contra o humanismo hegeliano? A primeira razão, que é histórica, diz respeito às dúvidas que foram suscitadas acerca da racionalidade da história tendo-se em conta as experiências do nazismo e da Segunda Guerra Mundial. A segunda razão é mais conceitual, tendo a ver com o problema do *historicismo*: a questão de saber se é possível identificar critérios supra-históricos para se avaliar fenômenos históricos. Se todos os fenômenos morais e políticos são históricos, como distinguimos formas boas e más de moralidade, sociedade ou política? Ou revertemos a um historicismo radical sem critérios supra-históricos, que então corre o risco de degenerar em um relativismo histórico; ou aludimos a algum padrão supra-histórico que seria capaz de explicar a mudança histórica sem abandonar critérios normativos para um julgamento trans-histórico. Tais critérios supra-históricos, no entanto, estão sujeitos a boa dose de dúvida cética na Modernidade. Como, então, legitimar o historicismo sem um relativismo pernicioso ou uma mistificação metafísica?

Para Hyppolite, a história do Ser de Heidegger apontou o caminho adiante. O historicismo hegeliano permaneceu restrito a uma história sobre entes (seres humanos), em vez de à história do próprio Ser. Fica, assim, reduzido a uma antropologia filosófica ou uma filosofia da cultura, que, conquanto ricas, "não superam o humanismo – a interpretação do Ser pelo homem" (ROTH, 1988: 70). O humanismo, ao postular o sujeito humano como a medida do Ser, correu o risco de alçar o sujeito ao nível do Ser, ou então de reduzir o Ser à experiência do sujeito, nos dois casos restando obliterada a verdade do Ser enquanto tal. Como ressalta Roth, Hyppolite se voltou assim para a história heideggeriana do Ser a fim de superar as percebidas falhas do humanismo (relativismo ou reducionismo). A humanidade já não é o herói da história, mas antes a embocadura do Ser. A mudança heideggeriana de linguagem e perspectiva – do sujeito humanista ativista ao ente descentrado pós-humanista – transforma o papel dos seres humanos e o próprio sentido da experiência histórica no pensamento hegeliano: "Nossos papéis mudaram de heróis para profetas, de atores políticos para pastores" (p. 70).

Para Hyppolite é, portanto, o heideggerianismo que se torna o discurso filosófico autorizado que suplementaria o pensamento hegeliano. Embora o recurso de Hyppolite a Heidegger proveja um bálsamo para os problemas do historicismo, é à custa de postular uma narrativa metafísica do Ser distante das preocupações do desejo, do reconhecimento e da luta que dominaram as abordagens humanistas anteriores da *Fenomenologia*. Da perspectiva heideggeriana de Hyppolite, a história se torna uma repetição do Mesmo – uma reveladora do poema do Ser – ao invés de abrir possibilidades de progressão, regressão ou até mesmo "fim da história". A retirada de Hyppolite da história e da política está, portanto, em franco contraste com a leitura antropológico--marxista de Kojève, que também foi influenciada por Heidegger. Em contraste com a adoção de Hyppolite da história do ser, Kojève celebrou a necessidade de conflito histórico decorrente da luta pelo reconhecimento, e afirmou o "fim da história" como uma maneira de sair do impasse do relativismo histórico e do absolutismo metafísico.

A luta pelo reconhecimento e o fim da história: Kojève

O emigrante russo Alexandre Kojève é talvez o mais famoso dos hegelianos franceses, principalmente por causa das suas célebres aulas sobre a *Fenomenologia do espírito* realizadas entre 1933 e 1939. Essas aulas – publicadas em 1947 pelo surrealista Raymond Queneau – assumiram um *status* lendário em muitas versões do hegelianismo na filosofia francesa (DESCOMBES, 1980; BUTLER, 1988). Embora as teses provocadoras de Kojève sobre a luta por reconhecimento se tenham demonstrado decisivas para o pensamento francês do pós-guerra, Kojève também segue os passos da abordagem antropológica de Hegel feita por Koyré, com sua ênfase no tempo e na história (ROTH, 1988: 95-97). A inovação de Hegel, tanto para Kojève quanto para Koyré, foi enfatizar a centralidade da história através de um paradigma do tempo humano como organizado pela nossa orientação para o *futuro*. A filosofia hegeliana é a compreensão do tempo humano tal como definido por uma negação do presente orientada para o futuro, ou, em outras palavras, por uma ação racional, autoconsciente, teleológica. Apesar de todo o seu acordo quanto ao primado do futuro, Kojève rejeitou nitidamente a leitura otimista de Koyré da filosofia da história de Hegel, substituindo-a por uma visão muito mais sombria do conflito violento presente na luta por reconhecimento que impulsiona a história para o seu fim – uma condição de reconhecimento mútuo e liberdade irônica na qual as possibilidades básicas de transformar o nosso mundo histórico tenham sido esgotadas.

A leitura altamente original que Kojève faz de Hegel deve ser considerada com um grau de cautela. Como Roth observa: "Se a leitura de Hegel feita por Koyré é original, a de Kojève é violenta; se a primeira lança luz sobre textos difíceis, esta última os explode" (1988: 96). A "explosão" que Kojève faz dos textos de Hegel é gerada pela sua combinação idiossincrática de temas marxistas e heideggerianos, que, juntos, conferiram a sua leitura da dialética do senhor e do escravo de Hegel tanto a sua dimensão revolucionária quanto a sua dimensão existencial. Kojève comenta mesmo que vestiu a máscara do intérprete de Hegel para melhor desenvolver "um trabalho de propaganda destinado a abalar o espírito" (Carta a Tran Duc Thao, 07/10/1948, apud ROTH, 1988: 97). Esta "propaganda" hegeliana afetaria profundamente a geração seguinte de pensadores franceses, que se voltaram para Hegel e Marx a fim de enfrentarem a história e a política do século XX.

O desejo humano como o desejo de reconhecimento

Em suas aulas, Kojève apresenta uma interpretação forte, até mesmo violenta, da *Fenomenologia* de Hegel como uma *"antropologia* fenomenológica" (IRH: 39); a filosofia de Hegel, de modo mais geral, é interpretada como uma expressão radicalmente ateística do humanismo moderno. A novidade da abordagem de Kojève foi generalizar a explicação de Hegel da *luta por reconhecimento* para toda a história humana, combinando-a com a tese marxista sobre a centralidade da *luta de classes* no desenvolvimento histórico. Esta filosofia hegeliano-marxista da história foi suplementada ainda mais pelos temas existenciais heideggerianos da temporalidade, da mortalidade e da finitude do *Dasein*. Com efeito, Kojève argumentou que a nossa experiência de confrontarmos livremente a morte a fim de satisfazermos o nosso desejo de reconhecimento é a marca de sermos sujeitos humanos livres. O resultado foi uma filosofia potente na qual o *desejo de reconhecimento* – paradigmaticamente retratado na relação dialética entre senhor e escravo – torna-se a fonte fundamental da ação humana e do desenvolvimento histórico progressivo. Adaptando Hegel, Kojève sustentou que a história ocidental agora chegou ao fim, superando a oposição entre senhor e escravo. A história começou a perceber as formas institucionais de reconhecimento mútuo que tornam a ação histórica – no sentido enfático da guerra, do conflito e da luta social – praticamente redundante. Chegamos ao "fim da história": uma condição de liberdade pós-histórica na qual as condições institucionais de reconhecimento mútuo e, portanto, a liberdade, em princípio, foram alcançadas. Esta condição de igualdade universal e de homogeneidade "sem classes", no entanto, deixa os seres humanos pós-históricos sem razões para se engajarem na luta conflituosa por reconhecimento que gera ação histórica no sentido próprio.

Para entender a tese hegeliana do "fim da história" de Kojève devemos começar com sua descrição antropológica dos seres humanos, que, correta ou incorretamente, é atribuída a Hegel. Ao contrário de Hegel, Kojève insistiu em um *nítido dualismo* entre natureza e espírito: a transformação da história humana através da ação se opõe aos ciclos não históricos da natureza (uma oposição que encontraremos novamente em Sartre). Este dualismo é mais marcante na descrição de Kojève do *desejo humano* (como distinto do meramente animal). O desejo humano difere do desejo animal, em primeiro lugar, por ser dirigido não para um objeto como tal, mas sim para *um outro desejo*. O desejo sexual humano, por exemplo, não é meramente o efeito de um instinto biológico, nem meramente luxúria pelo corpo de alguém, mas uma complexa relação de desejo do desejo do outro. O que eu desejo ao desejar um outro é que essa pessoa me deseje também; eu desejo ser *reconhecido* pelo meu amado, e, portanto, achar o seu desejo por mim desejável. O desejo humano difere do desejo animal, em segundo lugar, pelo fato de ser frequentemente dirigido para objetos que não têm absolutamente nenhum valor "biológico"; tais objetos se tornam desejáveis ao serem mediados por outro desejo humano. O objeto do meu desejo humano – seja uma mercadoria, um valor ou ideal, um símbolo ou uma bandeira – é desejável precisamente porque outros também desejam o objeto em questão. Kojève chama, portanto, o desejo humano de desejo "antropogênico": é desejo que nos produz como indivíduos livres, conscientemente agindo e transformando-nos dentro de um mundo social e histórico intersubjetivo.

O desejo humano de reconhecimento é contrastado com o desejo animalesco de *autopreservação* (um cenário vividamente retratado no *Leviatã* de Hobbes, que descreve a "condição natural" ou o "estado de natureza" como uma "guerra de todos contra todos" brutal). O desejo humano, para provar-se como desejo humano, deve, portanto, renunciar ao seu desejo animalesco de autopreservação em favor do desejo de outro desejo humano. No relato de Hegel da origem da autoconsciência, segundo Kojève, esta assumirá a forma de uma luta entre indivíduos desejantes, cada um dos quais arrisca o seu desejo animalesco de autopreservação a fim de provar o seu desejo humano de reconhecimento. Todo desejo humano que gere autoconsciência, argumentou Kojève, é uma "função do desejo de 'reconhecimento'" (IRH: 7). A autoconsciência é constituída através do *desejo de reconhecimento*; e este desejo se expressa através da ação, um processo de contínua transcendência das nossas condições específicas de existência histórica.

Senhores e escravos

De acordo com Kojève, Hegel analisa o caráter do desejo humano, na sua análise fenomenológica da dialética do senhor e do escravo, como uma luta por reconhecimento entre sujeitos desejantes. Devemos recordar aqui a importância da dialética do senhor e do escravo de Hegel para as gerações subsequentes da filosofia francesa. Nas mãos de Kojève se torna a característica definidora da experiência humana antropológica e histórica em geral. De acordo com Kojève, a origem da autoconsciência se encontra em uma luta até a morte por reconhecimento, que ele define como uma luta por "puro prestígio". Nesta luta, ambos os protagonistas procuram impor o seu próprio desejo de reconhecimento sobre o outro; cada um está disposto a sacrificar o seu desejo natural de autopreservação a fim de alcançar o reconhecimento social do seu próprio valor ou prestígio por outrem: "O homem aparece, portanto (ou cria a si mesmo), pela primeira vez no mundo natural (determinado) como um combatente na primeira luta sangrenta por puro prestígio" (KOJÈVE, 1947, apud KEENAN, 2004: 62). Com efeito, o que nos define como seres humanos é a possibilidade de *conscientemente enfrentarmos a morte e nos arriscarmos livremente a morrer* em nome de um desejo de reconhecimento: "um ente não pode viver humanamente, exceto sob a condição de 'aperceber-se' da sua morte: tornar-se consciente dela, 'suportá-la', ser capaz de enfrentá-la voluntariamente. Ser um homem é, para Hegel, ser capaz de saber morrer" (KOJÈVE, 1947; KEENAN, 2004: 62).

Sem dúvida, essa ênfase na experiência da finitude, e de enfrentar livremente a morte, está certamente presente na descrição de Hegel da luta de vida ou morte e da dialética do senhor e do escravo. Mas, claramente, deve muito às reflexões de Heidegger sobre como o *Dasein* se torna singularizado através do encontro ansioso com a morte, e, assim, livre para a decisão resoluta e a ação histórica autêntica. Kojève acentua a significância da morte e da experiência da finitude através destes motivos heideggerianos, intensificando assim as dimensões "existenciais" da luta hegeliana por reconhecimento. Devemos notar, contudo, que Heidegger nunca discute algo como uma luta de vida ou morte por puro prestígio; ao contrário, o confronto heideggeriano com a morte deve revelar o nosso caráter autêntico como entes temporalizadores finitos, ao invés de satisfazer o nosso desejo antropogênico de reconhecimento por um outro sujeito. Devemos notar, além disso, que "prestígio" é um conceito social, intersubjetivamente mediado, que é, por conseguinte, inadequado para a luta de vida ou morte entre "protossujeitos" do desejo.

Seja como for, como Hegel deixa claro, essa luta não pode simplesmente terminar na morte, o que obviamente cancelaria o reconhecimento desejado por ambos os protagonistas, pois o desejo humano pressupõe e depende da continuação da nossa vida natural e desejo animal. Por conseguinte, o único resultado viável é que um dos protagonistas renda o seu desejo ao outro: "Ele deve desistir do seu desejo e satisfazer o desejo do outro: ele deve 'reconhecer' o outro sem ser 'reconhecido' por ele" (IRH: 8). Ele deve reconhecer o outro como *senhor*, e, consequentemente, reconhecer-se como o *escravo* do senhor. O resultado é uma relação de reconhecimento desigual, unilateral: "Pois, embora o Senhor trate o Outro como Escravo, ele mesmo não se comporta como um Escravo; e embora o Escravo trate o Outro como Senhor, ele mesmo não se comporta como Senhor. O Escravo não arrisca a sua vida e o Senhor é inerte" (IRH: 19). O escravo continua atrelado ao seu desejo animal de autopreservação, enquanto o senhor, que se arriscou a morrer, deixa de trabalhar e goza os frutos do trabalho do escravo.

Kojève interpreta fielmente a experiência de domínio, que é descrita como resultando em um "impasse existencial" (p. 19). Trata-se de um impasse não só porque o senhor descobre que é dependente do trabalho do escravo, mas porque o senhor meramente ganha o reconhecimento de uma consciência dependente, "coisificada", o que significa que ele não consegue satisfazer o seu desejo de reconhecimento. Com efeito, quanto mais ele procura escravizar o outro a fim de provar o seu domínio, mais isso frustra o seu desejo de ser reconhecido por um sujeito independente. "O Senhor lutou e arriscou sua vida por um reconhecimento sem valor para ele. Pois ele pode ser satisfeito apenas pelo reconhecimento de quem ele reconhece como digno de reconhecê-lo" (p. 19). O senhor nunca pode ser satisfeito; seu desejo de reconhecimento será sempre frustrado. O homem satisfeito, por outro lado, será aquele que superou a escravidão; o escravo emancipado é genuinamente livre, tendo superado dialeticamente a oposição entre domínio e escravidão, e forçosamente atingido a igualdade de reconhecimento que lhe foi inicialmente negada. A verdade da "Consciência autônoma", em suma, é "a *consciência servil*" (IRH: 20).

Embora o relato da experiência de Kojève do senhor seja mais ou menos fiel à exposição de Hegel, seu relato da experiência do escravo assume um caráter decididamente *marxista*. Com efeito, a emancipação do escravo se torna o motor do desenvolvimento histórico e, eventualmente, a fonte da transformação revolucionária da sociedade. "Se a Dominação ociosa é um impasse, a Escravatura trabalhadora, em contraste, é a fonte de todo progresso humano, social e histórico. A História é a história do escravo trabalhador" (p. 20). A leitura de Kojève da relação hegeliana entre senhor e escravo, portanto, recapitula a tese de Marx sobre a luta de classes como a força motivadora da história. A história humana se torna a história da *luta por reconhecimento entre senhores e escravos*, um movimento que chega ao fim quando esta oposição é dialeticamente suprassumida. Neste ponto, a verdadeira igualdade através do reconhecimento mútuo é alcançada no que Kojève chama de Estado político "universal e homogêneo" ("universal" no sentido de respeitar o princípio da igualdade para todos, e "homogêneo" no sentido de eliminar particularidades culturais, religiosas, étnicas e outras em favor da igualdade de cidadania). Chegamos à versão hegeliano-marxista de Kojève do *fim da história*, o fim da luta histórica como tal, uma história conceitualmente compreendida na filosofia hegeliana.

Sem dúvida, Kojève não pretende que Hegel realmente defenda a superação revolucionária do senhor pelo escravo. Em vez disso, para Kojève a teoria marxista do conflito revolucionário está *implícita* na análise de Hegel da luta por reconhecimento que gera o relacionamento senhor-escravo. A este respeito, a tese política de Kojève é radical: o escravo reconhece o senhor, mas o senhor não reconhece o escravo, então tudo o que é necessário para superar o domínio e a escravidão – isto é, para a consecução de igual reconhecimento – é o escravo se revoltar contra o senhor. "A fim de o reconhecimento mútuo e recíproco, que por si só pode plena e definitivamente realizar e satisfazer o homem, ser estabelecido, é suficiente que o Escravo se imponha sobre o Senhor e seja reconhecido por ele" (IRH: 21). Escusado dizer que esta demanda por reconhecimento assume a forma de uma revolução sangrenta e não a de uma discussão racional.

Dois problemas com o Hegel de Kojève

Embora a explicação heideggeriano-marxista de Kojève da luta por reconhecimento tenha sido extremamente frutífera, é preciso chamar atenção para dois pontos críticos a respeito do relato de Kojève da origem da autoconsciência.

Em primeiro lugar, Kojève apresenta a relação senhor/escravo como uma *tese histórico-antropológica* sobre o desenvolvimento histórico humano, que culmina na realização do igual reconhecimento no final da história. Para Hegel, no entanto, a relação senhor/escravo descreve a origem da autoconsciência intersubjetiva através de uma ficção filosófica na qual "protossujeitos" de desejo entram em uma luta de vida ou morte para afirmarem sua independência. Esta experiência da origem da sociabilidade em relações de dominação e submissão, no entanto, não pode ser tomada como uma tese *histórica*, pois aparece no nível mais rudimentar de autoconsciência – de protossujeitos imersos na natureza – em vez de no nível desenvolvido da razão ou do espírito. A relação senhor/escravo ainda não é um ponto de vista propriamente histórico em Hegel (embora marque o surgimento da consciência histórica). Para Kojève, em contrapartida, a relação senhor/escravo é a base da história ocidental: a chave para se compreender a luta conflituosa entre classes que culminará em uma derrubada revolucionária dos senhores pelos escravos emancipados.

O segundo problema diz respeito à *circularidade* da relação entre autoconsciência e o desejo de reconhecimento. Por um lado, Kojève faz do desejo de reconhecimento o *objetivo* da luta; os protagonistas arriscam suas vidas a fim de desfrutarem de puro prestígio. Mas Kojève então adota o desejo de reconhecimento para explicar o *surgimento* da autoconsciência, o modo como os protagonistas se tornam autoconscientes em primeiro lugar. A autoconsciência surge da luta por reconhecimento entre indivíduos desejantes; mas estes indivíduos desejantes só poderiam lutar por reconhecimento se já fossem autoconscientes em primeiro lugar (conscientes de si mesmos em relação a outro ente autoconsciente). O reconhecimento *produz* autoconsciência e, no entanto, é também o *objetivo* da luta entre entes autoconscientes. Essa circularidade torna o relato de Kojève suscetível a outra crítica, a de que funde a descrição de Hegel de uma forma *deficiente* de luta por reconhecimento (domínio e servidão) com a maneira *paradigmática* como a autoconsciência é constituída (através do reconhecimento intersubjetivo).

O fim da história?

A leitura de Kojève da dialética do senhor e do escravo de Hegel é concluída com a famosa afirmação de que adentramos o "fim da história": uma condição de reconhecimento mútuo alcançado no que ele chamou de "o Estado político universal e homogêneo" (inicialmente estados socialistas, mas, mais tarde, também os liberais democráticos). Esta tese, à primeira vista, parece um tanto quanto bizarra. Com as experiências da Segunda Guerra Mundial ainda frescas na mente das pessoas, poderia

Kojève seriamente ter afirmado que a história estava no fim? É verdade que estes eventos tumultuados marcaram uma profunda mudança na experiência histórica e política ocidental. No entanto, para Kojève, eles só confirmaram sua tese hegeliana de que entramos em uma condição pós-histórica na qual as possibilidades básicas da ação política e histórica estavam esgotadas. Embora guerras, conflitos e lutas, sem dúvida, continuassem, não haveria nenhum desenvolvimento adicional além do princípio de igualdade de reconhecimento alcançado no Estado universal e homogêneo. Se a história é impulsionada pela luta por reconhecimento, uma vez que alcancemos a meta do progresso histórico – a satisfação do nosso desejo de reconhecimento mútuo – a motivação para a transformação histórica cessa. Para Kojève, isso significa uma condição na qual o "homem", no sentido enfático do sujeito da história, "morre" ou desaparece. Com a "aniquilação definitiva do Homem propriamente dito ou do Indivíduo livre e histórico", o que desaparece é a ação humana como a negação e transformação das nossas dadas circunstâncias históricas (IRH: 159). Em termos práticos, acrescenta Kojève, isto significa "o desaparecimento das guerras e das revoluções sangrentas" (p. 159), juntamente com o surgimento de uma nova reconciliação com a natureza.

Por outro lado, o fim da história implica também o desaparecimento da filosofia: uma vez que a ação histórica humana cesse, assim também o faz a necessidade da filosofia como autocompreensão da nossa experiência histórica. Aos olhos de Kojève, a filosofia hegeliana é a expressão definitiva da sabedoria filosófica, a forma completada da autocompreensão histórica que explica o fim da história e, portanto, o fim da filosofia, que é a compreensão do nosso próprio tempo histórico no pensamento. A cultura pós-histórica preserva, no entanto, formas da vida cultural que permanecem após o fim das lutas históricas: "arte, amor, diversão etc. etc.; em suma, tudo o que torna o Homem *feliz*" (IRH: 159). Como na visão utópica de Marx, o "reino da necessidade" (de trabalho, conflito e luta) será suplantado por um "reino da liberdade" (de arte, diversão, crítica) "no qual os homens (mutuamente reconhecendo uns aos outros sem reserva) já não lutam, e trabalham o mínimo possível" (p. 159).

Kojève mais tarde criticou esta explicação um tanto quanto romantizada e voltou-se em vez disso para uma concepção cada vez mais irônica do homem pós-histórico, que agora adentrou uma condição de abundância material acoplada a uma "felicidade" reanimalizada. Dado o desaparecimento do homem histórico, a arte, o amor, a diversão e assim por diante também devem se tornar puramente "naturais" novamente, no sentido de serem atividades apetitivas meramente pessoais. Sujeitos pós-modernos, aos quais Kojève chama de "os animais pós-históricos da espécie *Homo sapiens*", viverão em meio a abundância material e completa segurança na nova sociedade de consumo; mas esta segurança, riqueza e diversão privada não será equivalente a *felicidade* (seja tomada no enfático sentido grego de vida boa ou no sentido moderno de realização pessoal). Ao contrário, eles "estarão *contentes* em decorrência do seu comportamento artístico, erótico e lúdico, na medida em que, por definição, eles estarão contentados com isso" (IRH: 159). O esteticismo cultural, o consumismo de massa e o hedonismo pessoal serão as nossas formas banais de satisfação pós-histórica.

Para Kojève, este contentamento trivial com prazeres de consumo e satisfações privadas é o resultado irônico da liberdade pós-histórica, que abrange tanto a dissolução dos sujeitos históricos quanto a reanimalização dos seres humanos. Nós não só perdemos a necessidade da filosofia, mas o desejo de buscar entendimento discursivo (sabedoria hegeliana) acerca da nossa relação com o mundo: o discurso racional significativo (*logos*) no sentido forte também desaparece (IRH: 160). Esta condição pós-histórica de animalização e conversa fiada, sustentou Kojève, já era uma realidade emergente no mundo do pós-guerra. Na verdade, suas observações sobre a vida nos Estados Unidos, na China e na União Soviética o levaram a concluir que o alvorecer da condição pós-histórica, em todo o mundo, não estava levando a uma sociedade sem classes semicomunista, mas sim à ascensão universal do consumista-democrático "modo de vida americano". Os Estados Unidos prefigurariam, assim, "o futuro 'presente eterno' de toda a humanidade" (IRH: 161). Cabe a nós decidir se a previsão de Kojève se provou correta e, em caso afirmativo, se isso deve ser um motivo de celebração ou de desespero.

O legado de Kojève

A explicação de Kojève do desejo humano como o desejo de reconhecimento, juntamente com sua famosa leitura da dialética do senhor e do escravo, inspirou muitos pensadores, tais como Jean-Paul Sartre, Simone de Beauvoir, Georges Bataille, Frantz Fanon e Jacques Lacan. Com efeito, a idiossincrática leitura heideggeriano-marxista de Kojève continuou a projetar uma longa sombra sobre a recepção francesa de Hegel. Bataille, por exemplo, baseado na sua leitura da abordagem "heideggeriana" de Kojève do significado da morte na filosofia de Hegel; o psicanalista Jacques Lacan recorreu a Kojève no desenvolvimento da sua própria Teoria do Desejo e da Subjetividade; o tema do "fim do homem" foi explicitamente adotado por Foucault e Derrida na década de 1960. Com efeito, grande parte da crítica pós-estruturalista do hegelianismo equivale a um ataque retrospectivo ao Hegel de Kojève (mediado através da abordagem heideggeriana de Hyppolite). O irônico hegelianismo pós-histórico de Kojève, aliás, antecipa críticas pós-modernas da Modernidade.

Kojève também teve um impacto profundo sobre a vida intelectual e política americana, principalmente através de debates com o adversário Leo Strauss (cf. STRAUSS & KOJÈVE, 2000). Este último introduziu a obra de Kojève aos seus alunos de ciências políticas da Universidade de Chicago, que incluíam intelectuais americanos importantes, tais como Allan Bloom e Francis Fukuyama. O último recentemente ganhou proeminência ao argumentar, em *O fim da história e o último homem*, que a disseminação global do neoliberalismo desde a queda do comunismo em 1989-1991 representou o "fim da história" como proposto por Kojève. A defesa de Fukuyama do neoliberalismo como a realização histórica de liberdade, no entanto, tem sido criticada por transformar o "fim da história" de Kojève em uma afirmação ideológica da ordem econômica, cultural e política prevalecente, que está sendo agora cada vez mais imposta através do globo.

Isso levanta uma questão que ocupou Kojève e Strauss nos seus mais vigorosos debates: a relação entre filosofia e política. Kojève, que trabalhou no Ministério dos Negócios Estrangeiros francês como arquiteto do Mercado Comum, via sua obra filosófica como propaganda que acarretaria o estado de coisas que ele descreveu. Fukuyama, que serviu como conselheiro político a presidentes americanos neoconservadores, tais como Ronald Reagan, parece ter pretendido que a sua tese sobre a democracia liberal como o fim da história fosse uma intervenção na política contemporânea. Este debate contínuo sobre o "fim da história" afirma claramente a relevância social e política do Hegel de Kojève. Também mostra que a história do hegelianismo está muito longe de chegar a um fim.

Resumo dos pontos-chave

Wahl e Koyré sobre a consciência infeliz e o tempo

• Wahl é o primeiro leitor francês de Hegel a atribuir um papel central à consciência infeliz. A própria consciência é definida por uma autodivisão, pela experiência da negatividade e por uma busca incessante da unidade que é constantemente minada.

• A crítica kierkegaardiana que Wahl faz de Hegel (de que a singularidade da existência está subsumida sob a universalidade conceitual) leva ao seu "empirismo existencial", um pluralismo de entes contingentes, relacionais e independentes do pensamento abstrato.

• Koyré questiona se podemos tomar a consciência infeliz como o fundamento apropriado da filosofia hegeliana; ele argumentou que as formas de autodivisão dentro da consciência infeliz devem ser encontradas dentro do Conceito hegeliano.

• Koyré define a "realidade humana" como "um ente que é o que não é e não é o que é", uma definição hegeliana adotada por Kojève e tornada famosa por Sartre.

• O tempo hegeliano é o tempo humano da experiência histórica, da autorrealização através da ação histórica que conscientemente transforma o nosso mundo.

A leitura de Hegel de Hyppolite

• Hyppolite torna a consciência infeliz central à fenomenologia de Hegel, mantendo a ênfase marxista sobre a transformação racional da realidade social, mas também reconhecendo o caráter finito da ação humana e as dimensões trágicas da experiência histórica.

• Hyppolite criou assim uma leitura "híbrida" de Hegel – combinando elementos existencialistas e marxistas – que resistiram à subordinação da diferença, da negatividade e da divisão à unidade dialética da razão.

- Ultimamente Hyppolite voltou-se para a história heideggeriana do Ser a fim de superar as falhas do humanismo hegeliano (relativismo e reducionismo). A humanidade já não é mais o herói da história, mas antes a embocadura do Ser.

- Da perspectiva heideggeriana de Hyppolite, a história se torna uma repetição do Mesmo – um revelador do poema do Ser – ao invés de abrir possibilidades para o progresso, o regresso ou mesmo o "fim da história".

A leitura de Hegel de Kojève

- Kojève combinou a *luta por reconhecimento* de Hegel, generalizada por toda a história humana, com a *luta de classes* de Marx como o motor do desenvolvimento histórico.

- Esta filosofia hegeliano-marxista da história foi suplementada pelos temas existenciais heideggerianos da temporalidade, da mortalidade e da finitude.

- A história ocidental – impulsionada pela luta por reconhecimento – chegou ao fim vencendo a oposição entre mestre e escravo. Entramos, assim, no "fim da história": uma condição de liberdade pós-histórica na qual o reconhecimento mútuo institucional foi alcançado.

- Uma tal condição de igualdade universal e homogeneidade "sem classes" deixa os seres humanos pós-históricos sem razões para se engajarem na luta conflituosa por reconhecimento que gera a ação histórica em sentido próprio.

7

Entre o existencialismo e o marxismo: Sartre, Simone de Beauvoir, Merleau-Ponty

Um dos aspectos mais intrigantes do hegelianismo pós-guerra francês é a maneira como vários pensadores transformaram criticamente importantes temas hegelianos. Há obviamente muitos exemplos que se poderia mencionar aqui, tais como a teoria psicanalítica de Jacques Lacan do sujeito desejante. No que se segue, entretanto, enfocarei três importantes momentos da filosofia francesa do século XX: a crítica de Sartre da explicação de Hegel da relação com o Outro, a apropriação de temas hegelianos por Simone de Beauvoir em sua ética de ambiguidade, e a apreciação de Merleau-Ponty da relação entre Hegel e o existencialismo, juntamente com sua tentativa de transformar a dialética hegeliana em uma "hiperdialética" pluralista. O problema básico em questão para Sartre e Simone de Beauvoir, eu sugiro, é compreender a relação entre o individualismo e a intersubjetividade: como conciliar a ênfase existencialista no indivíduo com a ênfase hegeliana na intersubjetividade. Para Merleau-Ponty, ao contrário, há um existencialismo hegeliano distintivo que Jean Hyppolite revelou para o pensamento contemporâneo; o ponto não é ensaiar as críticas existencialistas padrão de Hegel (subsumindo o indivíduo sob a universalidade do Conceito), mas antes repensar a dialética de tal maneira que já não oblitere a contingência, a singularidade e a pluralidade. A este respeito, a interessante apropriação do pensamento hegeliano por Merleau-Ponty prepara o palco, como discuto no capítulo 8, para o complexo engajamento dos filósofos pós-estruturalistas da diferença (Deleuze e Derrida) com a dialética hegeliana.

A crítica existencial de Sartre a Hegel

Jean-Paul Sartre está entre os mais famosos filósofos do século XX. Para muitos, ele e sua parceira, Simone de Beauvoir, epitomaram a vida intelectual francesa no período pós-guerra. Embora o pensamento de Sartre tenha sido expressado poderosamente em seu romance de 1938, *A náusea*, sua obra filosófica mais famosa foi *O ser e o nada – Ensaio de ontologia fenomenológica*, publicada em 1943. *O ser e o nada* é claramente devedor de Heidegger (a quem Sartre havia estudado enquanto esteve em um campo de prisioneiros alemão) e da fenomenologia husserliana; mas também envolveu uma apropriação crítica de certos temas hegelianos – nomeadamente a dialética do senhor e do escravo e a consciência infeliz – que Sartre havia adotado do hegelianismo francês dos anos de 1930. Há controvérsia quanto à fonte precisa do hegelianismo de Sartre, com muitos comentaristas reivindicando que Sartre aprendeu o seu Hegel de Kojève (BUTLER, 1988; POSTER, 1975); Kojève, no entanto, ressaltou que Sartre nunca frequentou suas aulas sobre Hegel (ao contrário de Lacan e Merleau-Ponty). Todavia, é difícil entender a ênfase de Sartre na dialética do senhor e do escravo de Hegel sem pensar na leitura heideggeriano-marxista de Hegel feita por Kojève.

Seja qual for o caso, a dialética do senhor e do escravo e a consciência infeliz são claramente cruciais para a fenomenologia existencial de Sartre, que inclui uma crítica explícita da *Fenomenologia* de Hegel e sua incapacidade de explicar a existência do Outro. O que encontramos na obra de Sartre de um modo geral são momentos de tensão entre o seu compromisso existencialista com a liberdade do indivíduo e seu reconhecimento da situação existencial dos seres humanos apanhados entre a materialidade inerte do mundo e a abertura da ação humana (o que Sartre e Simone de Beauvoir chamaram de *imanência* e *transcendência*). Isto é mais claramente expresso na obra posterior de Sartre, que tentou sintetizar a ênfase existencialista na liberdade do indivíduo com a necessidade de reconhecer o universal na esfera política. Esta tensão entre seu projeto existencialista anterior e seu posterior compromisso com políticas coletivas levou Sartre – juntamente com numerosos outros filósofos políticos franceses da década de 1950 – a tentarem uma síntese do existencialismo e do marxismo, um projeto que culminou nos dois volumes da *Crítica da razão dialética*, de Sartre. Esta tentativa de síntese suscitou um debate com o seu colega Maurice Merleau-Ponty, que ofereceu uma perspectiva crítica alternativa sobre a relação entre hegelianismo, existencialismo e marxismo.

O projeto geral de Sartre, grosso modo, envolvia uma série de elementos: uma rejeição crítica da fenomenologia idealista (Hegel) acompanhada de uma apropriação seletiva da fenomenologia transcendental (Husserl) e da fenomenologia existencial-ontológica (Heidegger). Com efeito, Sartre descreve seu projeto como uma "ontologia fenomenológica" que está claramente em débito com Husserl e Heidegger, embora também sendo crítica de ambas as versões da fenomenologia. O que distingue a abordagem de Sartre a este respeito é o seu retorno ao primado do *cogito* cartesiano, ao qual é dada uma nova interpretação fenomenológica como *cogito* "pré-reflexivo" ou consciência "não tética". A esta abordagem cartesiana "egológica" da fenomenologia é então conferida um matiz existencialista através de uma leitura ateística da ênfase de Kierkegaard no primado da decisão individual. O resultado é uma ontologia que compreende duas categorias fundamentais – o "em-si" (basicamente, matéria inerte) e o "para-si" (consciência livre), com a categoria do "para-os-outros" que aparecem ao longo do caminho – que a metafísica tem tradicionalmente tentado sintetizar de várias maneiras (como o "em-e-para-si" ou Deus). São essas relações ontológicas, categoriais entre o "em-si" e o "para-si" que Sartre analisa fenomenologicamente (daí o título *O ser e o nada*). A liberdade humana, para Sartre, deve ser entendida como a possibilidade infundada de ação por um sujeito consciente que está sempre "descentrado" em relação ao seu ambiente – isto é, capaz de tomar diferentes atitudes e ações por (ou "negando") suas circunstâncias correntes e, de fato, sua própria existência – acompanhada da inevitável necessidade de escolher, decidir e agir. Por conseguinte, sustenta Sartre, temos que assumir a responsabilidade pela nossa liberdade de agir, a qual é uma condição ontológica da nossa existência, e fazê-lo de maneiras que evitem reduzir-nos à soma das nossas circunstâncias físicas, materiais e sociais. Como veremos, embora Sartre articule a relação entre liberdade individual e as condições de exercer esta liberdade (o que Sartre, seguindo Heidegger, chamou de facticidade e situação), sua explicação ontológica pode ser questionada quanto a se também pode explicar adequadamente as maneiras pelas quais a nossa situação pode frustrar o exercício da nossa liberdade. Este é o problema no cerne da crítica feita por De Beauvoir e Merleau-Ponty, qual seja a de que Sartre não consegue explicar adequadamente a experiência e os efeitos da *opressão*: a interiorização alienada da impotência – decorrente diretamente de uma situação existencial *e* social – que leva os sujeitos a aceitarem a subordinação e a abandonarem a sua liberdade.

A crítica de Sartre a Hegel em *O ser e o nada* aparece em um capítulo intitulado "A existência dos Outros", o primeiro capítulo da Parte III a lidar com o fenômeno do "Ser-para-os-Outros". Da perspectiva da ação e do *cogito* cartesiano, Sartre descreveu o que chama de "realidade humana" (nossa existência ativa e temporal no mundo) de acordo com a categoria hegeliana do "ser-para-si" (BN: 221). Contra Descartes, na explicação de Sartre da realidade humana (uma duvidosa tradução do *Dasein* de Heidegger), nós não existimos realmente como sujeitos cognoscentes isolados confrontando um mundo de objetos. Ao contrário, a realidade humana inclui experiências nas quais encontramos *outras consciências* que fazem parte da própria experiência subjetiva do mundo de cada sujeito, ainda que sejam irredutivelmente distintas dela.

Isto é o que Sartre chama de o *problema do Outro*: O que é o *ser* destes outros seres humanos livres, conscientes? Qual é a *relação ontológica* entre a minha consciência e a deles? A abordagem de Sartre deste problema não é epistemológica, mas *existencial* – um problema de existência vivida e de experiência individual – e *ontológica*, um problema do *ser* do Eu e do Outro em suas relações constitutivas. O epistemólogo, afirma Sartre, deve considerar o fenômeno da *vergonha*: Como poderia uma tal emoção ser possível sem pressupor a existência de Outros perante os quais o significado das ações de um sujeito – na verdade do ser de um sujeito – é revelado? "Estou envergonhado de mim mesmo quando *eu apareço* para o outro... Eu reconheço que eu *sou* como o Outro me vê [...]. Ninguém pode ser vulgar sozinho!" (BN: 222). Sartre chega à conclusão de que a minha consciência, como *ser-para-si*, necessariamente se refere ao ser dos Outros para fazer sentido. Os problemas existenciais e ontológicos a serem investigados são, portanto, aqueles da "existência do Outro" e da "relação do meu *ser* com o ser do Outro" (BN: 223).

O verdadeiro problema ontológico aqui, para Sartre, é considerar a *existência* do Outro, "o eu que *não sou* eu": O que é o *ser* do Outro definido como "aquele que não sou eu e quem eu não sou"? (BN: 230). E o que é o *meu ser* na medida em que sou revelado perante Outros para os quais eu mesmo sou um Outro? Estas formulações sugerem, para Sartre, a importância da *negação* na relação entre Eu e Outro: "Uma negação que postula a distinção original entre o Outro e eu mesmo como sendo tal que me determina mediante o Outro e determina o Outro mediante a mim" (BN: 232). Felizmente, existem pelo menos três filósofos que consideraram seriamente o problema do Outro como constituído por uma tal relação negativa. Husserl, Hegel e Heidegger tentaram cada um, de diferentes maneiras, "Apreender no cerne mesmo da consciência, uma conexão fundamental, transcendente com o Outro que seria constitutiva de cada consciência em sua própria irrupção" (BN: 233). Apesar disso, todos os três pensadores, de acordo com Sartre, privilegiam, todavia, *o conhecimento* como a maneira pela qual a nossa relação fundamental com o Outro é realizada; assim, eles falham em abordar devidamente o *ser* ou a *existência* do Outro e sua relação negativa com a minha existência consciente.

Hegel sobre o Outro: otimismo epistemológico e ontológico

A crítica de Sartre começa com uma exposição do que ele considera ser a explicação de Hegel da relação com o Outro, baseando-se fortemente nas seções na *Fenomenologia* sobre a luta de vida ou morte e a experiência de dominação e escravidão (BN: 235-8). Devemos notar que a leitura de Hegel feita por Sartre é dificultada pelo uso de fontes muito limitadas, citando principalmente a partir de uma seleção limitada de textos (*Morceaux choisis de Hegel*) traduzidos por Lefebvre e Guterman em 1939 (cf. BAUGH, 2003: 98; WILLIAMS, 1992: 292, 303).

Seja como for, a realização de Hegel, de acordo com Sartre, foi considerar a existência do Outro como constitutiva da "própria existência do meu eu como autoconsciência" (BN: 235). Minha autoconsciência é constituída através da minha relação com o Outro: a formulação "'eu' sou 'eu'" (proveniente de Fichte) expressa o meu autoconhecimento e a minha autoidentidade, que são ambos alcançados através da mediação do Outro que reconhece a objetividade e validade da minha própria autoconsciência. Como isso ocorre?

De acordo com Sartre, a minha autoconsciência é definida, em primeiro lugar, pela *exclusão* do Outro. Este Outro, no entanto, é também o mediador que me capacita a definir a minha autoidentidade através do processo de *reconhecimento*, que começa, como Hegel (em estilo kojèviano) sustentava, através de uma violenta luta de vida ou morte. Como vimos, o Outro é inicialmente apresentado a mim como um objeto "imerso no ser da vida" (BN: 236); eu também apareço como um tal objeto para o Outro, o que significa que cada um de nós procura afirmar a nossa individualidade, recusando o *status* de ser meramente um objeto para o Outro (antecipando, assim, a análise de Sartre da inevitável natureza conflituosa das relações humanas). Sartre reconhece que a explicação de Hegel da relação de exclusão mútua entre os sujeitos rejeita, portanto, o *cogito* cartesiano isolado (o famoso "penso, logo existo") como o ponto de partida da filosofia. Com efeito, para Hegel, o *cogito* se torna possível, ao contrário, pela existência do Outro: "A estrada da interioridade passa pelo Outro" (p. 236). A minha autoconsciência se torna possível pelo fato de que eu me experimento em relação a Outros como *ser-para-o-Outro*. No entanto, embora eu apareça para o Outro como um corpo-objeto e o Outro apareça como um corpo-objeto para mim, eu, não obstante, exijo o reconhecimento da minha subjetividade livre do Outro, que faz precisamente a mesma coisa. Nós, portanto, ambos arriscamos a vida em uma luta pelo reconhecimento da nossa condição de sujeito independente. A conclusão bem conhecida é a submissão de um protagonista, que se torna *o escravo*, e a dominação do outro protagonista, o qual, ao arriscar a sua vida, se torna *o senhor*.

De acordo com Sartre, a dialética do senhor e do escravo de Hegel, que provou ser tão importante para Marx, mostrou a maneira como a relação conflituosa entre o Eu e o Outro é constitutiva da autoconsciência. Como Sartre conclui, "A brilhante intuição de Hegel é me fazer depender do Outro em *meu ser*" (BN: 237). O que Hegel chama de autoconsciência, na terminologia de Sartre é um "ser-para-si que é para-si somente através de um outro"; ela envolve uma consciência ativa de si que é condicionada através da relação ontológica de alguém com Outros para os quais é também um Outro (p. 237). O Outro, assim, "penetra-me o coração": duvidar do Outro seria duvidar da própria condição do meu ser autoconsciente. A explicação de Hegel da indubitabilidade do Outro para a minha autoconsciência vai, portanto, muito além do que Descartes realizou com a indubitabilidade do *cogito ergo sum* (p. 237). Hegel vence efetivamente o solipsismo – que ainda perseguia a explicação de Husserl do Outro – tornando o meu "ser-para-os-outros" uma condição necessária para o meu "ser-para-mim" (BN: 238).

Depois de elogiar a inovação de Hegel (que marca "um avanço sobre Husserl"), Sartre, então, apresenta a sua maior crítica (BN: 238-240), qual seja a de que Hegel reduz o problema *ontológico* do Outro a um problema *epistemológico* acerca do nosso conhecimento do Outro. Nós poderíamos chamar isso de o *reducionismo epistemológico* de Hegel no que concerne ao ser do Outro. Esta crítica geral prepara o caminho para as duas principais objecções de Sartre.

A primeira é o que ele chama de "otimismo epistemológico" de Hegel (BN: 240-243), a visão de que Hegel interpreta a relação com o Outro como uma *relação de conhecimento*. Com efeito, Sartre entende que Hegel afirme que a relação entre sujeitos seguros de si seja uma na qual cada um tenta tornar o Outro em um objeto que possa ser conhecido e, portanto, dominado. Ao tornar o Outro em um objeto de conhecimento para mim, Hegel reduz o ser do Outro ao meu conhecimento dele ou dela como um objeto.

A segunda é o "otimismo ontológico" de Hegel no que concerne à existência do Outro (BN: 243-244), a visão de que Hegel adota o *ponto de vista do Absoluto* ao explicar a experiência da autoconsciência. O resultado desta assunção do ponto de vista do Absoluto é o de assim subsumir a pluralidade dos sujeitos individuais na unidade do todo racional.

A esta altura, tais críticas já nos são familiares, particularmente a segunda, que é uma repetição da acusação existencialista de que o sistema de Hegel não faz justiça à inefável singularidade do indivíduo em sua existência única. Sartre se baseia aqui novamente em uma objeção clássica encontrada em Kierkegaard: que Hegel excluiu a sua própria consciência e existência individual de sua exposição fenomenológica; além disso, que Hegel pressupôs o ponto de vista do Absoluto, esqueceu a sua própria finitude, e, assim, assumiu a "mente de Deus", com o resultado lamentável que a pluralidade irredutível da consciência é subsumida em uma "totalidade intermônada" (BN: 244).

A implicação da crítica de Sartre é defender um retorno ao *cogito* cartesiano, agora modificado em um *cogito pré-reflexivo* ou consciência *não tética*. O ser da minha consciência individual não é redutível ao conhecimento; portanto, é impossível que eu possa transcender o meu ser individual no sentido de um reconhecimento recíproco – tomado como uma relação de *conhecer* a si mesmo através do Outro – no qual o meu ser e o ser dos Outros são tornados equivalentes (p. 244). O objetivo de Hegel, sustenta Sartre, é uma ilusão epistemológica e ontológica, ou seja, mostrar que o reconhecimento recíproco, e, portanto, uma superação da alienação, é possível através de uma compreensão filosófica da nossa historicidade. A separação ontológica entre a pluralidade de consciências, no entanto, é um escândalo existencial que não pode ser dialeticamente superado, seja em pensamento seja em ação. Em vez disso, afirma Sartre, "o único ponto de partida" para uma verdadeira compreensão do problema do Outro deve ser "a interioridade do *cogito*" (p. 244).

A crítica de Sartre, no entanto, tende a interpretar mal os aspectos cruciais da explicação de Hegel da autoconsciência e do reconhecimento. A relação entre sujeitos autoconscientes descritas na *Fenomenologia* não é uma relação de conhecimento, mas uma descrição da relação dialética entre consciências independentes e dependentes; a relação senhor/escravo é uma realização *deficiente* da liberdade de autoconsciência, ao invés de uma descrição do que define a subjetividade humana *per se*. Além disso, o que Hegel chama de "consciência infeliz" não se trata de uma condição ontológica da consciência humana *per se*, mas sim de uma configuração histórica recorrente da subjetividade alienada que se esforça por superar sua alienação através do desenvolvimento de um entendimento mais abrangente da liberdade racional.

Sartre, por outro lado, argumenta que há uma separação ontológica entre os sujeitos que torna impossível o reconhecimento mútuo. A separação ontológica entre o Outro e eu não é uma condição social e histórica de alienação (como para Hegel), mas uma condição ontológica e, portanto, insuperável da realidade humana. Além disso, a tentativa de cada sujeito de tornar o Outro como um objeto a fim de afirmar a própria liberdade resulta nas relações humanas serem inevitavelmente *conflituosas*. Porquanto nunca escapamos do desejo de tornar o Outro em um objeto, embora exigindo que o Outro me reconheça como sujeito, estamos condenados a uma luta perpétua por reconhecimento que só pode acabar em "má-fé" (os vários artifícios pelos quais nego a minha liberdade ou transcendência e me defino como um objeto vinculado por determinadas circunstâncias). O que Sartre considera uma característica ontológica dos seres humanos, Hegel apresenta como uma realização histórica inadequada da liberdade intersubjetiva que, em princípio, pode ser superada. Este é um ponto que Sartre chegou a reconhecer em suas tentativas posteriores de sintetizar o existencialismo com o marxismo, nomeadamente no seu tomo inacabado, a *Crítica da razão dialética* (1960).

A crítica de Simone de Beauvoir a Sartre: liberdade e opressão

Simone de Beauvoir (1908-1986) – filósofa feminista pioneira, escritora, ativista e parceira vitalícia de Sartre – identificou uma importante dificuldade no existencialismo de Sartre: a de que a versão de Sartre do problema do Outro tendeu a minimizar os efeitos da experiência da *opressão*. Esta foi uma crítica também feita mais tarde por Merleau-Ponty. Sem a possibilidade de reconhecimento mútuo entre os sujeitos, o que Sartre negava por razões ontológicas, a possibilidade de desenvolver uma ética que se estendesse para além dos parâmetros da autenticidade pessoal parecia bastante duvidosa. Ainda que tenha se mantido em dívida com a explicação existencialista de Sartre da liberdade, e às críticas de Sartre ao pensamento hegeliano, Simone de Beauvoir desenvolveu um modelo existencialista alternativo de ética que suplementaria o pensamento de Sartre em aspectos importantes. Com efeito, foi a sua experiência do caráter desigual das relações de gênero, mas também a sua preocupação com a política de classe e as lutas coloniais – que convenceu Simone de Beauvoir a desenvolver uma explicação existencialista da liberdade, da subjetividade e da ética que faria justiça à experiência da opressão.

Embora no final de *O ser e o nada* Sartre tenha gesticulado para a possibilidade de uma ética existencialista, e enfatizado (em "O existencialismo é um humanismo") a ética da autenticidade implícita em sua filosofia da liberdade radical, ele, no entanto, enfrentou dificuldades em produzir uma tal ética baseada em sua ontologia existencial dualista. No final, ele foi incapaz de cumprir sua promessa de dedicar um trabalho futuro à ética (BN: 628) além dos (postumamente publicados) *Cadernos para uma ética* (*Cahiers pour une morale*). Nos seus escritos pós-guerra, no entanto, Sartre modificou significativamente algumas das afirmações mais estridentes de *O ser e o nada*, defendendo a possibilidade de formas éticas de reconhecimento mútuo e alegando que o ideal de autenticidade requer "a existência de uma sociedade na qual cada um seja reconhecido por todos" (apud BAUGH, 2003: 102).

Não obstante, o ideal existencialista mais familiar de Sartre, qual seja a *autenticidade* – consistente em abraçar nossa liberdade e contingência, afirmando a necessidade de escolha e de sermos responsáveis pelas nossas ações – não poderia explicar satisfatoriamente por que alguns indivíduos, em determinadas situações, parecem incapazes de exercer sua liberdade ou existir autenticamente no sentido existencialista. Embora Sartre não negue a possibilidade de formas psicológicas, sociais ou políticas de opressão, estas permanecem sem significância ontológica fundamental para a nossa existência. Com efeito, estas experiências apontam para o fato de que em algum nível (o qual pode ser pré-reflexivo ou inacessível à reflexão psicológica), o indivíduo já escolheu assumir esta forma particular de estigma psicossocial, ou, alternativamente, já escolheu rejeitá-la. Como os famosos exemplos de Sartre, da mulher sendo cortejada, do garçom sincero do café ou do homossexual no armário (BN: 55-67), os indivíduos que declinam de afirmar a sua liberdade de agir dentro de suas dadas circunstâncias só poderiam ser descritos, desde um ponto de vista ontológico, como vivendo em "má-fé" – tomando-se por objetos inertes, definidos por sua facticidade, ao invés de sujeitos livres, com um poder inalienável de transcendência.

Esta ênfase tipicamente existencialista na completa liberdade e responsabilidade do indivíduo, no entanto, deixou pouco espaço para qualquer explicação desenvolvida dos efeitos da experiência de opressão em termos psicológicos, sociais e políticos. Com efeito, Sartre minimiza o modo como certas situações de desigualdade, desvantagem ou discriminação podem minar – psicólogica, social e politicamente – a capacidade do sujeito de exercer sua liberdade efetivamente. Em vez disso, Sartre desenvolve uma análise ontofenomenológica das estratégias e artifícios da má-fé pelos quais nos evadimos da nossa liberdade e responsabilidade existencial, revertendo à nossa facticidade ou *status* circunstancial de objeto. No entanto, esta auto-objetificação – um processo que envolve a internalização de uma autoimagem negativa, que resulta na diminuição da nossa capacidade de transcendência – é também o que estrutura a experiência de *opressão* para muitos sujeitos e grupos dominados, uma situação que é também extremamente difícil de transformar. Em vez de descrever mulheres, minorias sexuais ou a classe trabalhadora como vivendo em má-fé, De Beauvoir voltou-se para uma análise dos mecanismos de opressão que libertariam sujeitos dominados de sua posição passiva como objetos de manipulação e ajudariam a promover a sua própria autodefinição criativa.

A mulher como o Outro

O exemplo mais interessante do uso de temas hegelianos por Simone de Beauvoir é a sua célebre explicação do caráter desigual das relações de gênero apresentada em *O segundo sexo*. Nesta obra, De Beauvoir desenvolve uma versão modificada da análise existencialista sartreana – usando as categorias dualistas da consciência, ou o *para-si*, em contraste com o ente inerte, ou o *em-si* – que é aplicada no entendimento da relação entre os sexos e da situação vivida particular das mulheres. Como De Beauvoir aponta, de acordo com um modelo ainda prevalecente, os homens têm sido tradicionalmente associados à consciência e à racionalidade, enquanto as mulheres têm sido associadas ao corpo, ou seja, à natureza, às emoções e ao "irracional". Os homens são definidos pelo seu *status* de sujeitos conscientes, enquanto as mulheres são definidas pelo seu *status* de objetos; sua subjetividade, portanto, permanece inadequadamente reconhecida, expressa de maneiras e de acordo com termos impostos ou definidos pelos homens em vez das mulheres.

Ora, esta situação das mulheres em condições de patriarcado (o domínio histórico e social dos homens sobre as mulheres), argumenta De Beauvoir, pode ser entendida em termos modelados na dialética hegeliana do senhor e do escravo: os homens têm ocupado o papel de senhores, aparentemente independentes da natureza e do corpo, enquanto as mulheres têm sido forçadas a assumirem o papel de escravas, amarradas à natureza e ao corpo, sem o reconhecimento do seu *status* igual ou das suas possibilidades de autodefinição. Esta condição é então "naturalizada" através de formas de ideologia que apresentam a relação desigual entre os sexos como predestinada pela natureza, a biologia, a religião, a filosofia, ou mesmo justificada por escolha pessoal. O resultado é que as mulheres são relegadas ao *status* de "segundo sexo" em relação aos homens, cujo gênero abrange tanto a condição particular de pertencer ao sexo masculino quanto a condição genérica de ser humano (daí o uso sexista da palavra "homem" para designar tanto os indivíduos do sexo masculino quanto os seres humanos em geral).

Na "introdução" a *O segundo sexo*, Simone de Beauvoir define explicitamente a condição das mulheres – recorrendo a exemplos literários, antropológicos, filosóficos e biológicos – de acordo com a relação assimétrica entre o Eu e o Outro: "Ele é o Sujeito, ele é o Absoluto – ela é o Outro" (SS: 16). Esta distinção entre as categorias de "Eu" e "Outro" é evidente nas chamadas culturas primitivas, mitologias antigas, bem como em relações psicológicas e sociais entre indivíduos e grupos, que ganham sua própria identidade ao definirem-se em oposição a um Outro (SS: 17). Isto é evidente, por exemplo, na hostilidade em relação a forasteiros expressa pelos membros de uma aldeia, a xenofobia dos cidadãos nativos em relação a "estrangeiros", bem como os preconceitos mais explícitos contra Outros expressa por antissemitas, racistas, colonos brancos e as classes dominantes (p. 17). Todos estes casos apoiam a alegação do antropólogo Claude Lévi-Strauss de que as culturas humanas são marcadas pela interpretação das relações biológicas como uma série de oposições entre Eu e Outro, uma oposição expressa nas relações hierárquicas e conflituosas. Este padrão de autodefinição de grupo por exclusão e estigmatização do Outro, argumenta De Beauvoir, desafia a afirmação romântica de que as relações sociais humanas são inerentemente harmoniosas, uma irmandade "baseada em solidariedade e afabilidade" (p. 17).

Ao contrário, estes fenômenos de hostilidade e conflito apoiam a alegação de Hegel (ou de Kojève) de que "encontramos na própria consciência uma hostilidade fundamental para com toda consciência; o sujeito pode ser posto apenas sendo oposto – ele se estabelece como o essencial, oposto ao Outro, o não essencial, o objeto" (p. 17). Deveríamos notar de passagem que Simone de Beauvoir emprega "o outro" aqui em um segundo sentido: aquele do *outro sujeito* em uma luta conflituosa por reconhecimento, distinto do sentido "absoluto" do Outro como uma *categoria fundamental* do pensamento e da experiência humana. Como vimos, o sujeito posicionado como "o Outro", por sua vez, estabelece uma afirmação recíproca, postulando o sujeito dominante como "o Outro" e a si mesmo como "o Mesmo". O resultado é a já familiar luta por reconhecimento que culmina em uma relação não recíproca entre *o senhor* (aquele que prevaleceu como sujeito ou como o Outro) e *o escravo* (aquele que foi relegado ao *status* de o Outro pelo senhor).

Na realidade, existem vários rituais sociais e práticas culturais (guerras, festivais, comércio, tratados, concursos) que tendem a relativizar a relação entre Eu e Outro (SS: 17). A pergunta de Simone de Beauvoir é por que esta reciprocidade não foi reconhecida no caso das relações entre os sexos (p. 17). Por que as mulheres aceitaram submissamente o seu *status* designado pelos homens como o Outro? Ao contrário de uma minoria racial, étnica ou religiosa, as mulheres existem em número aproximadamente igual ao dos homens em qualquer sociedade; ao contrário do proletariado, as mulheres não passaram a existir como uma classe histórica ou política. Com efeito, as diferenças biológicas e anatômicas entre mulheres e homens podem ser uma razão pela qual a diferença entre os sexos tendeu a assumir um caráter "absoluto" e não "relativo". Além disso, o fato da dependência entre homens e mulheres – biológica, social, sexual e pessoal – tem historicamente tendido a impedir as mulheres de reconhecerem-se como pertencentes a um grupo comum, com uma identidade compartilhada ou objetivos comuns (SS: 18-19).

Os vínculos sexuais e sociais entre homens e mulheres têm, portanto, contribuído para a manutenção da posição das mulheres como o Outro; relações de gênero envolvem um relacionamento fixo e hierárquico, o que De Beauvoir argumenta poder ser entendido como uma versão da dialética hegeliana do senhor e do escravo (SS: 20). Com efeito, aspectos da relação senhor/escravo "se aplicam muito melhor à relação do homem com a mulher", em particular a descrição do escravo como uma consciência dependente que permanece presa à vida (biológica) e dependente do reconhecimento outorgado pelos homens; as mulheres também aspiram ao reconhecimento do seu valor, mas este é ainda um valor definido por e alcançado por homens (SS: 90). O que as mulheres demandam, então, é reconhecimento do seu *status* de sujeitos livres: superar o seu posicionamento como o Outro, deixando de subordinar sua existência humana à vida ou à "animalidade" (SS: 97).

As mulheres participam desta relação desigual – vivendo em "má-fé" ao aceitarem o papel de "o Outro" – porque obtêm certos benefícios disso, dentre os quais o de sucumbir à "tentação de renunciar à liberdade e se tornar uma coisa" (SS: 21). Simone de Beauvoir melhora, assim, a insistência de Sartre na responsabilidade absoluta, argumentando que a liberdade sempre pressupõe uma *situação existencial* ou vivida que pode diminuir a liberdade de agir de um sujeito. No caso das mulheres, pode haver uma variedade de razões pelas quais elas podem se submeter ao domínio dos homens, aceitar seu *status* como o Outro, inclusive a falta de recursos definidos, o poder do vínculo que as amarra aos homens, e os benefícios psicológicos de assumir seu papel como o Outro (p. 21). Da perspectiva de Simone de Beauvoir (aquela da ética existencialista), a situação das mulheres é tal que elas podem ou afirmar sua liberdade através de uma "contínua obtenção de outras liberdades"; ou podem recair na imanência e na estagnação do em-si, na "vida bestial da sujeição às condições dadas" (SS: 29). Submeter-se ao papel do Outro é uma "falta moral", se o sujeito consentir; se for forçado a se submeter, trata-se de opressão e frustração (SS: 29). Tal é a situação das mulheres, que se encontram vivendo em um mundo onde são obrigadas a assumir o *status* do Outro, forçadas à posição de objeto passivo para o sujeito masculino soberano, ainda que conservando a aspiração de todo sujeito de ser reconhecido como livre (p. 29).

O segundo sexo é dedicado a examinar as motivações, mecanismos e efeitos do posicionamento das mulheres como o Outro. A intenção de Simone de Beauvoir, no entanto, é positiva; ela sugere que as mulheres podem mudar sua situação transformando o significado dos papéis de gênero, superando seu *status* como o Outro a fim de se tornarem sujeitos autodefinidores. Como muitos críticos feministas apontaram, no entanto, existem tensões na análise de Simone de Beauvoir entre o seu compromisso com premissas sartreanas – tais como o primado da liberdade individual e a centralidade da "má-fé" no comportamento das mulheres – e sua explicação feminista de como a opressão funciona dentro de uma situação social compartilhada. Ao contrário de Sartre, Simone de Beauvoir argumenta que relações conflituosas *podem* ser superadas através do reconhecimento mútuo, e que as mulheres devem assumir a responsabilidade pela sua opressão, embora, ao mesmo tempo, libertando-se dela. Com efeito, muitas das dificuldades na explicação de Simone de Beauvoir derivam da estrutura sartreana e kojèveana que ela adota, a qual combina – de uma maneira instável – a ênfase existencialista na separação ontológica do indivíduo com a primazia do reconhecimento intersubjetivo entre sujeitos.

A ética de ambiguidade

A este respeito, De Beauvoir apresenta uma abordagem mais matizada de uma "ética existencialista" em seu texto de 1948, *A ética da ambiguidade*. Neste, Beauvoir desenvolveu uma versão do existencialismo sartreano que procurou oferecer uma explicação explícita da opressão, embora sublinhando a liberdade e a responsabilidade individual. *A ética da ambiguidade* reconheceu as dualidades fundamentais constitutivas da existência humana (individual e social, vida e morte, natureza e liberdade, sujeito e objeto, e assim por diante), embora também evitando as estratégias sutis da má-fé que negam estas ambiguidades e interpretam nossa existência como imutável. Em consonância com Sartre, Simone de Beauvoir argumentou que a liberdade como transcendência é a capacidade dos sujeitos autodefinidores transformarem a sua própria situação existencial individual. De Beauvoir suplementou, assim, a análise de Sartre, argumentando que esta liberdade também deve ser entendida (a) como *situada*, como dependente da situação concreta vivida pelos indivíduos e, de fato, limitada por ela; e (b) a liberdade individual exige que também queiramos a *liberdade dos outros sujeitos* – uma visão que Sartre também defendeu em sua famosa palestra de 1945, "O existencialismo é um humanismo" (publicada em 1946). Minha liberdade exige que eu seja reconhecido por outros sujeitos livres, de cuja liberdade a minha própria liberdade depende, e, portanto, que os indivíduos oprimidos também sejam libertados.

O mais interessante para nós é que, embora Simone de Beauvoir reconheça a separação ontológica entre os sujeitos, ela rejeita a implicação de Sartre de que esta separação exclui a possibilidade de um reconhecimento mútuo. Simone de Beauvoir questiona se a separação ontológica *a priori* dos indivíduos torna a busca de uma ética universalista uma abstração idealista: "Uma ética da ambiguidade se recusará a negar *a priori* que existentes separados possam, ao mesmo tempo, estar vinculados uns aos outros, que suas liberdades individuais possam forjar leis válidas para todos" (EA: 18). Portanto, embora De Beauvoir sublinhe a primazia do particular contra o universal abstrato ("humanidade"), ela também argumenta que uma tal liberdade do indivíduo seja vazia sem uma dimensão universalista. Ao tentar mediar entre o primado do indivíduo e a demanda de universalidade, a posição de Simone de Beauvoir chega muito perto de uma perspectiva hegeliana que vai de encontro ao professado anti-hegelianismo da sua ética existencialista. Como Kimberly Hutchings assinala, este é um dos inúmeros pontos onde o quadro existencialista de Simone de Beauvoir entra em conflito com algumas das dualidades conceituais hegelianas (oriundas de Sartre e Kojève) que ela emprega nesse quadro (HUTCHINGS, 2003: 57ss.). Como será que a ética existencialista da liberdade individual é consistente com a exigência de que também se queira a liberdade dos outros? A resposta de Simone de Beauvoir, de que a minha liberdade individual está condicionada a que os outros me reconheçam como livre e vice-versa, ecoa claramente afirmações de Sartre em sua palestra "O existencialismo é um humanismo". Ao mesmo tempo, esta ênfase no fato de a liberdade individual estar condicionada à liberdade do outro levanta alguns desafios. Como conciliar o individualismo existencialista com um compromisso com a primazia da intersubjetividade, a interdependência dos sujeitos livres, dada a afirmação de Sartre de que a separação ontológica entre sujeitos nunca pode ser colmatada?

Ao invés de abordar esta questão importante diretamente, De Beauvoir repete as já familiares críticas dos existencialistas franceses (introduzidas por Wahl) do suposto esquecimento de Hegel da existência do indivíduo. De acordo com De Beauvoir, Hegel subordina a particularidade do sujeito individual a uma totalidade abrangente (EA: 17), e mantém que "o indivíduo é apenas um momento abstrato na história da mente absoluta [espírito]" (EA: 104-105). Deve-se dizer, contudo, que esta é uma crítica já feita *por Hegel* em sua *lógica*, que analisa as deficiências da compreensão analítica e seu uso das categorias de identidade abstrata e universalidade formal: a maneira como estas categorias reduzem cada identidade individual a uma unidade substituível dentro de um todo indiferenciado. A crítica existencialista dirigida contra Hegel é já hegeliana!

Seja como for, De Beauvoir continua a desenvolver uma crítica existencialista do conceito hegeliano de totalidade e sua suposta subordinação do individual ao universal (seja da razão seja da história). Diz-se que a ênfase de Hegel no universal seja, portanto, uma negação da "espessura de concreto do aqui e agora" em favor da universalidade abstrata do pensamento (EA: 121-122). Reconhecemos aqui, mais uma vez, a crítica existencialista padrão de que Hegel reduz o ser ao pensamento, e, assim, subordina a liberdade do indivíduo àquela do Estado universal ou da razão na história. Simone de Beauvoir até mesmo acusa o hegelianismo de ser um artifício que assume o ponto de vista do Absoluto a fim de encontrar consolo em nossa impotência existencial; longe de ser uma filosofia da liberdade, o hegelianismo é, antes, um refúgio mortal das ambiguidades da vida (EA: 158-159).

A própria tentativa de Simone de Beauvoir de mediar entre o individualismo e a intersubjetividade não explica claramente por que a minha liberdade individual depende necessariamente da liberdade dos outros. Filósofos que fazem esta afirmação (tais como Kant, Fichte e Hegel) o fazem seja invocando um princípio de universalidade (p. ex., a universalidade da razão de Kant) seja um princípio de interdependência constitutiva (o reconhecimento intersubjetivo como uma condição da autoconsciência individual, segundo Hegel). Por vezes, Simone de Beauvoir emprega uma forma consequencialista de raciocínio segundo a qual desejar a liberdade dos outros vai me permitir realizar melhor os meus próprios projetos. Em outras ocasiões, ela faz a afirmação hegeliana de que o reconhecimento mútuo dos outros como livres é uma condição da minha própria liberdade como sujeito (uma vez que a minha autoidentidade é dependente do reconhecimento dos outros, os quais também devo reconhecer como livres). Simone de Beauvoir parece recorrer a esta hipótese (hegeliana) da interdependência universal, embora também mantendo a posição sartreana de uma separação ontológica entre os indivíduos. Estas duas hipóteses, no entanto, são inconsistentes, a menos que se possa oferecer uma explicação de como os indivíduos sejam ontologicamente separados e, ao mesmo tempo, universalmente interdependentes. Esta inconsistência mina o projeto de Simone de Beauvoir de uma ética existencialista com dimensões universalistas. Esta dificuldade em conciliar um individualismo ontológico com um compromisso com a intersubjetividade talvez também explique os desafios que tanto Sartre quanto De Beauvoir experimentaram ao tentar casar o existencialismo com o marxismo. Apesar disso, a ética feministas da ambiguidade de Simone de Beauvoir, como argumenta Hutchings, poderia ser repensada a partir de uma perspectiva hegeliana a fim de colocar em primeiro plano o reconhecimento intersubjetivo como um modo de se mediar entre a particularidade, a universalidade e a individualidade dos sujeitos pertencente a um gênero (2003: 56-79). A superação da adesão de De Beauvoir à leitura existencialista de Hegel pode, assim, abrir um caminho para um "repensar feminista" da sua ética da ambiguidade.

Merleau-Ponty: do existencialismo de Hegel à hiperdialética

Contemporâneo de Sartre e de Simone de Beauvoir, Maurice Merleau-Ponty (1908-1961) é outro grande filósofo do pós-guerra cujo pensamento cruzou com o hegelianismo de maneiras complexas. Merleau-Ponty é talvez mais conhecido por sua versão da fenomenologia existencial, articulada em sua principal obra, *A fenomenologia da percepção* (1945), que analisou fenomenologicamente a complexidade da percepção encarnada e desenvolveu abordagens originais da intersubjetividade corporal, da temporalidade e da liberdade. Ao longo de sua carreira, Merleau-Ponty também escreveu extensamente sobre filosofia política, particularmente o marxismo, assim como comentando sobre eventos culturais, estéticos, literários e políticos mais amplos. Juntamente com Sartre e De Beauvoir, Merleau-Ponty foi um cofundador da famosa revista *Les Temps Modernes*, dedicada a explorar a relação entre filosofia, cultura e política no traumático rescaldo da Segunda Guerra Mundial. Essas experiências históricas e políticas acentuaram a convicção de Merleau-Ponty de que tínhamos que reconsiderar o ingênuo otimismo hegeliano e marxista de que a razão seria inevitavelmente realizada na história. Isto é especialmente evidente nas *Aventuras da dialética*, que incluem um importante ensaio sobre o marxismo "ocidental" (particularmente o marxismo hegeliano de Lukács), e uma longa crítica da adesão um tanto quanto acrítica de Sartre ao comunismo, que se manteve esposado a uma forma leninista "opositiva" de marxismo (MERLEAU-PONTY, 1973).

Como Sartre, Merleau-Ponty manteve uma relação ambivalente com Hegel. Enfatizou a importância de recuperar e renovar o pensamento de Hegel, recorrendo a elementos da dialética hegeliana, embora também a transformando criticamente em sua versão original da fenomenologia. A tentativa de Hegel de explorar a relação entre razão e não razão, sua ênfase na historicidade do espírito e sua tentativa de descobrir uma lógica imanente da experiência, tudo deixou sua marca na obra de Merleau-Ponty. Um exemplo seria a rejeição de Merleau-Ponty do absoluto hegeliano em favor de uma concepção histórica e finita de experiência que seria articulada em um "sentido ontológico". Em sua obra posterior, Merleau-Ponty estava trabalhando em um projeto distintivamente pós-hegeliano que ele em determinado ponto chamou de "hiperdialética": dialética sem síntese final ou suprassunção definitiva. A hiperdialética foi uma maneira de descrever a tentativa inacabada de Merleau-Ponty de capturar a relação multiforme, pluralista, quiasmática entre o visível e o invisível que abre a nossa experiência encarnada, sensual do mundo (MERLEAU-PONTY, 1968: 94-95). A este respeito, a importância da obra de Merleau-Ponty para os filósofos pós-estruturalistas da diferença (Deleuze, Foucault, Derrida) só agora está sendo totalmente valorizada (cf. LAWLOR, 2003).

Muito mais do que muitos contemporâneos, Merleau-Ponty destacou a profunda dívida que o pensamento moderno tem para com Hegel. Ele até mesmo alegou, de um modo um tanto quanto hiperbólico, que Hegel continua a ser a fonte de tudo o que é importante no pensamento moderno!

> Todas as grandes ideias filosóficas do século passado – as filosofias de Marx e Nietzsche, a fenomenologia, o existencialismo alemão e a psicanálise – tiveram seus primórdios em Hegel; foi ele quem iniciou a tentativa de explorar o irracional e integrá-lo em uma razão expandida que continua a ser a tarefa do nosso século (SNS: 63).

Esta citação vem do seu ensaio de 1948, "Hegel e o existencialismo", publicado em *Senso e contrassenso*, uma crítica do comentário recém-publicado de Hyppolite sobre a *Fenomenologia do espírito*. Merleau-Ponty usa a ocasião, no entanto, para refletir sobre o significado do pensamento hegeliano, conforme desbravado por Hyppolite, para as várias correntes da filosofia francesa pós-guerra. Pois foi Hegel, observa Merleau-Ponty, quem tentou abranger, através de uma concepção ampliada de razão, a singularidade do indivíduo e a universalidade do pensamento, um projeto filosófico particularmente significativo na esteira das experiências da história do século XX (SNS: 63). Todo pensamento moderno é pós-hegeliano; portanto, interpretar Hegel – como o fez Hyppolite – significa "tomar uma posição acerca de todos os problemas filosóficos, políticos e religiosos do nosso século" (SNS: 64). Merleau-Ponty, portanto, contesta tanto o repúdio existencialista quanto o marxista a Hegel, argumentando que Hegel pode ser recuperado como um pensador existencialista.

A crítica existencialista padrão (oriunda de Kierkegaard) é que Hegel se esquece da existência individual na construção do seu sistema especulativo de pensamento. A história é vista como a articulação da razão, onde considera-se que os eventos expressem relações lógicas entre ideias; a experiência de vida individual é integrada à universalidade do pensamento. Como observa Kierkegaard, Hegel deixa-nos apenas com um "palácio de ideias", onde as contradições da existência são reconciliadas no nível do pensamento. Baseando-se em Hyppolite, Merleau-Ponty sugere que, embora essa crítica existencialista possa ser dirigida às obras posteriores de Hegel (a *Enciclopédia* e a *Lógica*), não pode ser mantida contra a *Fenomenologia* de Hegel, que apresenta antes uma filosofia da experiência histórica imanente ou da existência humana finita. A fenomenologia hegeliana é uma tentativa de compreender a história da experiência, da consciência se tornando razão e espírito, que inclui "costumes, estruturas econômicas e instituições legais, assim como obras de filosofia" (SNS: 64). Contra os críticos existencialistas, Merleau-Ponty argumenta que há um *existencialismo hegeliano* que Hyppolite traz à luz, uma tentativa "de revelar a lógica imanente da experiência humana em todos os seus setores" (SNS: 65). Comparado ao de Kant, o conceito de experiência de Hegel é expandido consideravelmente, abrangendo fenômenos morais, estéticos e religiosos, assim como conhecimento científico e pensamento filosófico. O pensamento de Hegel é existencialista, ademais, ao descrever a experiência da consciência como uma vida responsável por si mesma e definida por uma *agitação perpétua*; ela parte da certeza de si, atravessa o ceticismo radical, aprende a partir da própria experiência que tem apenas uma visão parcial da verdade, até chegar à autocompreensão no tempo histórico (SNS: 65-66). Esta experiência inquieta é alienada ou infeliz, separada da inocência da vida natural, porque é consciente da morte e da mortalidade tanto quanto o é da razão e da liberdade.

Tendo apresentado esta descrição do existencialismo de Hegel (cortesia de Hyppolite), Merleau-Ponty se envolve em uma interessante reflexão sobre a dialética do senhor e do escravo de Hegel. Ele enfatiza a importância da experiência da *mortalidade* que constitui a nossa humanidade, e a implícita mutualidade que subjaz ao conflito entre sujeitos autodeterminados que se esforçam para afirmar sua independência. É difícil não considerar essas observações "existencialistas" uma crítica implícita à apropriação por Sartre dessa famosa imagem hegeliana, que se supõe mostrar a natureza inevitavelmente conflituosa da liberdade autoconsciente. (De fato, Merleau-Ponty faz esta crítica contra Sartre mais explicitamente na *Fenomenologia da percepção* (2002: 414), e em maior extensão em seu texto posterior, *O visível e o invisível* (1968: 77-83).) Seguindo Sartre, Merleau-Ponty comenta acerca da relação conflituosa entre os sujeitos que lutam por tornarem-se uns aos outros em objetos: Eu me torno um objeto sob o olhar do outro, exatamente como ele se torna meramente um objeto no mundo sob o meu próprio olhar; cada consciência busca, portanto, a morte do outro "que ela sente privá-la da sua nulidade constitutiva" (SNS: 68). Mas este conflito – explorado no famoso capítulo de Sartre sobre "o olhar", em *O ser e o nada* – pressupõe que cada sujeito mantenha um nível de subjetividade (De que outro modo eu poderia me sentir ameaçado pelo outro?); além disso, pressupõe que cada protagonista tenha já reconhecido o outro como sujeito, conquanto um sujeito que ameace a sua própria ipseidade. O conflito entre sujeitos pressupõe o reconhecimento mútuo: "Não podemos estar conscientes do conflito a menos que estejamos conscientes da nossa relação recíproca e da nossa humanidade comum. Não negamos uns aos outros, exceto pelo reconhecimento mútuo das nossas consciências" (SNS: 68). Conflitos entre sujeitos não mostram a impossibilidade de reconhecimento mútuo; antes, é o reconhecimento mútuo que torna possível o conflito intersubjetivo.

Merleau-Ponty esclareceu este ponto hegeliano contra a contenção de Sartre de que a separação ontológica entre sujeitos individuais necessariamente torna impossível o reconhecimento mútuo. A ontologia de Sartre é demasiado unilateral, ou como Merleau-Ponty o coloca em "A batalha pelo existencialismo" (um ensaio crítico em *O ser e o nada*), é "demasiado exclusivamente antitética" (SNS: 72): o em-si e o para-si são opostos; a liberdade como transcendência é antitética à imanência do em-si; o para-si se choca contra a experiência "objetificante" do olhar, quando percebo que estou reduzido a um objeto para-os-outros, e assim por diante. Em vez disso, argumenta Merleau-Ponty, eu e o outro permanecemos mutuamente interligados: "Eu me descubro no outro [...] porque sou, desde o início, essa mistura de vida e morte, solidão e comunicação, que se encaminha para a sua resolução" (SNS: 68). De fato, na sua própria fenomenologia da percepção encarnada, Merleau-Ponty vai consistentemente enfatizar a *ambiguidade* da existência humana, o complexo entrelaçamento de liberdade e facticidade, eu e do outro, corpo e mundo, o visível e o invisível.

Merleau-Ponty sugere que Hegel deixa de ser existencialista quando passa da experiência da morte e da luta para a experiência da história, superando as contradições da história não só através do pensamento, mas através da "relação viva" entre os seres humanos (SNS: 69). Enquanto Heidegger afirmava que existimos por causa da morte, sendo a nossa consciência da mortalidade essencial para o pensamento e a ação, para Hegel a morte se transmuta em "uma forma mais elevada de vida", ou seja, a transição da existência individual para a histórica. Aqui também pode-se perceber uma crítica sutil da "dialéctica truncada" de Sartre, para a qual não há remédio para o conflito entre a consciência como um sujeito para-si e a consciência como um objeto para-os-outros (p. 69). A falta em Sartre de uma explicação genuína da *historicidade* da consciência, além disso, é contrastada com a insistência de Heidegger na historicidade do *Dasein*; este último não é apenas um ser-para-a-morte, mas um ser-com outros que é uma parte essencial do existir historicamente dentro de um mundo compartilhado ou clareira do Ser. Com efeito, o que falta em Heidegger, observa Merleau-Ponty, não é historicidade, mas sim uma afirmação do *individual*. Heidegger se abstém de analisar a concepção hegeliana de uma *luta por reconhecimento* entre sujeitos livres ou "liberdades opostas", esse devir opositivo na experiência histórica "sem o qual a coexistência se afunda no anonimato e na banalidade cotidiana" (SNS: 69).

Curiosamente, isso ecoa, em certa medida, a crítica de Sartre ao *Mitsein* ou ser-com de Heidegger (BN: 244-250), que ele argumenta falhar em individuar adequadamente os indivíduos do ser-com comunal, que para Heidegger está mais próximo de uma "multidão" anônima do que da conflitualidade inerente que Sartre postula. Recorrendo à sua complexa herança hegeliana, Merleau-Ponty conclui arriscando uma definição mais completa do existencialismo que eloquentemente articule temas pertencentes à sua própria fenomenologia existencial. Contra a ênfase existencialista familiar na consciência da morte, no conflito e na solidão, ele afirma uma compreensão da existência definida pela universalidade compartilhada de ser humano, mesmo dentro do conflito, uma razão que é imanente à desrazão, e uma liberdade que reconhece limites, embora seja profundamente afirmada pela nossa experiência perceptiva da existência corpórea e da ação em suas manifestações mais íntimas e cotidianas (SNS: 70).

Merleau-Ponty continuou sua crítica de Sartre, mais explicitamente, em sua obra posterior inacabada, *O visível e o invisível* (ele morreu relativamente jovem, aos 53 anos de idade, antes de completar este enigmático manuscrito final). Em um extenso envolvimento com a análise de Sartre da relação entre o ser e o nada, Merleau-Ponty volta sua atenção para as dificuldades apresentadas pela dialética hegeliana extraídas do marxismo existencialista de Sartre. Como observa Merleau-Ponty, a dialética é a tentativa de articular filosoficamente as relações conceituais entre categorias; demonstrar o parentesco de termos opostos, o movimento negativo do pensamento de uma determinação ao seu oposto, e sua síntese dentro de uma configuração mais complexa do significado conceitual. A dialética salienta, assim, o papel da *negação* na constituição da positividade (o novo emerge da negação ou suprassunção do velho). Na dialética de Hegel, o movimento das determinações do pensamento prossegue através de uma determinada negação que tanto cancela quanto preserva; este é o famoso movimento de *Aufhebung* ou suprassunção que "sintetiza" termos opostos em uma unidade conceitual mais complexa.

Por muito que Adorno faça com a sua dialética negativa, ainda assim Merleau-Ponty questiona se a suprassunção dialética de Hegel faz justiça à pluralidade de nossa experiência do ente corpóreo. Com efeito, Merleau-Ponty rejeita como uma abstração a redução do ser ao pensamento, a integração da multiplicidade sensível na totalidade conceitual. Tal é o movimento característico da "má dialética": a tentativa filosófica de impor uma estrutura teórica de explicação sobre o complexo entrelaçamento da experiência perceptual e histórica. Ao contrário, afirma Merleau-Ponty, a única boa dialética é aquela que autocriticamente se supera, que recusa o encerramento teórico da má dialética – o movimento rígido de tese, antítese e síntese – em favor de uma "hiperdialética" aberta, pluralista e ambígua.

> O que chamamos de hiperdialética é um pensamento que, pelo contrário, é capaz de atingir a verdade porque encara, sem restrição, a pluralidade das relações e o que tem sido chamado de ambiguidade (MERLEAU-PONTY, 1968: 94).

A hiperdialética recusa as abstrações da dialética tradicional; é uma dialética sem síntese totalizante, sem uma suprassunção que resulte em um novo positivo ou uma nova posição (p. 95). É uma dialética que reconhece a instabilidade inerente a todo pensamento, que abarca apenas insuperáveis concretos, parciais e híbridos que reúnem termos opostos – tais como o ser-para-si e o ser-em-si de Sartre – sem ordená-los em uma hierarquia fixa ou oposição conceitual. Antes, a hiperdialética é uma tentativa de ir além destas oposições metafísicas a fim de pensar o que Merleau-Ponty chama de "Ser selvagem": o "ser do sensível" na sua multiplicidade e ambiguidade, irredutível à articulação conceitual ou discursiva. O ponto aqui, argumenta Merleau-Ponty, não é abandonar o pensamento dialético; trata-se antes de empregar a dialética como uma maneira de pensar o complexo entrelaçamento ou "quiasma" entre a percepção e o ser que abre a nossa experiência encarnada de nós mesmos e do mundo – um projeto do qual Merleau-Ponty estava se ocupando no fim da sua vida.

Esta crítica da dialética dogmática ou metafísica, aliás, tem fortes dimensões éticas e políticas. A imposição dogmática de um arcabouço conceitual enfatizando a unidade e a totalidade em detrimento da pluralidade e da divergência prontamente se traduz em uma política de dominação, até mesmo terror. Tal é a base filosófica da crítica de Merleau-Ponty ao marxismo de

Sartre. Este último é vítima da ilusão de que a experiência histórica pode ser renovada de acordo com uma dialética opositiva da história, que postula o partido como sujeito, reduzindo os trabalhadores a objetos, e que culmina em uma transformação revolucionária da sociedade que corre o risco de legitimar a violência contra tudo quanto permaneça irredutível a uma tal dialética (cf. MERLEAU-PONTY, 1973: 95ss.).

São impressionantes aqui as ressonâncias entre a dialética negativa de Adorno e a hiperdialética de Merleau-Ponty, ambas as quais afirmam uma dialética pluralista sem síntese totalizante a fim de fazer justiça à singularidade da natureza e do ente encarnado (cf. COOLE, 2000). A crítica de Merleau-Ponty do uso dogmático da dialética hegeliana, seja no existencialismo seja no marxismo, também prefigura a crítica de dialéticas totalizantes na próxima geração de pensadores franceses, que se voltaram firmemente contra os projetos existencialistas e hegeliano-marxistas de seus professores. Inspirados por Merleau-Ponty, Derrida e Deleuze procuraram de diferentes maneiras subverter o pensamento dialético hegeliano convencional a fim de repensá-lo como uma filosofia da diferença (cf. REYNOLDS, 2004). Não causa surpresa, então, que o próximo episódio importante na aventura do hegelianismo francês foi o que poderíamos chamar de sua reversão dialética: o desafio pós-estruturalista ao hegelianismo.

Resumo dos pontos-chave

A crítica de Sartre a Hegel

• De acordo com Sartre, a dialética do senhor e do escravo de Hegel mostra como a relação conflituosa entre o Eu e o Outro é constitutiva da autoconsciência.

• Sartre afirma que Hegel reduz o problema *ontológico* do Outro a uma questão *epistemológica* concernente ao nosso conhecimento do Outro. Sartre faz duas críticas relacionadas sobre este ponto:

- O "otimismo epistemológico" de Hegel (BN: 240-243): Hegel interpreta a relação com o Outro como uma *relação de conhecimento*, onde cada sujeito autodeterminado transforma o Outro em um objeto que pode ser conhecido e dominado.

- O "otimismo ontológico" de Hegel (BN: 243-244): Hegel adota o *ponto de vista do Absoluto* ao descrever a experiência da autoconsciência, subsumindo assim a pluralidade de sujeitos individuais na unidade do todo.

• Sartre argumenta que existe uma separação ontológica entre os sujeitos que torna impossível o reconhecimento mútuo; cada sujeito tenta tornar o outro em um objeto, o que resulta no fato de as relações humanas serem inevitavelmente *conflituosas*.

O segundo sexo *e* A ética da ambiguidade *de Simone de Beauvoir*

• Simone de Beauvoir argumentou que a versão de Sartre do problema do Outro tendeu a subestimar a experiência da *opressão*.

• Relações de gênero sob condições de patriarcado podem ser entendidas através da dialética hegeliana do senhor e do escravo.

• De Beauvoir define ainda as relações de gênero nos termos da relação assimétrica entre o Eu e o Outro: "Ele é o Sujeito, ele é o Absoluto – ela é o Outro" (SS: 16).

• De Beauvoir reconhece a separação ontológica entre sujeitos, mas rejeita a implicação de que esta impede o reconhecimento mútuo.

- De Beauvoir afirma que a minha liberdade individual está condicionada aos outros me reconhecerem como livre; isso desafia o arcabouço existencialista sartreano central à sua ética da ambiguidade.

Merleau-Ponty: o existencialismo de Hegel e a hiperdialética

- Merleau-Ponty rejeita a crítica existencialista padrão de Hegel, argumentando que há um *existencialismo hegeliano* que tenta "revelar a lógica imanente da experiência humana em todos os seus setores".
- Na dialética do senhor e do escravo de Hegel, Merleau-Ponty enfatiza a mutualidade implícita que subjaz ao conflito entre sujeitos autodeterminados.
- Contra a abordagem de Sartre, Merleau-Ponty argumenta que o conflito entre sujeitos não demonstra a impossibilidade de reconhecimento mútuo; ao invés disso, o reconhecimento mútuo é o que torna possível o conflito intersubjetivo.
- Como faz Adorno com sua dialética negativa, Merleau-Ponty questiona se a dialética hegeliana faz justiça à pluralidade da nossa experiência de seres corpóreos.
- Contra dialéticas tradicionais, Merleau-Ponty postula uma "hiperdialética" que permanece indefinida e ambígua: uma dialética que reúne termos diferentes sem ordená-los em uma hierarquia fixa ou oposição conceitual.

8

Desconstruindo o hegelianismo: Deleuze, Derrida e a questão da diferença

Os principais movimentos da filosofia francesa do pós--guerra (existencialismo, fenomenologia e marxismo hegeliano) consideravam Hegel como um dos principais pensadores da era moderna. Na década de 1960, no entanto, a dialética de Hegel foi o projeto filosófico que mais precisou de desconstrução e transformação. Este capítulo, portanto, enfoca dois grandes pensadores estruturalistas: Gilles Deleuze (1925-1995) e seu encontro crítico com a dialética hegeliana e sua transformação conceitual dela; e Jacques Derrida (1930-2004) e sua desconstrução da metafísica de inspiração heideggeriana, para os quais a dialética hegeliana é tanto um ponto de referência essencial quanto o alvo principal. Em questão aqui está o problema da construção de uma filosofia genuinamente pós-hegeliana, de um projeto que nos apresente pelo menos três alternativas: (a) Será que a dialética hegeliana pode ser superada através da antidialética nietzscheana? (b); Será que a dialética hegeliana deve ser transformada, ao invés disso, em um pensamento experimental de diferença não conceitual? Ou; (c) Será que o sistema hegeliano deveria ser submetido a uma desconstrução dos seus limites, confrontando-o com uma diferença radical que excede a sua unidade dialética? Vou sugerir que Deleuze inicialmente explora a primeira via (a) antes de se voltar para a segunda (b); Derrida persegue a terceira via (c), que submete a dialética hegeliana a um radical "deslocamento" que desvenda as suas reivindicações metafísicas à totalidade, à unidade e ao encerramento.

A este respeito, tanto Deleuze quanto Derrida se envolvem no mesmo tipo de confrontos com o pensamento hegeliano; mas não rejeitam ou repudiam a dialética hegeliana tanto quanto a transformam de modo a inaugurar uma maneira diferente de pensar – um *pensamento da diferença* enquanto tal. Como vimos com Adorno e Merleau-Ponty, o problema com a dialética hegeliana é que ela subsume a diferença entendida como oposição em uma unidade conceitual superior. Para Deleuze, ela é incapaz de pensar a pura diferença ou o "devir" como um processo envolvendo uma multiplicidade de forças contingentes, sobrepostas. Para Derrida, ela permanece capturada no encerramento da metafísica – a tentativa de subordinar a diferença à identidade, de incorporar a negatividade radical ao *logos* da razão. Em conclusão, sugiro que os encontros deleuzeanos e derridianos com Hegel desbravam a possibilidade de repensar a dialética hegeliana; eles também levantam a questão do futuro do hegelianismo.

Hegel e o pós-estruturalismo

No prefácio a *Diferença e repetição*, Deleuze faz uma observação que encapsula o *animus* "anti-hegeliano" de grande parte da filosofia francesa da década de 1960. Deleuze menciona o pensamento de Heidegger sobre a diferença ontológica, o projeto estruturalista, romances modernistas, o poder da repetição na psicanálise, linguística, arte moderna, e assim por diante. "Todos esses sinais [continua Deleuze] podem ser atribuídos a um anti-hegelianismo generalizado: diferença e repetição tomaram o lugar do idêntico e do negativo, da identidade e da contradição" (DR: xix). Deleuze também identifica as questões críticas em seu confronto com a dialética hegeliana: a necessidade de uma crítica da filosofia da representação que privilegia a identidade e o negativo, incluindo a interpretação hegeliana da diferença como contradição; e, consequentemente, a necessidade de ir além da dialética de Hegel a fim de elaborar um pensamento genuíno da pura diferença ou "diferença em si".

Este projeto de pensar a diferença radical envolve um movimento complexo, até mesmo uma dialética complexa; assumir uma postura "opositiva" em relação a Hegel é arriscar permanecer preso ao seu sistema metafísico, mesmo na tentativa de superá-lo. Como argumenta Derrida, a tentativa de ser simplesmente anti-hegeliano se torna presa da dialética hegeliana, uma vez que o pensamento dialético funciona apropriando-se do que se lhe opõe, o integrando em uma unidade mais complexa. A filósofa feminista pós-estruturalista Judith Butler fez uma observação semelhante, particularmente contra Deleuze, em seu estudo esclarecedor do hegelianismo francês e seu legado (1988). Como veremos, este é também o motivo da leitura desconstrutiva que Derrida faz de Emmanuel Lévinas (1906-1995), a quem Derrida critica por tentar se opor ao discurso hegeliano – o discurso da própria metafísica – em nome de uma transcendência além de toda mediação conceitual. Como observa Derrida:

> Lévinas está muito perto de Hegel, muito mais perto do que ele o admite, e justamente quando está aparentemente oposto a Hegel da maneira mais radical. Esta é a situação que ele deve compartilhar com todos os pensadores anti-hegelianos, e cuja significância última exige muita reflexão (WD: 99).

Dado o poder da dialética hegeliana, que subsume prontamente aquilo que se opõe a ela, Derrida adota uma estratégia oblíqua, desconstruindo a dialética hegeliana no limite do seu sistema de conceitualidade a fim de revelar seus elementos estruturantes. Pois o hegelianismo tanto exemplifica o privilégio da identidade quanto abre a possibilidade de um pensamento da diferença radical. Tais são as apostas para Deleuze e Derrida em seu confronto com a dialética hegeliana, um confronto que ainda marca o horizonte conceitual de grande parte da filosofia europeia contemporânea.

Deleuze: da antidialética à dialética da diferença

A obra de Deleuze de 1962, *Nietzsche e a filosofia*, é um dos textos seminais do pós-estruturalismo francês, influenciando pensadores como Foucault, Derrida e Lyotard. A redescoberta francesa de Nietzsche durante a década de 1960 pode ser entendida como uma expressão de aguda insatisfação com a amálgama de dialéticas de inspiração hegeliana, fenomenologia e marxismo hegeliano que dominou a paisagem filosófica do pós-guerra. Ela também representou o início de uma tentativa de transformar a dialética hegeliana em um pensamento não mais orientado para a unidade, a totalidade e a finalidade. Há muitas declarações em *Nietzsche e a filosofia* que vividamente dramatizam o conflito entre Hegel e Nietzsche: corre-se o risco de não compreender absolutamente a filosofia de Nietzsche, diz Deleuze, a menos que se compreenda "contra quem" é dirigida (o hegelianismo). Longe de ser dialético, o pluralismo nietzscheano é "o inimigo mais feroz, o único inimigo profundo" da dialética (NP: 8). Com efeito, "não há compromisso possível entre Hegel e Nietzsche", afirma Deleuze; o nietzscheanismo compreende antes "uma absoluta antidialética", que procura expor "todas as mistificações que encontram um refúgio final na dialética" (NP: 195). A genealogia nietzscheana ou crítica total é uma tentativa de superar o niilismo moderno, que encontra a sua expressão filosófica mais perniciosa na dialética:

A dialética é a ideologia natural do *ressentimento* e da má consciência. É pensada na perspectiva do niilismo e do ponto de vista das forças reativas. É, de ponta a ponta, um modo fundamentalmente cristão de pensar; impotente para criar novos modos de pensar e sentir (NP: 148).

A principal objeção de Deleuze à dialética hegeliana é que ela subordina a diferença e a pluralidade, e, portanto, é incapaz de pensar a individuação, o devir e a chegada do "novo". Como veremos, no entanto, por volta do final dos anos de 1960, em *Diferença e repetição*, Deleuze modifica consideravelmente a sua posição, até mesmo posicionando o seu próprio pensamento dentro da história do pensamento dialético, incluindo o de Hegel (cf. DR: 179, 268). O ponto não é se opor à dialética hegeliana ou adotar uma postura "antidialética", mas sim transformá-la em um genuíno pensamento da diferença, um pensamento que Deleuze chega mesmo a descrever em vários pontos como "dialético", ou o que poderíamos chamar de um pensamento dialético da diferença como multiplicidade. Este projeto, em certa medida, já está em execução na obra *Nietzsche e a filosofia*, deformada por sua estridente retórica "antidialética"; mas é mais explícita e produtivamente desenvolvida na obra-prima de 1968 de Deleuze, *Diferença e repetição*. A este respeito, tanto Deleuze quanto Derrida (assim com Merleau-Ponty e Adorno) estão preocupados em repensar a dialética hegeliana: desencadeá-la da necessidade conceitual e do encerramento metafísico, e, assim, abri-la para a contingência, a singularidade e a multiplicidade.

Forças ativas e reativas

Deleuze começa sua reversão nietzscheana do hegelianismo propondo uma ontologia pluralista dos corpos como expressões de relações diferenciais de força. O desafio de Spinoza aponta o caminho: "Sequer sabemos o que um corpo *pode fazer"* (NP: 39). Com efeito, todos os corpos, para Deleuze, são compostos de uma pluralidade de relações de "forças dominantes e dominadas" (NP: 40). Nesta ontologia dinâmica existem apenas indivíduos ou corpos expressando certos graus de poder: "Todas as relações de forças constituem um corpo – seja químico, biológico, social ou político" (p. 40). Todos os fenômenos são, portanto, interpretados como expressões de relações diferenciais de força, enquanto os corpos são compreendidos sem recurso à centralidade da consciência e da subjetividade (a relação sujeito-objeto) que define a filosofia da representação (NP: 39, 62).

Mais especificamente, Deleuze considera que as forças nietzscheanas sejam definidas pelo *relacionamento* de força com força; elas são, por conseguinte, reduzidas a duas qualidades originárias: em qualquer corpo, as forças superiores ou dominantes são definidas como *ativas*, as forças inferiores ou dominadas como *reativas*. As forças reativas são aquelas de conservação e adaptação, que asseguram "acomodações mecânicas e utilitárias, as *regulações* que expressam todo o poder das forças inferiores e dominadas" (NP: 41). As forças ativas, em contrapartida, são criativas, dominantes, expansivas: elas escapam à consciência, vão "ao limite do que podem fazer" e são definidas por poderes plásticos de transformação. A consciência, portanto, para Deleuze, é a expressão das forças reativas de adaptação, que permanecem dominadas pelas forças ativas inconscientes do corpo (p. 41). A filosofia da consciência que opera dentro do paradigma da subjetividade (do idealismo kantiano e hegeliano à fenomenologia) permanece, portanto, completamente sob o domínio das forças reativas; como tal, permanece impotente para pensar as forças ativas da própria vida.

O "triunfo" das forças reativas

Até agora ofereci um esboço básico da analítica nietzscheana das relações de força feita por Deleuze, que visa principalmente a dialética hegeliana. Dentre outras coisas, Deleuze passa a propor uma versão *nietzscheana* da famosa dialética hegeliana do senhor e do escravo tão querida da filosofia francesa do pós-guerra. Então, o que motiva o desafio de Deleuze ao hegelianismo? Trata-se de uma crítica simultaneamente metafísica, ética e política. O problema com a dialética, para Deleuze, é que ela continua a ser uma forma *restrita* de crítica que preserva valores estabelecidos, que suprassume dialeticamente seu outro o negando e o preservando, e, assim, expressa as "forças reativas" de conservação e preservação. A filosofia genealógica de Nietzsche, ao contrário, empreende uma agressiva *crítica total*, indagando a *origem* dos valores próprios, o *elemento* a partir do qual provém seu valor. Isto significa, de acordo com Deleuze, que devemos interpretar as forças qualitativas expressas em qualquer dado fenômeno (ativo ou reativo) a fim de assim alcançar o *elemento diferencial e genético* dessas forças – o que Nietzsche chamou de "vontade de poder" com suas qualidades primordiais de *afirmação* e *negação* (NP: 530-534). A crítica genealógica nietzscheana de Deleuze, como Descombes observa, embarca, portanto, em uma "busca de um critério 'diferencial'" que nos permitiria distinguir aquilo que se origina com as forças reativas e a vontade negativa do escravo daquilo que se origina com as forças ativas e a vontade afirmativa do senhor (NP: 159).

Ora, este critério diferencial entre as forças ativa e reativa é primordialmente encontrado na diferença quantitativa entre as forças, como expressa em suas respectivas qualidades como ativa (dominante) ou reativa (dominada). Mas isto se dá apenas no nível do que poderíamos chamar de sua "origem" metafísica, onde as forças ativa e reativa coexistem em relações de tensão. Como assinala Nietzsche, não é o ativo, mas sim *as forças fracas e reativas* que dominam na atualidade social e histórica. Toda história, moral e direito são expressões de forças reativas que passaram a dominar *de facto*. O problema agora se torna o de explicar este triunfo *de facto* das forças reativas apesar da superioridade *de jure* das forças ativas. A resposta de Deleuze é que as forças reativas triunfam *decompondo* as forças ativas: elas *"separam a força ativa daquilo que ela pode fazer"*, de modo que esta se torne reativa (NP: 57). Como Deleuze explica, esta decomposição de forças ativas é alcançada através da instituição de uma ficção ideológica, uma "mistificação ou falsificação" (p. 57) que restringe a expansão agressiva das forças ativas, as tornando dóceis e submissas (p. ex., os valores reativos da moral cristã).

Deleuze inverte, assim, a narrativa fenomenológica hegeliana, retratando o desenvolvimento histórico da subjetividade autoconsciente como a expressão de forças reativas que culminam no *niilismo* da Modernidade (a condição na qual os valores mais elevados se desvalorizam). O triunfo histórico das forças reativas é, portanto, traçado através de sucessivos estágios, do niilismo *negativo* (cristianismo, a depreciação da vida em nome de valores mais elevados), passando pelo niilismo *reativo* (cultura iluminista, a depreciação desses valores mais elevados), até o niilismo *passivo* (a Modernidade, a dissolução de todos os valores e da vontade). As figuras ou "tipos" que representam estes estágios de niilismo são personificados pelo sacerdote, o dialético e o "último homem" de Nietzsche – o niilista passivo que já não valoriza ou quer nada além do conforto material ou da "felicidade".

Como, então, pode o niilismo ser superado? A proposta de Deleuze é que ele pode ser vencido através da *autodestruição* das forças reativas: o niilismo *completo* supera a si mesmo através da *transvaloração* de todos os valores; a "destruição ativa" do negativo e sua transmutação no afirmativo – uma proposta que estranhamente se assemelha à tese hegeliana de uma "negação da negação". Deleuze executa este movimento complexo dividindo a vontade de poder nas dimensões *imanente* e *transcen-*

dente: há a vontade de poder tal como podemos *conhecê-la* (as forças reativas que culminam no niilismo), e existe a vontade de poder tal como podemos *pensá-la* (as forças ativas ou o devir criativo) (NP: 172-173). O ponto de vista crítico que Deleuze adota aqui é aquele da "vida" entendida como vontade de poder (NP: 94): uma força ativa expressa *afirmação* da vida, uma vontade de poder afirmativa; uma força reativa expressa uma *negação* da vida, uma vontade de poder negativa. Com o conceito de "vida", Deleuze agora tem o critério que distingue uma força ativa de uma reativa: a vida como vontade de poder fundamenta a "crítica total" nietzscheana contra o niilismo (negação da vida) da crítica dialética hegeliana.

Aqui devemos tomar cuidado para distinguir a afirmação *genuína* da vida da *pseudo*afirmação, a afirmação nietzscheana das apologias da força reativa. Na mesma linha, o Zaratustra de Nietzsche zombou da pseudoafirmação do jerico, daquele que alegremente diz "sim" às forças reativas do *status quo*. Para Deleuze, este não é outro senão o dialético hegeliano! Mais uma vez nos deparamos com a crítica existencialista e marxista de que o hegelianismo promove a reconciliação com a realidade como aquiescência ao *status quo*: o dialético hegeliano é aquele que confunde uma "afirmação com a veracidade da verdade ou a positividade do real" (NP: 183). Mas a crítica de Deleuze da dialética de Hegel não para com a exortação existencialista ao retorno à singularidade da existência, ou a exigência marxista de uma transformação revolucionária da sociedade. A crítica nietzscheana (e o pensamento deleuzeano) luta pela transvaloração de todos os valores: uma criação de conceitos e invenção de novas possibilidades de vida. Contra a dialética hegeliana, que supera a alienação através da compreensão da nossa experiência histórica, a genealogia nietzscheana supera o niilismo atrelando as forças ativas do corpo e do inconsciente a fim de inventar novos conceitos e modos de existência.

A engenhosa tentativa de Deleuze de enfrentar a dialética hegeliana com uma interpretação antidialética de Nietzsche levanta um par de questões críticas:

1) *Qual é o status do conceito de "força" na abordagem de Deleuze das forças ativas e reativas?* Deleuze argumenta em favor de uma "tipologia das forças" que podem ser aplicadas a uma multiplicidade de fenômenos, de organismos naturais, corpos físicos, conceitos morais, a práticas sociais e culturais. Como podemos entender um conceito tão generalizado como o de "força"? Será que as forças que operam em um nível físico-biológico são da mesma ordem daquelas que operam na linguagem, na moral ou no sentido cultural? Se o mesmo conceito de força opera nos diferentes níveis ontológicos, como podemos analisar esses fenômenos através de um conceito geral de "força" sem perder de vista suas diferenças distintivas?

2) *Como devemos entender a diferença entre forças ativas e reativas se nem sempre (ou mesmo nunca) é o caso de as forças ativas dominarem sobre as forças reativas?* A resposta nietzscheana de Deleuze é que podemos postular essas forças ativas de afirmação da vida como a condição do desenvolvimento (dialético) das forças reativas da consciência, da moralidade e da história. Baseando-se em uma distinção kantiana (mas também heideggeriana), Deleuze argumenta que não podemos *conhecer* tais forças, mas podemos, no entanto, *pensá-las* filosoficamente como aquelas que tornam possível a nossa experiência. O que Deleuze na realidade propõe é um modelo de forças ativas (articulando diferença e singularidade) como a "condição transcendental" da nossa experiência de forças reativas (constituindo unidade e uniformidade). Em *Nietzsche e a filosofia*, no entanto, Deleuze não fornece qualquer argumento real para se aceitar a postu-

lação de tais forças ativas incognoscíveis. Este será o projeto realizado em *Diferença e repetição*, que abandona a retórica de inspiração nietzscheana da "antidialética" em favor de uma transformação da dialética hegeliana em uma dialética paradoxal de multiplicidades.

Deleuze: da contradição à diferença não conceitual

A crítica da dialética hegeliana de Deleuze em *Nietzsche e a filosofia* se torna mais interessante em *Diferença e repetição*, que tenta transformar a imagem distorcida do pensamento dialético que predominou de Platão a Hegel. O problema básico da dialética hegeliana, afirma Deleuze, é que permanece um processo orientado teleologicamente que subsume a singularidade sob a universalidade, a sensibilidade sob conceitualidade. Trata-se da tentativa mais formidável de subsumir a diferença no pensamento identitário representacional, o empurrando para o nível da contradição, e integrando contradições dialéticas em formas de síntese cada vez mais abrangentes. A dialética hegeliana subordina, portanto, a diferença à identidade, unindo-as na "raiz quádrupla" da representação: *semelhança* na percepção, *analogia* no julgamento, *oposição* de predicados, *identidade* do conceito, que juntas compreendem a unidade do sujeito cognoscente (DR: 262ss.). O que é necessário, então, não é uma rejeição, mas sim *repensar* a dialética dentro de uma filosofia da "diferença em si". Deleuze tenta, assim, transfigurar a dialética hegeliana em uma dialética orientada para a diferença, que faz justiça à interação das múltiplas forças sobrepostas que constituem os indivíduos em processos de devir.

O projeto de Deleuze em *Diferença e repetição* é superar a "filosofia da representação" que privilegia a identidade em detrimento da diferença, a unidade em detrimento da multiplicidade, a generalidade em detrimento da singularidade. A fim de apreciarmos a mudança na abordagem que Deleuze faz da dialética, é útil comparar este projeto maduro com a sua primeira revisão crítica (1954) do estudo hegeliano de Hyppolite, *Lógica e existência* (a tradução inglesa de *Lógica e existência* inclui a revisão de Deleuze como apêndice). Baseando-se na obra de seu ex-professor, Deleuze toma de Hyppolite o conceito de uma "Lógica do sentido", e concorda em parte com a abordagem "heideggeriana" de Hyppolite da lógica hegeliana como uma lógica de sentido. A filosofia só pode ser uma ontologia, na verdade uma ontologia do sentido, onde o sentido seja o que unifica a diferença ontológica entre Ser e entes. Devemos notar, no entanto, que em sua obra posterior, *Lógica do sentido* (de 1969), Deleuze vai argumentar que é o *nonsense* que apresenta o fundo caótico indeterminado contra o qual o sentido é articulado e pode operar seus efeitos significadores no pensamento e na linguagem.

Por outro lado, Deleuze argumenta que Hyppolite é completamente *hegeliano* ao afirmar que o sentido significa a identidade de ser e diferencia, onde a diferença é elevada ao grau de contradição (LE: 195). Hyppolite permanece apegado à concepção hegeliana de diferença, agora interpretada como oposição e contradição, onde esta última permanece uma forma de *diferença conceitual* que oblitera a diferença *não conceitual*. Aqui Deleuze oferece a sua própria conjectura crítica, que ele irá desenvolver explicitamente em *Diferença e repetição*:

> Não podemos interpretar uma ontologia da diferença que não tivesse que ir até a contradição, porque a contradição seria menos do que a diferença e não mais? Será que a própria contradição é apenas o aspecto fenomênico e antropológico da diferença? (p. 195).

A resposta hegeliana de Hyppolite seria que uma tal ontologia da pura diferença permanece presa dentro da lógica da reflexão (a interação correlata entre os conceitos opositivos de identidade e diferença, de oposição e contradição). Deleuze questiona, no entanto, se esta explicação hegeliana do Ser elevada ao grau de contradição é o mesmo que o Ser se expressando a si mesmo como pura diferença. De fato, a discussão mais "heideggeriana" da linguagem de Hyppolite (e alusões ao esquecimento, à lembrança, à perda de sentido) fornecem a base, sugere Deleuze, para "uma teoria da expressão onde a diferença é a própria expressão, e a contradição o seu aspecto meramente fenomênico" (p. 195). Uma tal Teoria da Diferença como expressão será explicitamente desenvolvida em outras obras de Deleuze, nomeadamente no seu grande estudo, *Expressionismo na filosofia: Spinoza* (de 1968).

Contra a diferença como oposição ou contradição, "a diferença em si" é a diferença não conceitual ou o "ser do sensível". Em *Diferença e repetição*, Deleuze argumenta a favor de uma nova metafísica da diferença que genuinamente "reverteria o platonismo", o paradigma original da filosofia da representação que subordina a diferença não conceitual à diferença conceitual. Uma tal filosofia também é motivada pela experiência da Modernidade após "a morte de Deus", uma sensibilidade nietzscheana sintomática de um "anti-hegelianismo generalizado" que evita a universalidade, a identidade e o sujeito soberano em favor da singularidade, do devir e de um conceito afirmativo da diferença. Nas palavras de Deleuze:

> o pensamento moderno nasce do fracasso da representação, da perda de identidades e da descoberta de todas as forças que atuam sob a representação do idêntico [...]. Todas as identidades são apenas simuladas, produzidas como um "efeito" ótico pelo jogo mais profundo da diferença e da repetição. Propomos pensar a diferença nela mesma, independentemente das formas de representação que a reduzem ao Mesmo, e a relação de diferente com diferente indepen-

dentemente daquelas formas que a fazem atravessar o negativo (DR: xix).

Esta observação é praticamente uma cristalização da filosofia da diferença pós-estruturalista. O mundo da representação, definido pela primazia da identidade e da unidade do sujeito, começou a se dissolver; o pensamento e a arte modernos articulam todos a experiência da perda de identidade, da ruptura da representação e das forças impessoais da repetição (tudo, desde o inconsciente freudiano, passando pela repetição na arte e na literatura modernas, até o mundo fetichista das mercadorias). A "morte de Deus" nietzscheana suscitou a ressurreição da figura do "homem" no humanismo moderno (existencialista e hegeliano-marxista); mas o "homem" do humanismo moderno está agora definhando. Deleuze afirma que todos estes sinais culturais indicam uma mudança de paradigma, do modelo "hegeliano" de identidade e negatividade para o modelo antirrepresentacionalista de diferença e repetição.

Para os nossos propósitos, no entanto, o aspecto mais relevante do fascinante projeto de Deleuze é sua crítica da concepção hegeliana de diferença como oposição e contradição. A crítica de Deleuze pode ser colocada muito sucintamente, uma vez que repete e desenvolve a afirmação feita em sua crítica da leitura que Hyppolite faz de Hegel. De acordo com Deleuze, Hegel segue Aristóteles ao conceitualizar o grau máximo absoluto da diferença como *contradição*; mas Hegel não chega a subsumir a contradição em uma categoria abrangente, como o "ser equívoco" de Aristóteles (DR: 44-45; WILLIAMS, 2003: 71). Em vez disso, a diferença hegeliana tomada como contradição conduz adiante a sínteses conceituais cada vez maiores – a diferença é levada ao limite, qual seja o infinitamente grande. Este movimento da diferença como contradição é o que Deleuze chama de "representação *orgiástica*": a descoberta da negatividade, do "tumulto, da agitação e da paixão" nos limites da ordem da representação (DR: 42). O pensamento da contradição de Hegel leva esta ordem da representação ao seu limite extremo; a contradição é o movimento da negatividade, "a intoxicação e inquietação do infinitamente grande" (DR: 45).

A representação "orgiástica" da diferença como contradição de Hegel, no entanto, não se liberta da representação da filosofia, pois ainda subordina a diferença à diferença conceitual (diferença suprassumida como um momento dentro da unidade do conceito). Ao invés do caminho orgiástico de Hegel, que "empurra" a diferença até a contradição, Deleuze insiste que a contradição deve ser "puxada" de volta para o nível da pluralidade não conceitual – para o que Hegel rebaixou como mera sensação e intuição. Em vez da diferença conceitual inscrita no conceito (como acontece com Hegel), Deleuze argumenta a favor de uma concepção de "diferença em si"; uma *diferença não conceitual*, o que nos leva ao difícil pensamento de "conceito" de diferença que já não esteja atrelado ao quadro do pensamento representacional (sujeito-objeto). Há aqui novamente ressonâncias impressionantes com a dialética negativa de Adorno e a hiperdialética de Merleau-Ponty. Com essas abordagens, a filosofia da diferença deleuzeana visa superar a filosofia da representação (aproximadamente equivalente ao que Heidegger chamou de "metafísica"). A questão é como repensar a dialética como uma dialética da diferença.

Uma dialética deleuzeana?

Uma série de comentadores recentes contestaram a visão padrão de Deleuze como um inimigo do pensamento dialético. Daniel Smith, por exemplo, sugere que "Deleuze certamente não é um antidialético, uma vez que explicitamente se insere em uma longa tradição de pensamento dialético" (2000: 128). Catherine Malabou, aliás, questiona o professo anti-hegelianismo de Deleuze, argumentando que tanto Hegel quanto Deleuze estão empenhados na tarefa de "fluidificar" o pensamento e, portanto, que as suas filosofias podem ser interpretadas como um paradoxal "bloco de devir chamado Hegel-Deleuze" (1996: 136). Nesta seção explorarei a questão de Deleuze e a dialética, sugerindo que há uma "dialética deleuzeana" paradoxal que se esforça em pensar a dialética sem qualquer síntese abrangente. A dialética deleuzeana está antes orientada para a diferença pura, multiplicidades heterogêneas; trata-se de um pensamento que se esforça para libertar a diferença não conceitual das restrições da representação.

É verdade que Deleuze tem frequentemente apresentado sua filosofia como antidialética (em *Nietzsche e a filosofia*, p. ex.). Ele também tem às vezes rejeitado a dialética como não filosófica, reduzindo a "filosofia a uma discussão interminável" (DELEUZE & GUATTARI 1994: 79). Por exemplo, em *O que é a filosofia?*, em coautoria com Félix Guattari, Hegel é criticado por gerar um sistema conceitual fora do conflito dialético de opiniões rivais (p. 80). Apesar do gênio de Hegel e outros dialéticos, a crítica de Nietzsche ainda é válida: a dialética reduz conceitos a proposições e opiniões e, assim, destrói a possibilidade de criação de novos conceitos (p. 80, 147). Apesar desta visão popular (encorajada pelas polêmicas observações de Deleuze e Guattari), Deleuze, na verdade, tem uma relação mais ambígua com a dialética hegeliana, tentando uma transformação da dialética ao invés de exigir a sua pura e simples rejeição.

Em *Diferença e repetição*, por exemplo, Deleuze observa explicitamente que seu projeto de uma filosofia antirrepresentacionalista da diferença deve ser entendida como uma resposta à "longa história da distorção da dialética" (DR: 268). Na verdade, a dialética de Platão a Hegel, argumenta Deleuze, é marcada por duas grandes dificuldades:

1) A interpretação da diferença como negatividade e sua "maximização" como oposição e contradição, o que Deleuze descreve como a substituição do hegeliano "labor do negativo pelo jogo da diferença e o diferencial" (DR: 268).

2) A tentativa de reduzir a forma da questão filosófica à forma proposicional ("S é P"), uma forma considerada capaz de esgotar as possibilidades da questão em geral.

Uma tal "distorção" da dialética, graças ao privilégio da negatividade e da forma proposicional, não implica, obviamente, o seu repúdio. O desafio consiste antes em repensar a dialética em termos de *problemas* ao invés de proposições (respostas criativas à singularidade de eventos e ideias); e reverter a subordinação da diferença à identidade, a negatividade e a contradição a fim de libertar o pensamento do jugo da representação.

Há, além disso, dimensões ontológicas e morais intimamente conectadas com a crítica de Deleuze do pensamento dialético tradicional. Em primeiro lugar, há uma afirmação ontológica, já que Deleuze rejeita o "ser do negativo", que ele insiste que dirige a dialética hegeliana. A ênfase no negativo na dialética tradicional reduz a diferença ao não ser. Isto a torna passível à redução conceptual da diferença à oposição e a contradição, e, portanto, a sua subordinação à identidade do conceito (onde contradições são resolvidas em uma unidade conceitual "superior"). Aquilo de que precisamos, antes, é pensar o *ser do problemático*, isto é, o ser de *problemas e questões*: uma forma paradoxal de ser (que Deleuze escreve como "(não)-ser" a fim de distingui-la de noções tradicionais de não ser) que expressa a diferença *positivamente* e, portanto, não pode ser reduzida a simples negatividade. A redução do ser de problemas e questões à negatividade resulta na subordinação da afirmação à negação. A afirmação dialética só pode ser sempre um resultado derivado da negação, como na famosa "negação da negação" de Hegel; em outras palavras, o novo só pode ser sempre a negação do que já é; a repetição é uma repetição do mesmo, ao invés de uma produção de diferença. As diferenças são subsumidas na unidade ideal da conceitualidade, que nega o que é deficiente na realidade empírica (contingência, singularidade, diversidade, indeterminação), mas integra esses aspectos da diferença na unidade superior da razão.

Esta afirmação ontológica está ligada a outra crítica dos *pressupostos morais* e implicações práticas da dialética, sua valorização do negativo e redução da diferença à contradição. Deleuze sugere que a relação de dependência negativa do que já existe engendra o espírito "conservador" da negação dialética; o pensamento é dirigido para a compreensão do que é ou tem sido, para a negação ao invés da afirmação das diferenças, e é, assim, levado para longe da sua tarefa principal: "a de resolver problemas e realizar neles o nosso poder de criação e decisão" (DR: 268). A história, argumenta Deleuze, não progride pelo movimento dialético de "negação da negação", mas sim "resolvendo problemas e afirmando diferenças" (p. 268). A contradição não vai libertar os oprimidos; ao contrário, pode ser usada pelos poderosos para defender seus interesses decidindo quais problemas são importantes (a "contradição" entre lucro e salários sendo decidida em favor do capital, p. ex.) (p. 268). Aqui chegamos a uma diferença fundamental entre Deleuze e Hegel. Enquanto para Hegel a filosofia chega sempre "quando uma forma de vida envelheceu", e só pode compreender retrospectivamente a nossa experiência histórica, para Deleuze a filosofia é provocada pelo encontro com a diferença e pela resposta criativa aos problemas e ideias geradas por este encontro. Ela não está preocupada com a reconciliação com a realidade, mas sim com a invenção de conceitos e formas de existência por vir.

Em que sentido, então, poderíamos falar de uma dialética deleuzeana? Deleuze oferece uma concepção de dialética que restaura o seu papel no pensamento de problemas e na resposta a perguntas. O erro da dialética tradicional, sustenta Deleuze, é reduzir ou obscurecer problemas rastreando-os a partir de proposições pressupostas (o "problema mente-corpo" como decorrente da proposição de que "a consciência é distinta do mundo"). Para Deleuze, proposições ("a mente é o cérebro") são sempre apenas respostas para problemas subjacentes ("O que possibilita a nossa experiência encarnada?"), os quais são eles próprios engendrados pela nossa experiência de diferença e singularidade que permanece resistente a conceitos e opiniões morais recebidos ("O que significa essa sensação?", "Como as coisas poderiam ser diferentes?"). Um problema deleuzeano é uma maneira de arranjar uma multiplicidade de elementos em uma ideia articulada; ideias são multiplicidades, maneiras de compor e pensar diferenças em suas relações complexas (DR: 182). A ideia de "sociedade", por exemplo, é uma maneira de articular o problema de como uma multiplicidade de indivíduos pode coexistir dentro de uma forma de vida compartilhada, e haverá muitos modos empíricos como uma sociedade pode existir, alguns mais afirmativos da vida do que outros (cf. DR: 186).

A dialética deleuzeana é um modo de pensar orientado para a diferença que responde a problemas com uma criação de conceitos ou invenção de diferentes modos de existência (a sociedade como um agenciamento coletivo de corpos capazes de ação coletiva e expressão individual; não mais o indivíduo contra o Estado, mas redes rizomáticas que ignoram aparatos econômicos, legais e políticos estabelecidos – comunidades ativistas da internet). O objetivo é ao mesmo tempo crítico e criativo: uma crítica de conceitos, pensamentos e valores estabelecidos que privilegia a identidade sobre a diferença, a unidade sobre a multiplicidade, a universalidade sobre a individuação; e uma criação de conceitos que fomenta a experimentação com novas formas de experiência e diferentes possibilidades de existência. A dialética deleuzeana permanece, portanto, dirigida para a expressão da multiplicidade de forças sobrepostas que compõem uma tendência à individualização ou ao devir; mas também retém um aspecto ético experimental, nomeadamente a criação de novas possibilidades de pensamento e experiência.

Poder-se-ia perguntar neste momento como devemos pensar a diferença não conceitual em um "conceito" de diferença. Claramente, para Deleuze, precisamos de um novo conceito de "conceito" ou então uma estratégia oblíqua para pensar a diferença nela mesma. A arte é certamente uma maneira pela qual um tal pensamento da diferença não conceitual pode ser expressado (e a obra de Deleuze está repleta de referências a artistas e escritores relevantes); mas não está claro se a filosofia deve imitar a arte a este respeito, ou se existe uma maneira genuinamente filosófica de articular a pura diferença sem repetir elementos fundamentais do discurso representacionalista (tal como o hegelianismo). Neste sentido, a desconstrução da metafísica de Derrida se afigura uma alternativa significativa à filosofia da diferença de Deleuze. Como vimos, Deleuze desenvolve uma "metafísica da diferença" que não rejeita a metafísica como tal; em vez disso, a longa história da dialética distorcida deve ser transformada em uma dialética de multiplicidades. A questão de Derrida, no entanto, se torna pertinente aqui: Pode alguém se envolver em um tal projeto sem se tornar presa do encerramento sistêmico da metafísica? Derrida desafiará explicitamente a hipótese "empirista" de Deleuze de que se pode "superar" a abstração da conceitualidade filosófica, inventando novos conceitos a fim de superar sistemas metafísicos herdados (como o hegelianismo). Enquanto Deleuze tenta pensar a diferença não conceitual sem o negativo, Derrida irá propor pensar a diferença como uma negatividade não totalizável, como um diferir/deferir radical que ele chama de *différance*.

A desconstrução "hegeliana" de Lévinas feita por Derrida

Jacques Derrida está entre os mais controversos da geração de filósofos franceses que se tornaram proeminentes no final dos anos de 1960. A desconstrução feita por Derrida dos textos de figuras-chave da história da metafísica ocidental – incluindo Platão, Kant, Hegel, Husserl, Heidegger e Lévinas – tem tido um impacto profundo sobre a filosofia europeia contemporânea, assim como em muitas disciplinas das ciências sociais e humanas. Para os nossos propósitos, enfocarei a complexa e ambivalente atitude de Derrida para com Hegel e o legado do hegelianismo. Em contraste com a retórica ocasionalmente anti-hegeliana de Deleuze, Derrida mantém uma atitude mais consistentemente ambivalente, combinando uma proximidade com Hegel com uma distância dele, uma apropriação de argumentos hegelianos com uma poderosa desconstrução do sistema hegeliano. Por um lado, Hegel incorpora, para Derrida, uma das versões mais abrangentes da "metafísica da presença" (a interpretação básica do ser como presença); por outro lado, Hegel também fornece um quadro conceitual que pode ser utilizado para a tarefa de desconstruir a tradição metafísica. Como Derrida coloca, "Hegel *resumiu* a história do *logos* inteira" (1976: 24), mas também oferece uma meditação sobre a escrita, uma reabilitação do pensamento "como a *memória produtiva* dos signos" (p. 26). Mais do que simplesmente ser um metafísico da identidade "Hegel é *também* o pensador da diferença irredutível"; esta ambivalência torna Hegel, simultaneamente, "o último filósofo do livro e o primeiro pensador da escrita" (p. 26). Hegel, portanto, não só completa as metafísicas modernas do sujeito, ele também abre o horizonte para um compromisso desconstrutivo com esta tradição. Derrida é, portanto, em grande medida, um pensador "pós-hegeliano".

A evidência da filiação de Derrida ao pensamento hegeliano pode ser encontrada em seu longo ensaio sobre o pensamento de Emmanuel Lévinas "Violência e metafísica" (publicado em 1964). Nesse trabalho, Derrida se engaja em uma leitura desconstrutiva do próprio confronto de Lévinas com a violência da filosofia tradicional, que Lévinas chama de "ontologia" ou uma teoria dos seres em geral. Para Lévinas, o privilégio filosófico tradicional da ontologia deve ser anulado em favor de uma ética originária que começa com a primazia da relação com "o Outro" (*l'autrui* – o outro pessoal, o você), onde "o outro" se refere ao "radicalmente outro" ou "alteridade" que se manifesta na presença e singularidade do ser humano singular. Com efeito, é na imediatez do encontro face a face com o Outro – onde "a face" refere-se àquilo que escapa à minha compreensão e pelo que sou absolutamente responsável – que a filosofia encontra o seu verdadeiro fundamento e vocação última. Derrida vai se envolver em uma crítica desconstrutiva das afirmações de Lévinas concernentes à violência da metafísica e à primazia do encontro face a face. Curiosamente, esta desconstrução se baseia em argumentos hegelianos concernentes ao papel mediador da linguagem e à inevitabilidade do emprego de conceitos metafísicos – até mesmo as categorias "desconstruídas" do *Outro* e do *outro* (*l'autre* – o outro ou a alteridade como uma categoria geral) – em qualquer tentativa de anular a metafísica. A leitura desconstrutiva que Derrida faz de Lévinas adota, portanto, uma perspectiva surpreendentemente hegeliana.

Derrida começa descrevendo o anti-hegelianismo de Lévinas como um exemplo do "protesto existencialista" contra a metafísica de Hegel, que se supõe exemplificar a violenta redução da alteridade à conceitualidade, do outro ao mesmo (WD: 110-111). Contra a concepção de Hegel do racional ou "bom" infinito, o pensamento ético de Lévinas abraça uma versão do "mau" infinito hegeliano: um movimento sem fim de transcendência para o infinitamente outro, que nunca retorna ao encerramento conceitual do mesmo. O anti-hegelianismo de Lévinas, aliás, é movido por um ímpeto ético: rejeitar a descrição hegeliana de uma luta violenta originária por reconhecimento e mostrar ao contrário o primado da relação ética com o Outro como uma relação não objetificante, não negativa com a alteridade (outridade radical). Para Lévinas, a relação com o Outro é originariamente uma relação não violenta com a alteridade, e apenas secundariamente uma tentativa de negar, objetificar ou identificar e, assim, dominar, o Outro (como para Hegel, segundo Kojève, cuja leitura ainda marca a abordagem de Derrida).

Como Derrida justamente sublinha, no entanto, a alegação de Lévinas de que podemos ter uma relação com a alteridade sem negatividade teria chocado a Hegel como "absolutamente louca" (WD: 119). A crítica de Derrida aqui segue a crítica hegeliana da filosofia romântica da imediação, ou seja, que a imediação já é sempre uma experiência mediada tornada possível pela linguagem e a conceitualidade. A intuição imediata, ou o encontro imediato com o Outro, é conceitualmente mediada; os conceitos do Outro e do Mesmo são mutuamente dependentes, de modo que a tentativa de separar e priorizar um em detrimento do outro é inerentemente questionável. Além disso, desde um ponto de vista fenomenológico, eu não poderia experimentar a outridade do Outro se eu não já reconheci que eu também sou um Outro desde o ponto de vista do Outro, e que minha identidade como um sujeito depende de eu me dar conta de que sou um tal Outro para outro sujeito. Este é o movimento reflexivo que Hegel famosamente chamou de "reconhecimento" ou *Anerkennung*. Derrida, por sua vez, deixa claro que o significado do Outro para mim é o de *um Ego* que eu sei que está relacionado a mim como o *seu* Outro. O relato de Lévinas do movimento de transcendência para o outro, argumenta Derrida, "não teria nenhum sentido se não portasse dentro de si, como um dos seus significados essenciais, que na minha ipseidade (individualidade) eu sei que sou outro para o outro" (WD: 126). Em outras palavras, não pode haver separação radical entre Mesmo e Outro, uma vez que o próprio significado de "o Outro" implica necessariamente referência ao Outro *para mim*, isto é, ao Ego como o Mesmo. Como Hegel argumentou na *Fenomenologia*, a relação entre Eu e Outro é uma relação de *reflexão*: sou *reconhecido* pelo Outro por quem sou *reconhecido* como um Outro sucessivamente. Um tal relacionamento, no entanto, está ausente do relato de Lévinas: "Que eu também seja essencialmente o outro do outro, e que eu saiba que o sou, é a evidência de uma simetria estranha cujo traço não aparece em nenhuma parte das descrições de Lévinas" (WD: 128). Sem uma tal simetria – que Hegel chamou de a reflexão entre sujeitos ou movimento de *reconhecimento* – "eu não poderia desejar (ou) respeitar o outro em uma dissimetria ética" (p. 128).

Esta violência "transcendental" entre o Mesmo e o Outro, de acordo com Derrida, surge na maneira como o outro é constituído com referência ao Eu; o Outro é sempre um outro para mim, portanto, não pode ser separado da sua relação com o Mesmo. Tal "violência" pode obviamente assumir a forma de violência empírica, conflito e guerra; mas esta diferença, de acordo com Hegel, também pode ser suprassumida na natureza dinâmica, inquieta do espírito. A relação entre Eu e Outro, portanto, abre a possibilidade tanto de reconhecimento ético quanto de violenta dominação. Desta imbricação irredutível entre Eu e Outro, Hegel também extraiu a consequência de que a violência e o conflito são um aspecto inevitável da experiência da autoconsciência: "O próprio Hegel reconheceu a negatividade, a ansiedade ou a guerra no absoluto infinito apenas como o movimento da própria história do absoluto, cujo horizonte é uma pacificação final na qual a alteridade seria absolutamente *encapsulada*, se não exaltada, na parusia" (WD: 129). Lévinas, em contrapartida, tentou manter esta violenta redução do Outro ao Mesmo bem separada da relação não violenta com o Outro que abraçaria a alteridade. Para Derrida, no entanto, uma tal separação não pode ser mantida sem se suprimir a maneira como Mesmo e Outro são constituídos no pensamento e na linguagem (ou seja, com referência ao Outro como o Outro do Eu, e o Outro como revelado contra um entendimento do Ser).

Tendo seguido Hegel até este ponto (junto com Husserl sobre a constituição do outro como *alter ego*; e Heidegger sobre a pré-compreensão do *Ser* como condição para encontrar Outros-no-mundo), Derrida então marca a sua distância crítica da dialética hegeliana. Como sabemos, a dialética hegeliana reconhece a diferença como *negatividade* que pode ser dialeticamente suprassumida. Lévinas, no entanto, quer preservar a diferença do Outro sem subsumi-lo dentro do Mesmo da maneira da dialética hegeliana. Derrida também quer preservar esta diferença, mas a considera, pelo menos neste ensaio, que abra uma dinâmica conflitual que possa, em princípio, nunca ser superada. Mas isso também significa que a negatividade hegeliana não pode ser simplesmente superada; é a própria diferença radical que significa a possibilidade de distinções conceituais e oposições em geral. Para Hegel, o conceito de uma *pura* diferença, sem referência à identidade, é impossível de articular totalmente na linguagem, uma vez que fazê-lo é empregar conceitos que envolvem apenas esta interação de identidade e diferença.

Como vimos, esta foi precisamente a aposta de Deleuze: pensar uma *diferença não conceitual* sem referência à identidade, ou seja, a negatividade. Este sonho compartilhado por Lévinas e Deleuze – Lévinas desejando a pura alteridade do Outro independente do mesmo; Deleuze lutando por um pensamento da diferença pura, sem negatividade – é o que Derrida rejeita como o sonho do *empirismo*: a tentativa de pensar a *pura diferença* sem recorrer à conceitualidade. Para Derrida, este é "o *sonho* de um pensamento puramente heterológico na sua origem", um sonho que desaparece "assim que a linguagem acorda" (WD: 151). Como Hegel mostrou na *Fenomenologia*, a tentativa da certeza sensível de dizer o que significa resulta em uma reversão dialética (a tentativa de dizer o puro, o singular "aqui, agora" necessariamente envolve o recurso a universais linguísticos). Assim também com a descrição de Lévinas da alteridade pura, que necessariamente recorre à linguagem do Ser em sua tentativa de dizer a alteridade pura do Outro: "Como Hegel diz em algum lugar, o empirismo sempre se esquece, no mínimo, que emprega a palavra ser" (WD: 139). O problema em separar o Mesmo do Outro é que o seu próprio significado está vinculado à linguagem do Ser. A diferença radical entre pensamento e ser é também uma mesmidade que sempre escapa das nossas tentativas de articulá-la no pensamento ou na linguagem. É um jogo da diferença – ou o que Derrida vai chamar *différance* – que deve ser pensado diferentemente, se quisermos escapar do maquinário metafísico-conceitual do qual Hegel é o indubitável senhor. Como encontrar uma via além de Hegel? Derrida aborda esta questão – obliquamente – em sua famosa leitura da reescrita de Georges Bataille da dialética hegeliana do senhor e do escravo.

Derrida sobre Bataille sobre Hegel

O ensaio de Derrida de 1967 sobre o pensador francês Georges Bataille (1897-1962), "Da economia restrita à economia geral: um hegelianismo sem reserva", é um fascinante compromisso com Hegel. O problema em questão é se é possível "escapar" do hegelianismo, como Deleuze e Lévinas alegam, ou se o hegelianismo subsume e integra precisamente aquilo que se opõe a ele. Este ensaio exemplifica a abordagem "desconstrutiva" dos textos filosóficos feita por Derrida, que combina interpretação crítica com uma escrita performativa que imita e, assim, mina o texto em questão. Leituras desconstrutivas são também parasitárias, neste caso, dos escritos de Bataille sobre Hegel, que pretendem ir além do sistema de Hegel, embora, ao mesmo tempo, empregando conceitos hegelianos.

Algumas palavras sobre o conceito de desconstrução de Derrida são necessárias neste ponto. Em poucas palavras, a desconstrução é uma operação que envolve uma *reversão* e um *deslocamento* da hierarquia em uma oposição conceitual (p. ex., a oposição entre fala e escrita). Esta reversão deveria mostrar que o termo subsidiário suprimido é de fato essencial para a identidade ou o significado do termo principal, primário (a escrita não é apenas uma transcrição da fala; antes, como a possibilidade de traços repetitivos ou marcas, ela torna possível a transmissão da fala). O significado dos termos dentro desta oposição é invertido e deslocado, inscrito dentro de um contexto mais "geral" de significado e não significado, de modo a pôr em primeiro plano a relação diferencial entre eles (fala e escrita em sentido estrito se tornam possíveis pela "escrita geral" ou o sistema diferencial de traços ou marcas). Derrida descreve a desconstrução como relacionada à dialética hegeliana, como pensamento *"pós-Hegel"*, mas com a diferença crucial de não constituir uma unidade superior ou uma progressão racionalmente estruturada (cf. DERRIDA, 1981: 77-79). Aqui, novamente, há uma proximidade surpreendente entre a dialética negativa de Adorno, a hiperdialética de Merleau-Ponty e a filosofia dialética da diferença de Deleuze. Em lugar do movimento hegeliano de negação dialética, no entanto, Derrida aponta para o movimento não totalizável da *différance*: o processo diferencial de diferir/deferir entre marcas ou traços que torna a significação possível, assim como "impossível" – inevitavelmente propensa a deslizes de significado, ruptura de sentido, recontextualização infinita, e assim por diante.

Domínio e soberania: da economia restrita à economia geral

Voltemo-nos agora para a leitura de Derrida da leitura que Bataille fez de Hegel, e o contraste entre uma "economia restrita" e uma "economia geral" do significado. Aqui a palavra "economia" tem múltiplos sentidos: o de uma circulação de significado ou valores, um sistema do que é "próprio" ou propriedade de alguém, o movimento do desejo em termos psicanalíticos, mas também a produção, o intercâmbio e a circulação de riqueza. O sentido mais estreito de economia como envolvendo a troca de bens visando lucro (economia restrita) é contrastado com o gasto perdulário de bens ou valores sem retorno (economia geral). O subtítulo de Derrida é, portanto, ambíguo: "Um hegelianismo sem reservas" significa tanto que Bataille oferece um hegelianismo sem reservas quanto que ele vai além dos limites do hegelianismo enquanto tal. O objetivo é mostrar a relação ambivalente entre a dialética hegeliana e o "anti-hegelianismo de Bataille". Como já mencionado, Derrida está muito consciente de que o discurso hegeliano é mais poderoso quando confrontado pelo discurso anti-hegeliano: a razão hegeliana, que abrange a si mesma e seu outro, tem produzido um discurso filosófico que inclui dentro de si "todas as figuras do seu além, todas as formas e recursos do seu exterior" (WD: 252). Daí a importância desses pensadores (como Bataille), que tentam subverter a razão hegeliana através daquilo que excede sua unidade sistemática e seu encerramento.

A estratégia que Bataille propõe é empurrar o discurso hegeliano para o seu ponto de exaustão ou colapso. A questão então se torna a seguinte: "Como, após ter esgotado o discurso da filosofia, se pode inscrever no léxico e na sintaxe [...], da linguagem da filosofia, aquilo que, entretanto, excede as oposições de conceitos regidas por esta lógica comum?" (WD: 253). Este é um resumo sucinto do problema da filosofia pós-hegeliana de um modo mais geral: como pensar além da dialética de Hegel, que tenta integrar racionalmente qualquer outridade ao domínio expandido da razão. Para Bataille, a única maneira de ultrapassar Hegel é "rir da filosofia (do hegelianismo)": imitar e, assim, subverter o sistema precisamente através desses elementos que lhe permanecem inassimiláveis (o riso, o excesso erótico, o êxtase religioso, a literatura pornográfica, e assim por diante). Como Derrida adverte, no entanto, o desafio de subverter Hegel rindo das artimanhas da razão pode ser feito "apenas através de um exame minucioso e de um conhecimento pleno daquilo de que se está rindo" (WD: 253).

Seguindo Kojève, a leitura que Bataille faz de Hegel (como é evidente em seu ensaio "Hegel, morte, sacrifício") coloca em primeiro plano a famosa dialética do senhor e do escravo de Hegel. O que Bataille retira de Kojève é a centralidade do encontro com *a morte*: o senhor está disposto a arriscar a própria vida, enquanto o escravo, ao contrário, deseja a conservação da vida. Acede-se ao domínio ou o senhorio, à liberdade e o reconhecimento, arriscando-se a morrer por causa da liberdade como independência. O senhorio hegeliano transforma o arriscar a própria vida em um momento na "constituição de sentido" da autoconsciência racional; a luta por reconhecimento é, na verdade, como argumentou Kojève, um momento na história da autoconsciência se desenvolvendo no sentido da liberdade racional: "Permanecer vivo, manter-se em vida, trabalhar, adiar o prazer, limitar os riscos, ter respeito pela morte no exato momento em que se olha diretamente para ela – tal é a condição servil do senhor e de toda a história que torna possível" (WD: 255).

Bataille passa então a reescrever o senhorio hegeliano através da noção de "soberania". A diferença entre estes dois conceitos, observa Derrida, será equivalente à diferença entre *sentido* e um certo tipo de *falta de sentido*. De acordo com Bataille, pode-se dizer que a dialética hegeliana aja a serviço de uma *economia restrita* da vida, orientada para a circulação, a reprodução e o enriquecimento do sentido. A este respeito, a economia hegeliana do senhorio (conceitual) também revela um aspecto *cômico*: a *Aufhebung* hegeliana quer lucrar com a perda, enriquecer-se negando a outridade. Hegel é verdadeiramente um filósofo "especulativo" (Derrida faz um trocadilho acerca do significado econômico do termo), que tenta lucrar com a negatividade e a perda através da especulação dialética. Ao fazê-lo, no entanto, Hegel perde a *economia geral* que subtende a economia restrita do sentido e sempre só pode ser indiretamente invocada (WD: 257). A noção de Bataille de "soberania" é, portanto, uma tentativa de ultrapassar a dialética hegeliana encontrando os "pontos cegos" do sistema de Hegel – o riso, o erotismo, o *nonsense*, o êxtase, o gasto sem reservas, a negatividade absoluta – e assim subverter o seu domínio conceitual de dentro do próprio discurso hegeliano.

Derrida descreve a estratégia de Bataille em relação ao discurso hegeliano em termos que também caracterizam *desconstrução*: a soberania (da "escrita" batailleana ou derridiana) "não pode estar inscrita no discurso, exceto riscando-se predicados ou praticando-se uma superimpressão contraditória que então excede a lógica da filosofia" (WD: 259). Neste sentido, a estratégia de Bataille consiste em uma abordagem protodesconstrutiva do hegelianismo: uma tentativa de encontrar os elementos indecidíveis do sistema filosófico de Hegel, tudo o que é necessário suprimir a fim de constituir-se como razão. A noção de soberania de Bataille, portanto, não rompe com a dialética hegeliana, mas a leva antes a um ponto de colapso ou exaustão, revelando assim os elementos suprimidos da economia conceitual da razão. Esta estratégia subversiva de deslocamento desconstrutivo abre a economia restrita do sentido para a economia geral do sem-sentido; o que torna o sentido (e o sem-sentido) possível, mas que também revela "o limite do discurso e o além do conhecimento absoluto" (WD: 261).

Daí a "impossibilidade" da tarefa de Bataille: dizer na linguagem do servilismo (do sentido) aquilo que não é servil, mas *soberano* (além do sentido). A própria tentativa de fazê-lo, no entanto, reverte à economia do sentido e, portanto, à dialética hegeliana: a estratégia de escrita "soberana" de Bataille "corre o risco de *fazer sentido*, corre o risco de concordar com a razoabilidade da razão, da filosofia, de Hegel, que está sempre certo, tão logo se abra a boca a fim de articular sentido" (WD: 263) – uma crítica que Derrida também nivela com a tentativa de Lévinas de articular a alteridade pura do Outro. A única maneira de dizer o indizível, por assim dizer, é por meio de ardis, estratagemas e simulacros. A estratégia de escrita soberana de Bataille empurra, portanto, para uma experiência da "transgressão" da razão e dos limites da economia de significado. Ao fazê-lo, aliás, abre-se outra experiência da diferença, uma experiência da *diferença absoluta*: "Uma diferença que já não seria aquela que Hegel concebera mais profundamente do que qualquer outra pessoa: a diferença a serviço da presença, trabalhando para a história (do sentido)" (WD: 263). Esta diferença entre a diferença conceitual-especulativa hegeliana e a soberania ou diferença absoluta batailleana marca a diferença entre as economias restrita e geral do sentido (e do sem-sentido).

Para Derrida, este é o aspecto mais importante da tentativa de Bataille de subverter o discurso hegeliano e abri-lo para uma dimensão de diferença radical. O "escrito soberano" de Bataille é uma estratégia para evocar esta diferença absoluta, esta negatividade radical que faz com que o sistema discursivo-conceitual inteiro desmorone, abrindo-o ao silêncio soberano ou à falta de sentido. Esta escrita soberana permanece irredutivelmente paradoxal: não pode governar a si própria, ou qualquer outra coisa, a não ser que reverta ao domínio conceitual hegeliano. Deve subverter a sua própria vontade ao domínio, precisamente a fim de permanecer "soberano" no sentido peculiar de Bataille. Como a subversão definitiva do domínio hegeliano, afirma Derrida, a soberania de Bataille deve *renunciar ao reconhecimento*, e não mais procurar ser reconhecida (WD: 265). Em oposição direta a grande parte do neo-hegelianismo alemão, Derrida, seguindo Nietzsche, Deleuze e Bataille, aponta para a necessidade de *superar o desejo de reconhecimento* a fim de subverter a economia servil da consciência e do sentido, ou seja, a metafísica moderna da subjetividade ou a filosofia da representação.

Esta renúncia ao reconhecimento, sustenta Derrida, aponta para o surgimento de duas formas distintas de escrita: a escrita do domínio conceitual (dialética hegeliana), que continua a ser servil em sua necessidade de sentido; e a "escrita soberana" (Bataille e Derrida) que ultrapassa o domínio discursivo ainda que subvertendo a si mesma através de uma perda ilimitada de sentido. Essa escrita "soberana" ou desconstrutiva permanece ininteligível do ponto de vista filosófico restrito; trata-se de uma operação ambígua, que imita conceitos a fim de subvertê-los, algo sem-princípio e sem-fundamento. Seguindo Bataille, Derrida aponta para a possibilidade de uma tal "escrita geral" desconstrutiva que subverte o encerramento da metafísica e da história (tão poderosamente articulado por Hegel). A escrita soberana ou desconstrutiva leva o pensamento hegeliano a sério ultrapassando ou simulando o conhecimento absoluto. Ecoando a leitura que Heidegger faz de Hegel, ela, assim, absolve-se do conhecimento absoluto hegeliano, "colocando-o de volta em seu lugar, como tal, situando-o e inscrevendo-o dentro de um espaço que já não domina" (WD: 270). Derrida se apropria aqui da subversão do hegelianismo de Bataille assimilando a soberania à desconstrução: o espaço de uma economia geral do sentido (e do sem-sentido), que se torna uma economia geral da escrita, da *différance*.

Desfazendo a dialética: a diferença absoluta

Tendo chegado tão longe com Bataille, no entanto, Derrida então reverte a uma perspectiva mais hegeliana a respeito da diferença – se essa for a palavra certa – entre as economias restrita e geral. No momento da transgressão, Bataille assimila a escrita soberana ao caráter especulativo da *Aufhebung* hegeliana: o movimento de determinada negação que tanto anula quanto conserva, elevando o elemento subordinado a uma unidade mais complexa. Derrida, caracteristicamente, aponta para uma nota de rodapé na qual Bataille sugere que a escrita soberana permanece semelhante ao conceito especulativo da *Aufhebung* de Hegel (WD: 275). No entanto, o último, de acordo com Derrida, permanece dentro da economia restrita de sentido, ou seja, dentro do discurso filosófico-conceitual e do encerramento hegeliano do conhecimento absoluto. O movimento desconstrutivo de Derrida, portanto, vem à tona neste ponto: Bataille trai a radicalidade da sua busca por uma escrita soberana, alegando já estar abrangida pela *Aufhebung* hegeliana – confirmando assim a dialética hegeliana em seu movimento especulativo e em seu poder de suprassumir até mesmo a mais radical oposição.

Apesar disso, Derrida insiste que a soberania batailleana de fato descobre uma diferença radical ou absoluta, um sacrifício de sentido sem retorno especulativo que permanece o ponto cego da dialética hegeliana. Como Derrida observa: "Nesta medida, a filosofia, a especulação hegeliana, o conhecimento absoluto e tudo o que governam, e governarão interminavelmente em seu encerramento, permanecem determinações da consciência natural, servil e vulgar. A autoconsciência é servil" (WD: 276). A escrita desconstrutiva ou "soberana", por outro lado, marca o espaço – ou melhor, a diferença – entre a economia restrita da dialética hegeliana e a economia geral de uma diferença inominável. A dificuldade é que não há uma maneira direta de articular uma tal diferença sem recorrer à economia restrita do sentido, ou seja, ao sistema do discurso filosófico exemplificado pelo hegelianismo. Não há nenhuma maneira de se envolver em tal gesto de escrita desconstrutiva, ou operação de soberania, sem recorrer à economia do sentido articulada na filosofia. Isso significa que Bataille, paradoxalmente, permanece completamente hegeliano, embora, ao mesmo tempo, mostrando como o hegelianismo pode ser subvertido ou deslocado. Quaisquer tentativas "desconstrutivas" de articular esta diferença inominável devem reconhecer em que medida podemos fazê-lo apenas a partir de dentro dos limites do discurso filosófico – neste caso, os limites do hegelianismo.

Além do hegelianismo?

Não tenho conseguido fazer justiça ao extraordinariamente rico envolvimento de Derrida com textos hegelianos em seu ensaio sobre a leitura que Bataille faz de Hegel. O que eu gostaria de salientar, em conclusão, é que seu envolvimento desconstrutivo com Hegel permanece completamente em dívida com a interpretação de Kojève, principalmente porque esta também forneceu a base da abordagem pouco ortodoxa de Bataille. Como alguns críticos têm argumentado, a desconstrução do hegelianismo feita por Derrida poderia muito bem ser pertinente ao Hegel de Bataille, mas pode ser menos plausível em relação ao pensamento especulativo de Hegel, que é ao mesmo tempo mais dialético *e* desconstrutivo do que Derrida reconhecerá (cf. FLAY & BUTLER, apud DESMOND, 1989). Além disso, apesar das qualificações nas quais Derrida insiste, pode-se argumentar que Derrida também permanece preso nos paradoxos performativos implícitos em sua leitura desconstrutiva, ou escrita soberana, do hegelianismo de Bataille. Dada a afirmação de Derrida da tentativa de Bataille pensar uma negatividade ou diferença absoluta – tão radical que já não poderia ser *aufgehoben* pelo discurso racional especulativo –, poderíamos perguntar como a apropriação desconstrutivista que Derrida faz de uma tal perspectiva lida com o *niilismo* radical que o projeto de Bataille implica (a negação do sentido sem reservas). O discurso hegeliano atravessaria essa negatividade radical a fim de se integrar a uma conceitualidade filosófica mais abrangente que alcance o seu outro. Derrida, no entanto, resiste a tal perspectiva hegeliana em favor de um sacrifício ilimitado do sentido e dos signos sem retorno. Um tal movimento, sem dúvida, requer que se reconheça um momento positivo de concreta intersubjetividade (ou de contextualidade, que Derrida irá tematizar em outra parte) a fim de se evitar um ceticismo radical ou um niilismo ativo na "economia restrita" da política.

Na posterior guinada "ética" e política de Derrida há algo de um reconhecimento desta dificuldade: Derrida se afasta da sua crítica hegeliana de Lévinas anterior e reconhece a dependência da desconstrução da ética levinasiana do Outro (DERRIDA, 1999). Na verdade, a desconstrução derridiana abriga uma ética da responsabilidade absoluta fundamentada na nossa relação com o Outro mortal finito em sua singularidade radical. Isto é, em parte, já evidente no ensaio "Violência e metafísica", que reconhece o profundo questionamento da tradição filosófica colocado pela ética do Outro de Lévinas, apesar da sua afiada crítica de como Lévinas permanece enredado na metafísica (cf. CRITCHLEY, 1999). Este reconhecimento da ética levinasiana do Outro sugere que a soberania batailleana, interpretada como uma imagem da desconstrução, deve ser mediada por um reconhecimento intersubjetivista do Outro (que Derrida diz dever ser "abandonado" na soberania radical).

Derrida irá prosseguir uma estratégia desconstrutiva semelhante no seu texto extraordinariamente desafiador, *Glas* (1986/1974), que justapõe a ficção erótica transgressora do poeta homossexual fora da lei Jean Genet com o discurso filosófico-político de Hegel sobre a família, a sociedade civil e o papel adequado do Estado (cf. CRITCHLEY, apud BARNETT, 1998). Em *Glas*, que explora o que "sobra" após o conhecimento absoluto – na verdade depois da "sentença de morte" do hegelianismo como tal – Derrida encena um conflito performativo entre o sistema hegeliano (a economia sexual e política da família, da sociedade civil e do Estado) e aquilo que o ultrapassa ou o esgota como o seu outro radical (as narrativas poético-transgressoras de Genet sobre a homossexualidade, a criminalidade e o amor). As páginas do texto de *Glas* são, portanto, divididas em duas colunas, a da esquerda sendo dedicada a Hegel e a da direita a Genet, de tal modo que a página não pode ser lida de uma maneira linear ortodoxa; a unidade do texto (na verdade da filosofia) é assim desestabilizada de uma maneira que, paradoxalmente, ultrapassa o sistema hegeliano, encenando um encontro entre ele e seu outro radical. Derrida utiliza uma deslumbrante variedade de referências literárias, filosóficas, poéticas e históricas para tecer um texto completamente heterogêneo – cheio de interpolações, comentários marginais, textos dentro de textos, frases e sintaxe interrompidas – que executa uma desconstrução do hegelianismo, tanto na letra como no "espírito" do texto. Esta justaposição desconstrutiva submete o sistema conceitual de Hegel ao tipo de desestabilização performativa que Bataille também tentou alcançar com as suas obras literárias e especulações filosóficas. No entanto, como Derrida admite, não podemos escapar ao poder do discurso hegeliano simplesmente nos envolvendo em uma negação radical da razão, uma vez que a desconstrução permanece parasiticamente dependente desta economia restrita no próprio ato de deslocamento subversivo. O diálogo com Hegel, como observa Derrida, permanecerá, portanto, "interminável", uma vez que articula o diálogo da razão com o seu outro que define a filosofia como tal.

Concluo com a observação de que a relação ambígua de Derrida com a dialética hegeliana, como convém a uma filosofia da diferença, permanece em aberto, recusando o encerramento conceitual. A desconstrução pode ser pensada como um mimetismo da dialética hegeliana, a repetindo, mas também a deslocando por uma desconstrução dos seus limites, abrindo-a para uma diferença radical que permanece resistente à integração dialética. Neste sentido, Derrida se junta a Deleuze, assim como a Adorno e a Merleau-Ponty, ao responder crítica e criativamente ao desafio da dialética hegeliana: transformá-la de uma metafísica da identidade, de um sistema fechado de pensamento, em um pensamento da diferença, uma abertura do pensamento para o seu outro. Como Catherine Malabou escreve em seu maravilhoso livro *The Future of Hegel* (O futuro de Hegel) (2005), o hegelianismo continua a ser um pensamento do futuro, um pensamento do tempo e da transformação – da *plasticidade* – um pensamento ainda por vir. Trata-se de um pensamento originário, no sentido de Heidegger, sempre chegando do futuro para nos encontrar.

Resumo dos pontos-chave

Deleuze: da antidialética à dialética da diferença

• A objeção central de Deleuze à dialética hegeliana é que ela integra a diferença e a pluralidade, sendo, portanto, incapaz de pensar a individuação e o devir.

• A inversão nietzscheana de Deleuze do hegelianismo propõe uma ontologia pluralista dos corpos como expressões de relações diferenciais de força: em qualquer corpo, as forças dominantes são definidas como *ativas*, as forças dominadas como *reativas*.

- A dialética hegeliana, para Deleuze, continua a ser uma forma *restrita* de crítica que nega dialeticamente o seu outro, e, assim, expressa "forças reativas" de conservação e preservação.

- Contra a dialética hegeliana, que supera a alienação através da compreensão da nossa experiência, a genealogia nietzscheana supera o niilismo inventando novos conceitos e possibilidades de existência.

Deleuze: da contradição à diferença não conceitual

- A dialética hegeliana subsume a diferença no pensamento representacional, empurrando-o para o nível da contradição, integrando contradições a formas abrangentes de síntese, isto é, ao infinitamente grande.

- A dialética hegeliana subordina, portanto, diferença a identidade, atrelando-as à "raiz quádrupla" da representação: *semelhança* na percepção, *analogia* no julgamento, *oposição* de predicados, *identidade* do conceito (DR:. 262ss.).

- Ao invés da diferença conceitual como uma diferença inscrita no conceito (como acontece com Hegel), Deleuze defende uma concepção de "diferença em si mesma", uma *diferença não conceitual*.

- A dialética, de Platão a Hegel, é marcada por duas dificuldades: (1) a interpretação da diferença como negatividade e sua "maximização" como oposição e contradição; e (2) a tentativa de reduzir a forma da questão filosófica à forma proposicional ("S é P"), que bloqueia o pensamento da diferença.

- Enquanto para Hegel a filosofia pode apenas retrospectivamente compreender a nossa experiência histórica, para Deleuze a filosofia é provocada pelo encontro com a diferença e pela resposta criativa a problemas e ideias gerados por este encontro.

- A dialética deleuzeana permanece dirigida para a expressão da multiplicidade de forças sobrepostas que compõem uma tendência à individuação ou ao devir; mas também afirma a criação de novas possibilidades de pensamento e experiência.

A leitura "hegeliana" que Derrida faz de Lévinas

- De acordo com Derrida, Hegel articula uma versão abrangente da "metafísica da presença"; mas Hegel também fornece um arcabouço conceitual que pode ser utilizado para desconstruir a tradição metafísica.

- O encontro imediato de Lévinas com o Outro, argumenta Derrida, é conceitualmente mediado; os conceitos de o Outro e o Mesmo são mutuamente dependentes, de modo que a tentativa de separar e priorizar um em detrimento do outro é inerentemente questionável.

- Derrida desafia o sonho "empirista" compartilhado por Lévinas e Deleuze (Lévinas desejando a alteridade pura do Outro; Deleuze lutando por um pensamento da diferença sem negatividade): ambos articulam "o *sonho* de um pensamento puramente heterológico na fonte", que desaparece com a reflexão sobre a linguagem.

Derrida sobre Bataille sobre Hegel

- A manobra de Bataille contra a razão hegeliana consiste em subvertê-la através do que ultrapassa sua unidade sistemática e seu encerramento (loucura, erotismo, riso, excesso).

- O movimento dialético de Hegel de *Aufhebung* está a serviço de uma *economia restrita* da vida que se restringe à circulação e reprodução de sentido.

- Hegel, desse modo, perde a *economia geral* que subtende a economia restrita do sentido. Bataille, portanto, propõe a noção de "soberania" como expressando o "ponto cego" do sistema de Hegel – o riso, o erotismo, o *nonsense*, a negatividade absoluta – e, portanto, as tentativas de subverter o seu domínio de dentro para fora.

• A escrita desconstrutivista ou "soberana" marca a diferença entre a economia restrita da dialética hegeliana e a economia geral de uma diferença inominável, que Derrida irá associar ao neologismo *différance*.

• Não há nenhuma maneira direta de se articular essa diferença sem recorrer à economia restrita do sentido, ou seja, ao sistema do discurso filosófico exemplificado pelo hegelianismo.

• A desconstrução pode ser pensada como subvertendo a dialética hegeliana por uma desconstrução dos seus limites, abrindo-a para uma diferença radical que resiste a uma integração dialética.

Conclusão
O futuro do hegelianismo

Seria tentador concluir este livro sugerindo a possibilidade de uma *Aufhebung* parcial entre a perspectiva da teoria crítica alemã e a dos pós-estruturalistas franceses sobre o pensamento hegeliano. A tese central do livro sobre as aventuras do hegelianismo foi a de que a filosofia europeia contemporânea, em particular muito da filosofia francesa e alemã do século XX, foi decisivamente moldada pela crítica e apropriação de temas e conceitos hegelianos-chave. A filosofia continental pode até ser jocosamente chamada de uma série de notas de rodapé a Hegel. Como tentei demonstrar, a ênfase dos teóricos críticos em Hegel como filósofo da Modernidade e teórico da intersubjetividade e do reconhecimento pode ser produtivamente contrastada com críticas existencialistas e pós-estruturalistas francesas do hegelianismo em nome da existência singular, da pura diferença e da alteridade radical. A relação conflituosa entre a teoria crítica e o pós-estruturalismo, aliás, pode ser rastreada, pelo menos em parte, às suas diferentes ênfases na apropriação de temas hegelianos-chave (singularidade, diferença e um repensar da dialética, no caso do hegelianismo francês; Modernidade, intersubjetividade e reconhecimento, no caso do hegelianismo alemão). Ao mesmo tempo, encontramos uma certa convergência ou ressonância entre Adorno, Merleau-Ponty, Deleuze e Derrida sobre a questão de repensar a dialética hegeliana como uma dialética aberta, pluralista da diferença, da singularidade, da multiplicidade, e assim por diante.

Certos temas hegelianos desempenharam um papel essencial no desenvolvimento de ambas as vertentes francesa e alemã da filosofia europeia, sobretudo a imagem da consciência infeliz, da dialética do senhor e do escravo e da luta por reconhecimento. Além disso, o conceito hegeliano de *dialética*, como vimos, tem se mostrado extraordinariamente produtivo, do marxismo e da fenomenologia à teoria crítica e à desconstrução. O poderoso desafio do pensamento dialético de Hegel, que tenta integrar a razão e o seu outro em uma totalidade mais abrangente, continua a gerar respostas produtivas que se esforçam por pensar a diferença, a singularidade, a individuação e o devir nos seus próprios termos. Isto é verdadeiro no caso das várias reações fenomenológicas e existenciais contra o hegelianismo (como acontece com Heidegger e Sartre); das tentativas recentes de propor um pensamento pós-hegeliano da intersubjetividade adequado à Modernidade (com Habermas e Honneth); ou nas estratégias de desconstrução ou transformação da dialética hegeliana de dentro da sua economia metafísica (com Adorno, Deleuze e Derrida). A enorme riqueza do pensamento hegeliano e anti-hegeliano contemporâneos sugere que as alegações de Hegel de ter desenvolvido um sistema filosófico abrangente – que abrangeria o seu negativo ou outro – não são tão escandalosas quanto podem parecer à primeira vista.

Por outro lado, seria arriscado sugerir que algo como uma "síntese" hegeliana das vertentes francesa e alemã do hegelianismo esteja agora à mão, pela simples razão de que o hegelianismo continua a ser uma tradição de pensamento viva, que ainda não chegou ao fim. Deve ficar claro, aliás, que não apresentei uma abordagem "abrangente" das várias vertentes do hegelianismo, mas tive que estilizar minha apresentação, colocando em primeiro plano certos filósofos e textos, embora ignorando outros, a fim de apresentar um relato razoavelmente breve desta rica tradição filosófica. Deste modo, não discuti, por exemplo, o psicanalista francês Jacques Lacan, cuja obra teve um profundo impacto sobre o pós-estruturalismo e o feminismo francês (na obra de Kristeva e de Irigaray, p. ex.). A famosa releitura de Freud feita por Lacan baseou-se explicitamente na leitura de Kojève da dialética do senhor e do escravo, de Hegel, e na dialética do desejo e da lei, que na representação de Lacan descentra o sujeito no que diz respeito à ordem simbólica da linguagem. Lacan foi um dos alunos mais famosos de Kojève, e a influência da leitura que Kojève fez de temas hegelianos é inconfundível na teoria psicanalítica lacaniana do sujeito desejante (cf. seus famosos ensaios, "O estágio do espelho" e "Subversão do sujeito e dialética do desejo no inconsciente freudiano", em LACAN, 1977).

Além disso, Judith Butler e Slavoj Žižek retrabalharam temas psicanalíticos e hegelianos-chave que trouxeram Hegel de volta para os debates contemporâneos sobre a subjetividade, o desejo e a política. O primeiro trabalho de Butler, *Sujeitos do desejo* (1988), foi um estudo do conceito hegeliano de desejo e uma abordagem da subjetividade que foi retomada pelo existencialismo francês, pela psicanálise lacaniana e pelo feminismo francês, mas também criticada por Deleuze, Foucault e Derrida. Butler também analisou a relação entre senhor e escravo a partir da perspectiva de uma teoria psicanaliticamente informada da encarnação (do gênero), argumentando que o escravo é um corpo trabalhador cujo corpo é subjugado pelo senhor ocioso, desencarnado; a consciência infeliz, por sua vez, é alienada da sua encarnação como ente finito, desejante, mas também ser racional (cf. BUTLER, 1997: 31-62). Finalmente, Butler voltou recentemente à famosa interpretação hegeliana de Antígona (uma figura de interesse duradouro para as feministas). Antígona é uma figura da outridade radical, argumenta Butler, cuja transgressão não é, como Hegel reivindicou, uma articulação da contradição entre as esferas feminino-familiar e masculino-política. Em vez disso, ela é uma figura liminar da outridade radical cujo destino é também uma interrogação do parentesco e das relações sexuais que desafiam a abordagem de Hegel das relações de gênero, da família, da sociedade civil e do Estado (BUTLER, 2000).

Slavoj Žižek também recentemente se tornou notável pela sua leitura neo-hegeliana/idealista alemã da teoria psicanalítica lacaniana como fornecendo a base para uma teoria da ideologia adequada às complexidades do capitalismo global. Žižek empregou explicitamente a dialética hegeliana em seu trabalho sobre subjetividade e política, ainda que em uma interpretação psicanalítica heterodoxa, que é também de inspiração neomarxista. Por toda a sua obra ele sempre coloca em primeiro plano a conexão entre o pensamento hegeliano e a psicanálise e desenvolve uma teoria psicanaliticamente informada da subjetividade, da ideologia e da crítica político-cultural (cf. ŽIŽEK, 1993; 1999). A este respeito podemos dizer que a integração de ideias hegelianas, tanto do pós-estruturalismo quanto da teoria crítica nas obras de Butler e Žižek, aponta para uma "suprassunção" parcial de aspectos da divisão filosófica francês/alemão. Isto fica ainda mais evidente nos recentes debates *entre* Butler e Žižek sobre subjetividade, política e universalidade na Modernidade (cf. BUTLER et al., 1999) (Žižek permanece em uma orientação mais hegeliano-marxista enquanto Butler é mais nietzscheano-pós--estruturalista). Tais debates novamente apontam para a tensão produtiva entre as versões francesa e alemã do hegelianismo, e sugerem possibilidades futuras para a teorização de inspiração hegeliana da subjetividade, da política e da Modernidade.

A partir de uma tradição filosófica diferente, outro desenvolvimento interessante que não consegui discutir é o retorno de Hegel à filosofia anglófona. Isto é evidente na apropriação de temas hegelianos por filósofos contemporâneos "pós-analíticos" tais como Robert Brandom e John McDowell (cf. ROCKMORE, 2005: 100-138, 139-156). A revisitação da relação Kant-Hegel, por exemplo, tem sido uma característica marcante dos últimos debates em epistemologia sobre realismo e antirrealismo, naturalismo e idealismo, holismo epistemológico e a relação conceito-intuição (cf. BRANDOM, 1994; 2000; McDOWELL, 1996; 1998). Para a filosofia social e política também tem havido um retorno notável ao debate Kant-Hegel nos recentes argumentos entre os defensores do liberalismo de Rawls e defensores do comunitarismo inspirado na abordagem neo-hegeliana de Charles Taylor (cf. TAYLOR, 1975; 1983). Finalmente, o recente interesse por leituras "não metafísicas" de Hegel (p. ex., PIPPIN, 1989; PINKARD, 1988; 1994) é outro desenvolvimento que trouxe o hegelianismo de volta à discussão filosófica, principalmente ao ler Hegel através de lentes kantianas e pragmatistas, colocando em primeiro plano as credenciais críticas de Hegel como um pensador pós-metafísico, e desenvolvendo o seu relato da sociabilidade de práticas doadoras de razão. Estas leituras contemporâneas "não metafísicas" de Hegel sugerem a possibilidade de uma *aproximação* das tradições continental e analítica, que se separaram, dentre outros motivos relevantes, devido a visões opostas sobre a questão do hegelianismo.

Tentei neste livro mostrar como o hegelianismo francês ressaltou os temas da consciência infeliz, da relação com o Outro, e a questão da dialética e da diferença, negligenciando os temas hegelianos mais "alemães" da Modernidade, da intersubjetividade e do reconhecimento. O hegelianismo alemão, por outro lado, destacou o problema da Modernidade, a crítica da reificação, e desenvolveu teorias da intersubjetividade e do reconhecimento baseando-se fortemente em fontes hegelianas. Ao mesmo tempo, negligenciou os aspectos mais "nietzscheanos" do hegelianismo: os temas trágico-existencialistas da alienação, da diferença, da singularidade e da outridade radical, aos quais eram conferidos um acento anti-hegeliano nas críticas pós-estruturalistas que ainda se mantiveram em dívida com a dialética hegeliana de maneiras complexas. Na minha opinião, a integração desses aspectos "hegelianos" conflitantes do pós-estruturalismo e da teoria crítica, juntamente com *insights* do neo-hegelianismo analítico, em uma teoria hegeliana crítica do conhecimento, da subjetividade e da sociabilidade continua a ser uma tarefa importante para o futuro.

O legado do hegelianismo continua a moldar o presente filosófico e a abrir possibilidades futuras de pensamento. O meu argumento foi que a história do hegelianismo francês e alemão pode ser entendida como uma série de produtivas interpretações equivocadas e de apropriações originais que continuam a dar vida ao hegelianismo como um movimento filosófico pluralístico. O hegelianismo francês se apropriou da consciência infeliz, da dialética do senhor e do escravo, e tentou repensar a dialética hegeliana em relação à filosofia da diferença; o hegelianismo alemão enfatizou a teoria de Hegel da Modernidade, sua defesa da racionalidade, e combinou ambas através da Teoria do Reconhecimento e da Intersubjetividade Social. Sugiro que uma compreensão mais clara da natureza plural e conflituosa do hegelianismo pode melhorar um diálogo produtivo entre estas perspectivas muitas vezes conflitantes no pensamento europeu contemporâneo. Hegel observou notoriamente que a filosofia sempre vem depois que uma forma de vida começou a envelhecer; a coruja de Minerva só alça voo ao anoitecer. O hegelianismo é definido antes pela sua capacidade de responder a formas de vida em transição; ele aposta que a coruja de Minerva retornará ao amanhecer.

Questões para discussão e revisão

1 Introdução ao idealismo hegeliano

1) O que Hegel denota por "fenomenologia"?

2) Será que a noção de "espírito" de Hegel é outro termo para "consciência"? Se não o for, como e por que difere?

3) Descreva os movimentos básicos no relato de Hegel da relação entre senhor e escravo.

4) O que Hegel denota por "consciência infeliz"? Por que é "infeliz"?

5) Em que consiste, segundo o relato de Hegel, a relação entre as categorias básicas do "ser" e do "nada"?

6) Será que a história é um processo racional, na visão de Hegel? Se o for, de que maneira é "racional"?

7) O que Hegel entende por "sociedade civil"? Como se relaciona com o Estado político?

8) Qual foi a relação entre os pontos de vista dos idealistas britânicos e o surgimento da filosofia analítica?

2 Aventuras no hegelianismo

1) Qual era a diferença básica entre os hegelianos de "esquerda" e os de "direita"? Por que eles surgem como duas escolas hegelianas opostas?

2) O que os "hegelianos de direita" consideravam ser o relacionamento adequado entre religião e filosofia? Como isto se compara com a visão da "esquerda hegeliana"?

3) Descreva a crítica básica de Feuerbach à religião. Você concorda com a sua crítica?

4) Descreva os dois aspectos da crítica existencialista de Kierkegaard a Hegel.

5) O que Kierkegaard defende como alternativa ao pensamento hegeliano?

6) Qual era a visão de Marx sobre a importância do "método dialético" de Hegel?

7) Discuta o que Marx queria dizer com o "proletariado". Qual foi a sua significância política?

8) Descreva os quatro aspectos da "alienação", de acordo com Marx. Trata-se ainda hoje de uma análise relevante?

3 Reificação e metafísica: Lukács e Heidegger

1) Qual foi a crítica básica de Lukács ao conceito de alienação de Hegel?

2) Descreva o que Lukács denotava pelo conceito de "reificação". Qual é a sua importância para a Modernidade?

3) Qual é a relação, de acordo com Lukács, entre a forma da mercadoria e o pensamento filosófico moderno? Será que a sua perspectiva é plausível?

4) Por que Heidegger pensa que uma investigação sobre o sentido do "Ser" é importante?

5) Por que Heidegger fala de *Dasein* em vez de "ser humano" ou "sujeito"?

6) O que está errado com a concepção de tempo de Hegel, de acordo com Heidegger?

7) Heidegger apresenta uma leitura "cartesiana" de Hegel. O que isto significa? Trata-se de uma interpretação plausível da concepção de autoconsciência de Hegel?

8) Qual é a conexão, de acordo com Heidegger, entre a metafísica moderna e tecnologia?

4 Esclarecimento, dominação e não identidade: a dialética negativa de Adorno

1) O que Adorno e Horkheimer denotam por "dialética do esclarecimento"? De que modo esta é ainda uma explicação hegeliana?

2) Qual é a relação entre mito e esclarecimento na opinião deles?

3) O que, de acordo com Adorno e Horkheimer, está errado com o nosso relacionamento com a natureza no mundo moderno? Você concorda com as suas alegações?

4) O que Adorno e Horkheimer denotam por "indústria cultural"? Quais efeitos a indústria cultural tem sobre os sujeitos modernos?

5) Descreva uma objeção à análise da Modernidade apresentada na *Dialética do esclarecimento*.

6) O que Adorno quer dizer com "não idêntico"? Qual é sua importância para o pensamento e a cultura moderna?

7) O que Adorno quer dizer com "dialética negativa"? Como difere da dialética hegeliana?

8) Discuta uma objeção ao projeto da "dialética negativa" de Adorno.

5 Modernidade, intersubjetividade e reconhecimento: Habermas e Honneth

1) Por que a "Modernidade" se torna um problema filosófico? Qual é a significância de Hegel neste contexto?

2) Discuta as principais características da noção hegeliana de "subjetividade" na Modernidade. Qual é a significância da subjetividade para a compreensão da Modernidade?

3) Por que a passagem de um modelo de "consciência" para o de "intersubjetividade" é importante, segundo Habermas?

4) Quais são os três meios de ação e comunicação intersubjetiva, de acordo com a leitura que Habermas faz de Hegel? Por que são importantes?

5) Qual é a significância, de acordo com Honneth, do relato de Hegel da "luta por reconhecimento"?

6) Quais são as três esferas básicas de reconhecimento, de acordo com Honneth? Por que são importantes para o desenvolvimento da subjetividade autônoma?

7) Quais são os tipos de autorrelação prática associados com as três esferas de reconhecimento? Por que são importantes para a agência social?

8) Qual é a relação entre o "desconhecimento" e o surgimento de movimentos sociais? Por que isso é importante para a filosofia social e política?

6 O hegelianismo francês e seus descontentes: Wahl, Hyppolite, Kojève

1) Jean Wahl enfatizou o papel da "consciência infeliz" no pensamento de Hegel. Descreva as características básicas da sua leitura "existencialista" de Hegel.

2) Que explicação do tempo humano Alexandre Koyré apresenta na sua abordagem de Hegel? Qual é a sua importância para a compreensão da história?

3) Jean Hyppolite enfatizou a centralidade da "consciência infeliz" em sua leitura de Hegel. Como a interpretação de Hyppolite tentou combinar temas existencialistas e marxistas?

4) Discuta a abordagem "heideggeriana" posterior de Hyppolite da linguagem e do ser. Será que esta conflita com a sua abordagem anterior do hegelianismo?

5) O que é distintivo acerca do desejo humano, de acordo com Kojève? Você concorda com o seu ponto de vista?

6) Como a versão de Kojève da dialética do senhor e do escravo difere da de Hegel? Qual é o resultado final da luta por reconhecimento entre senhores e escravos?

7) Discuta uma objeção à abordagem de Kojève da dialética do senhor e do escravo.

8) O que Kojève quer dizer com a ideia hegeliana de "fim da história"? Será que o seu diagnóstico ainda é relevante hoje em dia?

7 Entre marxismo e existencialismo: Sartre, Simone de Beauvoir, Merleau-Ponty

1) Sartre critica Hegel pelo seu otimismo "epistemológico" e "ontológico". Descreva duas críticas fundamentais de Sartre a Hegel. Será que estas objeções são convincentes?

2) Por que Sartre sustenta que devemos voltar ao *cogito* cartesiano?

3) Por que os relacionamentos humanos são inevitavelmente conflituosos, de acordo com Sartre? Você concorda?

4) Por que o problema da opressão se torna importante na análise que Simone de Beauvoir faz da liberdade? Como sua abordagem da opressão difere daquela de Sartre? A qual dos dois pertence o ponto de vista mais convincente?

5) O que Simone de Beauvoir quer dizer quando fala da mulher como "o Outro"? Como as mulheres podem lidar com o seu *status* de ser "o Outro"?

6) Por que Simone de Beauvoir descreve as relações de gênero sob o patriarcado como semelhantes à dialética hegeliana do senhor e do escravo? Será que a sua analogia é persuasiva?

7) O que Merleau-Ponty alega acerca da relação entre Hegel e o existencialismo?

8) Qual é a objeção "hegeliana" de Merleau-Ponty à afirmação de Sartre de que o reconhecimento mútuo é impossível? Será que o seu argumento é convincente?

9) O que Merleau-Ponty quer dizer com "hiperdialética"? Por que é significativa para a relação entre dialética e diferença?

8 Desconstruindo o hegelianismo: Deleuze, Derrida e a questão da diferença

1) Deleuze argumenta que Hegel e Nietzsche são incompatíveis. Por quê? Qual é a visão de Deleuze acerca da importância da dialética hegeliana?

2) Como as forças "reativas" triunfam sobre as forças "ativas"? Existem dificuldades no relato de Deleuze da relação entre forças ativas e reativas?

3) O que Deleuze quer dizer com diferença não conceitual ou "diferença em si"?

4) Qual é a crítica básica de Deleuze à dialética hegeliana? Qual modelo alternativo da dialética Deleuze propõe?

5) Quais são as características básicas da crítica desconstrutiva de Derrida da abordagem de Lévinas da relação metafísica com o Outro?

6) De que modo, segundo Derrida, Lévinas é "mais hegeliano do que pensa"?

7) Qual é a diferença entre a economia "restrita" e a economia "geral" de Bataille? Por que é importante para confrontar a dialética hegeliana?

8) Qual é o ponto de Derrida ao sugerir que a leitura de Hegel de Bataille acaba como um "hegelianismo sem reservas"? Que implicações Derrida extrai disso para o projeto de desconstruir a metafísica?

Leituras complementares

Este livro estudou uma série de pensadores ligados aos movimentos complexos do hegelianismo. Embora não exista uma obra que forneça uma visão geral abrangente, há alguns muito bons textos introdutórios que podem ser úteis para complementar a minha abordagem um tanto quanto seletiva. Um bom lugar para se começar é *Before and After Hegel: An Historical Introduction to Hegel's Thought* (Antes e depois de Hegel: uma introdução histórica ao pensamento de Hegel), de Tom Rockmore (Berkeley, CA: University of California Press, 1993). Rockmore introduz o pensamento de Hegel em seu contexto histórico e fornece uma proveitosa visão geral das principais respostas filosóficas a Hegel. *From Hegel to Nietzsche: The Revolution in Nineteenth-Century Thought* (De Hegel a Nietzsche: a revolução no pensamento do século XIX), de Karl Löwith (Nova York: Columbia University Press, 1991) é um clássico da história da filosofia e valerá a pena um estudo cuidadoso.

O melhor estudo em inglês sobre o hegelianismo do século XIX é *Hegelianism: The Path Toward Dialectical Humanism, 1805-1841* (Hegelianismo: o caminho para o humanismo dialético, 1805-1841), de J.E. Toews (Cambridge: Cambridge University Press, 1980). Para uma abordagem mais sucinta, cf. o artigo de Toews, "Transformations of Hegelianism, 1805-1846" (Transformações do hegelianismo, 1805-1846), em *The Cam-*

bridge Companion to Hegel, ed. de Frederick Beiser (Cambridge: Cambridge University Press, 1993). O artigo "Hegelianism", de Robert Stern e Nicholas Walker, na *Routledge Encyclopedia of Philosophy* (Londres: Routledge, 1988, vol. 4, p. 280-302) fornece um bom panorama das escolas hegelianas do século XIX, bem como de suas ramificações mais interessantes.

Para uma discussão fascinante do idealismo britânico e sua relação com a filosofia analítica, cf. *Hegel, Idealism, and Analitic Philosophy* (Hegel, idealismo e filosofia analítica), de Tom Rockmore (New Haven, CT: Yale University Press, 2005). Rockmore também discute o neo-hegelianismo analítico (particularmente Brandom e McDowell). Há um volume recentemente publicado, *Hegel and Contemporary Continental Philosophy* (Hegel e a filosofia continental contemporânea), ed. D.K. Keenan (Albânia/Nova York: Suny Press, 2004), que reúne uma grande seleção de textos que não fui capaz de discutir neste livro.

Hegel

A explosão do interesse em Hegel ao longo das últimas três décadas resultou em uma infinidade de estudos acadêmicos. Entre textos recentes posso recomendar *An Introduction to Hegel: Freedom, Truth, History* (Introdução a Hegel: liberdade, verdade, história), de Stephen Houlgate (Oxford: Blackwell, 2005). A edição de Houlgate de *The Hegel Reader* (Oxford: Blackwell, 1998) é leitura essencial para qualquer estudante sério. Os artigos em *The Cambridge Companion to Hegel* (ed. F. Beiser) são recomendados pelas discussões autorizadas de aspectos-chave do pensamento de Hegel. Muito influente, mas igualmente controvertida é a obra *Hegel*, de Charles Taylor (Cambridge: Cambridge University Press, 1975), e seu estudo mais curto, *Hegel and Modern Society* (Hegel e sociedade Moderna) (Cambridge: Cambridge University Press, 1983). O estudo de Stanley Rosen,

G.W.F. Hegel: An Introduction to the Science of Wisdom) (G.W.F. Hegel: uma introdução à ciência da sabedoria) (New Haven, CT: Yale University Press, 1974) é a seleção das interpretações "metafísicas" de Hegel, explicitando o desafio de Hegel à metafísica platônica de uma maneira elegante e convincente.

As mais influentes interpretações "não metafísicas" incluem a de Terry Pinkard, *Hegel's Dialectics: The Explanation of Possibility* (A dialética de Hegel: a explicação da possibilidade) (Filadélfia, PA: Temple University Press, 1988) e a de Robert Pippin *Hegel's Idealism: The Satisfactions of Self-Consciousness* (O idealismo de Hegel: as satisfações da autoconsciência) (Cambridge: Cambridge University Press, 1989). Robert B. Williams fez um bom trabalho ao enfatizar o conceito de reconhecimento nos últimos estudos sobre Hegel; cf. o seu *Recognition: Hegel and Fichte on the Other* (Reconhecimento: Hegel e Fichte sobre o Outro) (Albânia, NY: Suny Press, 1992), e a sua *Hegel's Ethics of Recognition* (A ética do reconhecimento de Hegel) (Berkeley, CA: University of California Press, 1997). *Hegel's Hermeneutics* (A hermenêutica de Hegel), de Paul Redding (Ithaca, NY: Cornell University Press, 1996) fornece outra frutuosa abordagem "não metafísica" do projeto de Hegel. Há ainda boas introduções a textos hegelianos individuais: *Hegel and the* Phenomenology of Spirit (Hegel e a Fenomenologia do espírito), de Robert Stern (Londres: Routledge, 2002) é muito útil, como o é a impressionantemente sucinta *Hegel: Phenomenology and System* (Hegel: Fenomenologia e sistema), de H.S. Harris (Indianápolis, IN: Hackett, 1995).

Hegel e Heidegger

Esta é uma relação filosófica fascinante que não tem recebido a atenção acadêmica que merece. *The Critique of Pure Modernity: Hegel, Heidegger, and After* (A crítica da Modernidade pura: Hegel, Heidegger e depois), de David Kolb (Chicago, IL: University of Chicago Press, 1986), é um bom estudo da relevância da relação Hegel-Heidegger para o pensamento contemporâneo. *The Ubiquity of the Finite: Hegel, Heidegger and the Entitlements of Philosophy* (A ubiquidade do finito: Hegel, Heidegger, e os direitos da filosofia), de Dennis J. Schmidt (Cambridge, MA: MIT Press, 1988), é outro estudo esclarecedor. Dois textos recentes interessantes são a crítica heideggeriana de Hegel feita por Karin de Boer, *Thinking in the Light of Time: Heidegger's Encounter with Hegel* (Pensando na luz do tempo: o encontro de Heidegger com Hegel) (Albânia/Nova York: Suny Press, 2000) e a leitura "desconstrutora" de Hegel feita por Catherine Malabou, *The Future of Hegel: Plasticity, Temporality, and Dialectic* (O futuro de Hegel: plasticidade, temporalidade e dialética) (Londres: Routledge, 2005). Dois ensaios que oferecem críticas bem-fundamentadas da leitura heideggeriana de Hegel são "The Dialogue Between Hegel and Heidegger" ("O diálogo entre Hegel e Heidegger"), de Denise Souche-Dague, em C. Macann (ed.). *Martin Heidegger: Critical Assessments Vol. II: History of Philosophy* (Londres: Routledge, 1992), e "Hegel and Heidegger", de Robert R. Williams, em W. Desmond (ed.). *Hegel and his Critcs* (Hegel e seus críticos) (Albânia/Nova York: Suny Press, 1989).

Hegel e Adorno

Três estudos sobre Hegel (São Paulo: Unesp, 2013), de Adorno, vale bem a pena estudar em profundidade. Também gostaria de recomendar o excelente ensaio de J.M. Bernstein, "Negative Dialectic as Fate: Adorno and Hegel" (A dialética negativa como destino: Adorno e Hegel) em T. Huhn (ed.). *The Cambridge Companion to Adorno* (Cambridge: Cambridge University Press, 2004, p. 19-50). Para um bom estudo introdutório, cf. *Ador-*

no and Critical Theory (Adorno e a teoria crítica), de Hauke Brunkhorst (Cardiff: University of Wales Press, 1999), que tem uma abordagem útil da não identidade e da dialética negativa. Para reconstruções críticas da *Dialética do esclarecimento*, de Adorno e Horkheimer, é difícil superar o capítulo de Habermas, "O entrelaçamento de mito e esclarecimento: Horkheimer e Adorno", em seu *O discurso filosófico da Modernidade* (São Paulo: Martins Fontes, 2000), e o de Honneth "The Turn to the Philosophy of History in the Dialectic of Enlightenment: A Critique of the Domination of Nature" (A guinada para a filosofia da história na *Dialética do esclarecimento*: uma crítica da dominação da natureza), em seu livro *The Critique of Power* (Uma crítica do poder) (Cambridge, MA: MIT Press, 1991).

Hegel e a teoria crítica

O melhor livro para uma visão geral da Teoria da Reificação de Lukács e sua relevância para a Escola de Frankfurt ainda é o de Martin Jay, *Marxism and Totality: The Adventures of a Concept from Lukáks to Habermas* (Marxismo e totalidade: as aventuras de um conceito de Lukács a Habermas) (Berkeley, CA: University of California Press, 1984). Os textos habermasianos cruciais são "Trabalho e interação", ensaio de *Teoria e práxis* (São Paulo: Unesp, 2014), e os primeiros ensaios sobre Hegel em *O discurso filosófico da Modernidade*. Para a leitura de Hegel de Honneth e sua transformação do conceito de reconhecimento, consulte a Parte I do seu *Luta por reconhecimento* (São Paulo: Ed. 34, 2009), e o pequeno texto de Honneth, *Sofrimento de indeterminação: uma reatualização da filosofia do direito de Hegel* (São Paulo: Esfera Pública, 2008). *Razão e revolução: Hegel e o advento da teoria social*, de Herbert Marcuse (São Paulo: Paz e Terra, 2008), ainda é uma interessante leitura. O brilhante

Hegel contra Sociology (Hegel contra a sociologia), de Gillian Rose (Londres: Athlone, 1981), defende a importância de Hegel para uma crítica da teoria social e para a construção de uma nova teoria crítica do sujeito.

O hegelianismo francês (Wahl, Kojève, Hyppolite)

Ao contrário do hegelianismo alemão, que tem sido bastante negligenciado, o hegelianismo francês continua a gerar estudos fascinantes, particularmente na esteira do pós-estruturalismo. Uma abordagem altamente legível pode ser encontrada em *Modern French Philosophy* (Filosofia francesa moderna), de Vincent Descombes (Cambridge: Cambridge University Press, 1980). O primeiro livro de Judith Butler, *Subjects of Desire: Hegelian Reflections in Twentieth-Century France* (Sujeitos do desejo: reflexões hegelianas na França do século XX) (Nova York: Columbia University Press, 1988) é um bom estudo de abordagens francesas dos temas hegelianos do desejo e da subjetividade. Outro livro útil, com mais detalhes históricos, é *Knowing and History: Appropriations of Hegel in Twentieth Century France* (Conhecimento e história: apropriações de Hegel na França do século XX), de Michael S. Roth (Ithaca, NY: Cornell University Press, 1988). Mais recentemente, Bruce Baugh escreveu um excelente estudo histórico, *French Hegel: From Surrealism to Postmodernism* (Hegel francês: do surrealismo ao Pós-modernismo) (Londres: Routledge, 2003), desafiando a visão amplamente aceita de que Kojève foi o padrinho do hegelianismo francês. Baugh argumenta que a "consciência infeliz" foi o *leitmotiv* da filosofia francesa do pós-guerra, e que algumas das críticas "existencialistas" de Wahl ao hegelianismo foram apropriadas por Deleuze e Derrida.

Sartre, Simone de Beauvoir e Merleau-Ponty sobre o hegelianismo

Há um bom ensaio de Robert R. Williams criticando a leitura que Sartre faz de Hegel: "Sartre's Strange Appropriation of Hegel" ("A estranha apropriação de Hegel por Sartre") em *Owl of Minerva*, vol. 23, n. 1 (Fall, 1991), p. 5-14. Os capítulos de Kimberly Hutchings sobre Simone de Beauvoir em seu livro *Hegel and Feminist Philosophy* (Hegel e a filosofia feminista) (Cambridge: Polity, 2003) são excelentes para a compreensão de Simone de Beauvoir e das possibilidades do feminismo hegeliano. Posso recomendar vivamente *Existencialismo*, de Jack Reynolds (Petrópolis: Vozes, 2013) pelas muito úteis introduções a Sartre, Simone de Beauvoir e Merleau-Ponty.

Deleuze, Derrida e a dialética hegeliana

Recentes estudos sobre Deleuze têm explorado a ideia de que Deleuze tem uma relação mais complexa com Hegel do que se pensava. Vale a pena ler a esse respeito o artigo de Daniel W. Smith, "Deleuze, Hegel e a tradição pós-kantiana", em *Philosophy Today*, 44 (Suplemento), 2000, p. 119-131. O belo estudo de James Williams, *Gilles Deleuze's* Difference and Repetition: *A Critical Guide and Introduction* (Diferença e repetição, de Gilles Deleuze: guia crítico e introdução) (Edimburgo: Edinburgh University Press, 2003) argumenta explicitamente a partir de uma dialética deleuzeana abrangendo momentos relacionados de crítica e transformação criativa. Gostaria de recomendar ainda "Um ou vários lobos", de Catherine Malabou, em P. Patton (ed.), *Deleuze: A Critical Reader* (Oxford: Blackwell, 1996). Malabou encena um original encontro desconstrutivo entre Deleuze e Hegel, argumentando contra a contenção redutora de Deleuze da dialética hegeliana, e sugere que um produtivo "bloco de devir" entre Hegel e Deleuze possa ser possível. Bruce Baugh apresenta uma forte defesa da crítica deleuzeana de Hegel em "Empirismo transcendental: a resposta de Deleuze a Hegel", em *Man and World* 25 (1992), p. 133-148. Simon Lumsden defende a concepção de subjetividade de Hegel contra esta crítica deleuzeana em "Deleuze, Hegel e a transformação da Subjetividade", *The Philosophical Forum*, vol. 33, n. 2, verão/2002, p. 143-158. A resenha anterior de Deleuze de *Lógica e existência*, de Hyppolite, é reproduzida como apêndice à tradução inglesa de Lógica e existência (*Logic and Existence*) (Albânia/Nova York: Suny Press, 1997, p. 191-195). Também pode ser encontrada em *Desert Island and Other Texts 1953-1974* (A ilha deserta e outros textos 1953-1974), de Deleuze (Nova York: Semiotext(e), 2004, p. 15-18).

A relação Derrida-Hegel é imensamente complexa dado o duradouro compromisso de Derrida com o pensamento hegeliano. Existem os ensaios bem conhecidos "Violência e metafísica" e "Da economia restrita à economia geral" em *A escritura e a diferença* (São Paulo: Perspectiva, 2009); "O poço e a pirâmide: introdução à semiologia de Hegel" em *Margens da Filosofia* (Campinas: Papirus, 1991); e a extraordinária leitura desconstrutiva de Hegel e Genet em *Glas* (Lincoln, NE: University of Nebraska Press, 1986). Para os nossos propósitos, o texto secundário mais interessante é *Hegel After Derrida* (Hegel após Derrida), editado por S. Barnett (Londres: Routledge, 1998), especialmente os esclarecedores ensaios de Simon Critchley e Heinz Kimmerle. Com Derrida, posso recomendar *The Future of Hegel* (O futuro de Hegel), de Malabou, como um texto que traz Hegel "de volta para o futuro", inaugurando novas formas de pensar entre Heidegger e o hegelianismo.

Textos-chave

ADORNO, T. & HORKHEIMER, M. (2002). *Dialectic of Enlightenment*. Stanford, CA: Stanford University Press [Trad. de E. Jephcott] [Ed. alemã, 1947].

DE BEAUVOIR, S. (1976). *The Ethics of Ambiguity*. Secaucus, NJ: Citadel Press [Trad. de B. Frechtman] [Ed. francesa, 1948].

_____ (1953). *The Second Sex*. Londres: Cape [Trad. de H.M. Pashley] [Ed. francesa, 1949].

DELEUZE, G. (1994). *Difference and Repetition*. Nova York: Columbia University Press [Trad. de P. Patton] [Ed. francesa, 1968].

_____ (1983). *Nietzsche and Philosophy*. Nova York: Columbia University Press [Trad. de H. Tomlinson] [Ed. francesa, 1962].

DERRIDA, J. (1986). *Glas*. Lincoln, NE: University of Nebraska Press [Trad. de J.P. Leavey e R. Rand] [Ed. francesa, 1974].

_____ (1978). *Writing and Difference*. Chicago, IL: University of Chicago Press [Trad. de A. Bass] [Ed. francesa, 1967].

HABERMAS, J. (1987). *The Philosophical Discourse of Modernity*. Cambridge: Polity [Trad. de F.G. Lawrence] [Ed. alemã, 1985].

_____ (1973). "Labor and Interaction: Remarks on Hegel's Jena *Philosophy of Mind*". *Theory and Practice*. Boston, MA: Beacon Press, p. 142-169 [Trad. de J. Viertel] [Ed. alemã, 1971].

HEGEL, G.W.F. (1991). *Elements of the Philosophy of Right*. Cambridge: Cambridge University Press [Ed. de A. Wood; trad. de H.B. Nisbet] [Ed. alemã, 1821].

_____ (1977a). *The Difference between Fichte's and Schelling's System of Philosophy*. Albânia, NY: Suny Press [Trad. de H.S. Harris e W. Cerf] [Ed. alemã, 1801].

_____ (1977b). Hegel's *Phenomenology of Spirit*. Oxford: Oxford University Press [Trad. de A.V. Miller] [Ed. alemã, 1807].

_____ (1969). Hegel's *Science of Logic*. Atlantic Highlands, NJ: Humanities Press [Trad. de A.V. Miller] [Ed. alemã, 1811, 1812, 1816; ed. revista, 1830].

_____ (1948). *On Christianity*: Early Theological Writings. Nova York: Harper [Trad. de T.M. Knox e R. Kroner] [Ed. alemã, 1907].

_____ (1896/1995). Lectures on the History of Philosophy – Medieval and Modern Philosophy. Vol. 3. Lincoln, NE: University of Nebraska Press [Trad. de E.S. Haldane e F.H. Simson].

HEIDEGGER, M. (1996). *Being and Time*. Albânia, NY: Suny Press [Trad. de J. Stambaugh] [Ed. alemã, 1927].

_____ (1970). *Hegel's Concept of Experience*. Nova York: Harper & Row [Trad. de K.R. Dove] [Ed. alemã, 1950].

HONNETH, A. (1995). *The Struggle for Recognition*: The Moral Grammar of Social Conflicts. Cambridge: Polity [Trad. de J. Anderson] [Ed. alemã, 1992].

HYPPOLITE, J. (1997). *Logic and Existence*. Albânia, NY: Suny Press [Trad. de L. Lawlor e A. Sen] [Ed. francesa, 1952].

_____ (1974). *Genesis and Structure of Hegel's* Phenomenology of Spirit. Evanston, IL: Northwestern University Press [Trad. de S. Cherniak e J. Heckman] [Ed. francesa, 1943].

KIERKEGAARD, S. (1992). *Concluding Unscientific Postscript to Philosophical Fragments*. Princeton, NJ: Princeton University Press [Trad. de H.V. Hong e E.H. Hong] [Ed. dinamarquesa, 1846].

KOJÈVE, A. (1969). *Introduction to the Reading of Hegel*. Ithaca, NY: Cornell University Press [Trad. de J. Nichols] [Ed. francesa, 1947].

_____ (1947). "Idea of Death in the Philosophy of Hegel". Introduction to the Reading of Hegel. Apud KEENAN, D.K.

(2004). *Hegel and Contemporary Continental Philosophy*. Albânia, NY: Suny Press [Trad. de J.J. Carpino] [Ed. francesa, 1947].

LUKÁCS, G. (1975). *The Young Hegel*: Studies in the Relations between Dialectics and Economics. Londres: Merlin [Trad. de R. Livingstone] [Ed. alemã, 1947/1948].

_____ (1971). *History and Class Consciousness*. Londres: Merlin [Trad. de R. Livingstone] [Ed. alemã, 1923/1966].

MARX, K. (1978). *The Marx* – Engels Reader. 2. ed. Nova York: Norton [Ed. de R.C. Tucker].

_____ (1977). *Karl Marx*: Selected Writings. Oxford: Oxford University Press [Ed. de D. McLellan].

MERLEAU-PONTY, M. (1968). *The Visible and the Invisible*. Evanston, IL: Northwestern University Press [Trad. de A. Lingis] [Ed. francesa, 1968].

_____ (1964). *Sense and Nonsense*. Evanston, IL: Northwestern University Press [Trad. de H.L. Dreyfus e P. Dreyfus] [Ed. francesa, 1948].

SARTRE, J.-P. (1958). *Being and Nothingness*. Londres: Routledge [Trad. de H. Barnes] [Ed. francesa, 1943].

Referências

ADORNO, T. (1993). *Hegel*: Three Studies. Cambridge, MA: Mit Press [Trad. de S.W. Weber].

BARNETT, S. (ed.) (1998). *Hegel After Derrida*. Londres: Routledge.

BATAILLE, G. (1990). "Hegel, Death, Sacrifice". *On Bataille*. New Haven, CT: Yale University Press, p. 9-43 [Yale French Studies, n. 78 [Trad. de C. Carsten].

BAUGH, B. (2003). *French Hegel*: From Surrealism to Postmodernism. Londres: Routledge.

BEISER, F. (1988). *The Fate of Reason*. Cambridge, MA: Harvard University Press.

BERNSTEIN, J.M. (2004). "Negative Dialectic as Fate: Adorno and Hegel". In: HUHN, T. (ed.). *The Cambridge Companion to Adorno*. Cambridge: Cambridge University Press.

BRANDOM, R. (2000). *Articulating Reasons*: An Introduction to Inferentialism. Cambridge, MA: Harvard University Press.

_____ (1994). *Making it Explicit*: Reasoning, Representing, and Discursive Commitments. Cambridge, MA: Harvard University Press.

BRUNKHORST, H. (1999). *Adorno and Critical Theory*. Cardiff: University of Wales Press.

BUTLER, J. (2000). *Antigone's Claim*: Kinship between Life and Death. Nova York: Columbia University Press.

_____ (1997). *The Psychic Life of Power*: Theories in Subjection. Nova York: Columbia University Press.

_____ (1989). "Commentary on Joseph Flay's 'Hegel, Derrida, and Bataille's Laughter'". In: DESMOND, W. *Hegel and his Critics*. Albânia, NY: Suny Press, p. 174-178.

_____ (1988). *Subjects of Desire*: Hegelian Reflections in Twentieth-Century France. Nova York: Columbia University Press.

BUTLER, J.; LACLAU, M. & ŽIŽEK, S. (1999). *Contingency, Hegemony, Universality*: Contemporary Dialogues on the Left. Londres: Verso.

COOLE, D. (2000). *Negativity and Politics*: Dionysus and Dialectics from Kant to Poststructuralism. Londres: Routledge.

CRITCHLEY, S. (2004). "A Commentary Upon Derrida's Reading of Hegel in *Glas*". In: KEENAN, D.K. (ed.). *Hegel and Contemporary Continental Philosophy*. Albânia, NY: Suny Press, p. 197-226.

_____ (1999). *Ethics of Deconstruction*: Derrida and Lévinas. 2. ed. Edimburgo: Edinburgh University Press.

DELEUZE, G. & GUATTARI, F. (1994). *What is Philosophy?* Nova York: Columbia University Press [Trad. de H. Tomlinson e G. Burchell].

DERRIDA, J. (1999). *Adieu à Emmanuel Lévinas*. Stanford, CA: Stanford University Press [Trad. de Pascale-Anne Brault e Michael Naas].

_____ (1981). *Positions*. Chicago, IL: Chicago University Press [Trad. de A. Bass].

_____ (1976). *Of Grammatology*. Baltimore, MD: Johns Hopkins University Press [Trad. de G.C. Spivak].

DESCOMBES, V. (1980). *Modern French Philosophy*. Cambridge: Cambridge University Press [Trad. de L. Scott-Fox e J.M. Harding].

DESMOND, W. (1989). *Hegel and his Critics*. Albânia, NY: Suny Press [Ed. de W. Desmond].

FLAY, J. (1989). "Hegel, Derrida, and Bataille's Laughter". In: DESMOND, D. *Hegel and his Critics*. Albânia, NY: Suny Press, p. 163-173.

FUKUYAMA, F. (1992). *The End of History and the Last Man*. Nova York: Free Press.

HEIDEGGER, M. (1997). *Kant and the Problem of Metaphysics*. Bloomington, IN: Indiana University Press [Trad. de R. Taft].

HENRICH, D. (2003). *Between Kant and Hegel*: Lectures on German Idealism. Cambridge, MA: Harvard University Press [Ed. de D.S. Pacini].

HOULGATE, S. (2005). *An Introduction to Hegel*: Freedom, Truth, History. 2. ed. Oxford: Blackwell.

HUTCHINGS, K. (2003). *Hegel and Feminist Philosophy*. Cambridge: Polity.

HYPPOLITE, J. (1969). *Studies on Marx and Hegel*. Nova York: Basic Books [Trad. de J. O'Neill].

JAY, M. (1984). *Marxism and Totality*: The Adventures of a Concept from Lukács to Habermas. Berkeley, CA: University of California Press.

KEENAN, D.K. (ed.) (2004). *Hegel and Contemporary Continental Philosophy*. Albânia, NY: Suny Press.

KIMMERLE, H. (2004). "On Derrida's Hegel Interpretation". In: KEENAN, D.K. (ed.). *Hegel and Contemporary Continental Philosophy*. Albânia, NY: Suny Press, p. 227-238.

KOLB, D. (1986). *The Critique of Pure Modernity*: Hegel, Heidegger, and After. Chicago, IL: University of Chicago Press.

LACAN, J. (1977). *Ècrits* – A Selection. Londres: Tavistock [Trad. de A. Sheridan].

LAWLOR, L. (2003). *Thinking Through French Philosophy*: The Being of the Question. Bloomington, IN: Indiana University Press.

LÖWITH, K. (1991). *From Hegel to Nietzsche* – The Revolution in Nineteenth-Century Thought. Nova York: Columbia University Press [Trad. de D.E. Green].

MALABOU, C. (2005). *The Future of Hegel*: Plasticity, Temporality, Dialectic. Nova York: Routledge.

_____ (1996). "Who's Afraid of Hegelian Wolves?" In: PATTON, P. (ed.). *Deleuze*: A Critical Reader. Oxford: Blackwell, p. 114-138.

McDOWELL, J. (1998). *Mind, Value, and Reality*. Cambridge, MA: Harvard University Press.

_____ (1996). *Mind and World*. Cambridge, MA: Harvard University Press.

MERLEAU-PONTY, M. (2002). *Phenomenology of Perception*. Londres: Routledge [Trad. de C. Smith].

_____ (1973). *Adventures of the Dialectic*. Evanston, IL: Northwestern University Press [Trad. de J. Bien].

PINKARD, T. (1994). *Hegel's Phenomenology* – The Sociality of Reason. Cambridge: Cambridge University Press.

_____ (1988). *Hegel's Dialectic*: The Explanation of Possibility. Filadélfia, PA: Temple University Press.

PIPPIN, R.B. (1989). *Hegel's Idealism*: The Satisfactions of Self-Consciousness. Cambridge: Cambridge University Press.

POPPER, K. (1945). *The Open Society and Its Enemies*. Vol. 2. Londres: Routledge.

POSTER, M. (1975). *Existential Marxism in Postwar France*: From Sartre to Althusser. Princeton, NJ: Princeton University Press.

REDDING, P. (1996). *Hegel's Hermeneutics*. Ithaca, NY: Cornell University Press.

REYNOLDS, J. (2004). *Merleau-Ponty and Derrida*: Intertwining Embodiment and Alterity. Athens, OH: Ohio University Press.

ROCKMORE, T. (2005). *Hegel, Idealism, and Analytic Philosophy*. New Haven, CT: Yale University Press.

_____ (1993). *Before and After Hegel*: An Historical Introduction to Hegel's Thought. Berkeley, CA: University of California Press.

RORTY, R. (1982). *Consequences of Pragmatism*. Mineápolis, MN: University of Minnesota Press.

ROTH, M.S. (1988). *Knowing and History*: Appropriations of Hegel in Twentieth Century France. Ithaca, NY: Cornell University Press.

STRAUSS, L. & KOJÈVE, A. (2000). *On Tyranny*: Including the Strauss-Kojève Correspondence. Chicago, IL: University of Chicago Press [Ed. de V. Gourevitch e M.S. Roth].

SEDGWICK, S. (1997). "McDowell's Hegelianism". *European Journal of Philosophy*, 5 (1), p. 21-38.

SMITH, D.W. (2000). "Deleuze, Hegel, and the Post-Kantian Tradition". *Philosophy Today*, 44 (supl.), p. 119-131.

TAYLOR, C. (1983). *Hegel and Modern Society*. Cambridge: Cambridge University Press.

_____ (1975). *Hegel*. Cambridge: Cambridge University Press.

TOEWS, J.E. (1993). "Transformations of Hegelianism, 1805-1846". In: BEISER, F. (ed.). *The Cambridge Companion to Hegel*. Cambridge: Cambridge University Press.

WAHL, J. (1920). *Les philosophies pluralistes d'Angleterre et d'Amérique*. Paris: Alcan.

WILLIAMS, J. (2003). *Gilles Deleuze's* Difference and Repetition: A Critical Introduction and Guide. Edimburgo: Edinburgh University Press.

WILLIAMS, R.R. (1992). *Recognition*: Hegel and Fichte on the Other. Chicago, IL: University of Chicago Press.

WOOD, A. (1990). *Hegel's Ethical Thought*. Cambridge: Cambridge University Press.

ŽIZĚK, S. (1999). *The Ticklish Subject*: The Absent Centre of Political Ontology. Londres: Verso.

_____ (1993). *Tarrying with the Negative*: Kant, Hegel, and the Critique of Ideology. Durham, NC: Duke University Press.

Índice

A ciência da lógica (Hegel) 39-45
Adorno, T. 49, 124-133, 302s.
   dialética negativa 125, 131, 141-146, 176, 240, 242, 259, 271, 302
   pensamento não identitário 125, 142
Alienação 14, 18, 39, 55s., 74, 83s., 87-89, 95, 124, 133, 158
   de acordo com
      Hyppolite 188-193
      Rousseau e Hegel 98-102
      Sartre 221
   existencial 181, 183-185, 188-193, 290
Aristóteles 37, 41s., 80, 109s., 258
Arte
   e a crítica estética da Modernidade 144
   como mercadoria 137s.
Atomização 18, 55
Auschwitz 49

Bataille, G. 182, 208, 270
Bauer, B. 65, 73-75
Baugh, B. 182-186, 304
Bernstein, J.M. 143, 302
Bosanquet, B. 56s.

Bradley, F.H. 13, 56-59
Brandom, R. 60, 289, 300
Butler, J. 247, 287s., 304

Categorias 20s., 240
　de pensamento 31, 40-43, 195
Certeza sensível 33, 40, 270
Ceticismo 20, 33, 237, 279
Conceito (*Begriff*) 41, 44
　de autoconsciência 45, 114s.
Conhecimento
　absoluto 26s., 39s., 79, 112s., 117s., 155, 194, 274, 276s., 280
　e experiência 33, 46
　especulativo 25s.
　historicidade do 27
Consciência
　definição de Hegel 33-35
　e o hegelianismo francês 182-188, 191-193, 213, 221
　experiência dialética de 31, 33, 35, 168
　formas de 163
　infeliz 14s., 37-39, 75, 87, 101, 114, 286s., 289
　natural 33s., 120
Critchley, S. 306
Crítica da razão prática (Kant) 19, 21
Crítica da razão pura (Kant) 19, 21, 111
Crítica do juízo (Kant) 19, 21

De Beauvoir, S. 81, 181, 208, 212-215, 222-234
　abordagem da opressão 222-224
　crítica de Hegel 231-233
　dialética do senhor e do escravo 225, 227s.
　ética da ambiguidade 229-233
　mulher como o Outro 225-229

Deleuze, G. 15, 45, 121, 125, 181, 184, 188, 213, 235, 245-264, 285-287, 304
　anti-hegelianismo 246s.
　contrastam com Derrida 245s.
　crítica da dialética 248s.
　diferença não conceitual 255-259
　forças ativas e reativas 249-254
　influência de Jean Wahl 185s.
　relação com a dialética 259-264
　resenha de *Lógica e existência* de Hyppolite 256s.
Derrida, J. 15, 45, 106, 108, 121, 125, 141, 181, 184, 188, 208, 213, 235, 242, 249
　contraste com Deleuze 245s.
　desconstrução 271
　　da dialética 277s.
　　da metafísica 270
　　leitura de Bataille 270-278
　　leitura de Lévinas 265-270
　diferença absoluta 277s.
　economia restrita e economia geral 272s.
　escritura soberana 275s.
Descartes, R. 104, 106, 108, 114, 117-119, 126, 154, 216
Desejo
　de reconhecimento 198-206
　experiência do 35-37
　humano (Kojève) 198-201, 208
Devir 43s., 79s., 109, 187, 246, 249, 253, 255, 257, 264, 286
Dewey, J. 60
Dialética
　Deleuze e 260-265
　Derrida e 271-278
　do senhor e do escravo 14, 31, 35-39, 96, 98, 150, 173
　　de acordo com Kojève 199-204, 208

no hegelianismo francês 181, 196, 198-200, 205s., 208s., 289s.
  para De Beauvoir 225, 228
  para Deleuze 250
  para Derrida (sobr Bataille) 270, 273
  para Lacan 287
  para Merleau-Ponty 237s.
  para Sartre 213, 219
  negativa (Adorno) 125s., 131, 141-146
  transformação da (Deleuze) 260-264
Diferença
  absoluta 275, 277, 279
  conceito de 257, 259, 264
  filosofia da 15, 45, 186, 242, 259s., 264, 271, 281, 290
  identidade e 44, 156, 256, 269
  não conceitual 245, 256-260, 264
Diferença e repetição (Deleuze) 246, 249, 255-257, 260-263
Dilthey, W. 97
Direito abstrato 51, 53s.

Entendimento (*Verstand*) 45
Esclarecimento 16-19
  crítica romântica da 16s.
  e o mito 128-131, 135s.
Espírito (*Geist*) 26, 32-34, 46, 135
  absoluto 39s., 69, 73, 75, 83, 99, 113, 118s., 231
  autoconsciente 116, 154s.
  conceito de 33s., 39s.
  de liberdade 46s., 57, 86
  filosofia do 26
  história e 46s., 116
  historicidade de 116, 234
  humano 72-75

intersubjetivo 163, 167
metafísica do 117-119, 159, 163, 165
modelo monológico (sujeito-objeto) do 155, 163, 174
mundo- 75
natureza e 161, 199
objetivo 40, 162
razão e 204, 236
subjetivo 41
tempo e 108-110, 116, 187
violência e 268
Estado
de natureza (Hobbes, Locke, Rousseau) 35s., 166, 171s., 200
política 50, 54-56, 83-85, 203, 205, 280
  e sociedade civil 83, 280
  prussiano 47, 49s.
  universal e homogêneo (Kojève) 205
Estoicismo 36, 38
Existencialismo 13, 64, 68, 96, 100s., 111, 182, 189s., 212-215
crítica de Hegel 66, 77-80, 185
De Beauvoir e 229-233
kierkegaardiano 77-79
sartreano 212-217
Experiência
dialética 31, 33, 35, 113, 168, 194
fenomenológica 40

Fenomenologia
existencial (heideggeriana) 96, 105, 213, 233, 239
hegeliana 27, 32, 113, 236
Fenomenologia do espírito (Hegel) 25s., 31-35, 39s., 301
alienação na 83, 87s., 100s.

e o hegelianismo
  alemão 127, 131s., 181
  francês 182, 188, 196s., 235
  leitura de Heidegger da 106s., 111s., 116s.
Feuerbach, L. 65, 72-75
Fichte, G. 15, 19, 22-24, 26s., 45, 114-116, 156, 165, 167, 171, 218, 232
Filosofia
  analítica
    Hegel e 13, 31, 57-61, 299s.
  continental 14, 177, 285
  grega 27
  moderna 19, 64, 68, 104, 106, 111, 117-119, 126, 146, 153, 166
Filosofia do direito (Hegel) 46, 50-56, 67, 70s., 83, 85, 87
Finitude
  de acordo com
    a *Fenomenologia* de Hegel 37
    com Kierkegaard 80s.
  e a crítica de Hegel de Heidegger 107-109, 111-114
  e o hegelianismo francês 182, 190, 198, 201, 220

Genet, J. 280, 306
Glas (Derrida) 279
Green, T.H. 56

Habermas, J. 64, 124, 127, 145-148, 149s., 152, 154-157, 159s., 162s., 286
  abordagem da
    luta por reconhecimento 158s.
  Modernidade 150-155

crítica de
    Adorno 145-147
    de Hegel 154s.
  sobre
    família, linguagem e trabalho 155-163
    Hegel e a Modernidade 150-154
  traços da Teoria da Intersubjetividade em Hegel 156-160
Hegel, G.W.F. passim
  e o Iluminismo 13-19
  leituras não metafísicas de 60, 289, 301
Hegelianismo, passim
  alemão 9, 15, 95s., 105, 124, 149s., 181, 286, 289s.
  aspectos nietzscheanos do 290
  crítica do 65, 81, 181
  de esquerda 68-76, 83-85
  definição de 64s.
  francês 106, 121, 125, 149, 176, 181-209, 213, 242, 247, 285, 289
  neo- 10, 60, 276, 290, 300
Hegelianos
  de centro 69-71
  de direita 64, 69-73
  de esquerda 68-76
Heidegger, M. 32, 64, 78s., 81, 95-97, 105-123, 286, 301s.
  abordagem da autoconsciência 113-116
  análise da existência 106-108
  crítica de tempo e espírito 108-110
  e Deleuze 246, 255-263
  e Derrida 264-280
  e Merleau-Ponty 96, 239
  e o hegelianismo francês 187s., 191, 193-198, 201
  e Sartre 213-217, 223s.

leitura da *Fenomenologia* de Hegel 111-113
   sobre o conceito de experiência de Hegel 117-121
Hess, M.
   e o proletariado de Marx 76, 86
História
   filosofia da 31, 41, 46s.
   fim da
      Hegel 31, 48s., 89, 197
      Kojève 197-199, 205-209
   mundo 48s.
   razão na 46, 232
História e consciência de classe (Lukács) 95, 97s., 105, 126
Hobbes, T. 35, 165, 168, 171s., 200
Honneth, A. 124, 144-147, 149, 156
   crítica de Habermas 163s.
   ética e política do reconhecimento 173-176
   falta de reconhecimento 175s.
   leitura dos manuscritos de Hegel em Jena 165-168
   Teoria do Reconhecimento 168-173
Horkheimer, M. 124, 126-133, 135
Houlgate, S. 300
Husserl, E. 32, 107, 214, 217, 219, 265, 269
Hutchings, K. 231, 233, 305
Hyppolite, J. 45, 96, 181, 183, 212, 235s., 256, 258, 306
   abordagem de Merleau-Ponty de 235-240
   humanismo e historicismo 188-191
   relação com
      Heidegger 193-196
      o marxismo 190s.
   sobre a consciência infeliz 191-193

Idealismo
 alemão ou pós-kantiano 15s., 22s.
 britânico 13, 31, 56s., 59
 filosofia analítica e 57, 59
 hegeliano 31-56, 73, 76s., 86, 191, 250
 kantiano 15s., 19, 21-24, 112
Ideia
 de liberdade 194
 na *Lógica* de Hegel 45s.
Identidade
 e diferença 44, 156, 255s.
Intersubjetividade 33, 147, 149s., 155s., 159, 165, 167s., 176
 reconhecimento e 167-173
 social 290

Kant, I.
 crítica de Hegel de 22s.
 dedução transcendental 21
 filosofia crítica 19-22
 lógica transcendental 40, 42
 pura autoconsciência 21, 80, 111, 154
Kaufman, W. 60
Kierkegaard, S. 8, 65, 81, 89, 91, 105, 185, 215, 220, 236
 crítico de Hegel 77-81
Kimmerle, H. 306
Kojève, A. 196-210
 condição pós-histórica 206-208
 desejo humano 198-202, 208
 dialética do senhor e do escravo 200-205
 fim da história 199, 205-209

legado de 208
luta por reconhecimento 196-204
Koyré, A. 186-189

Lacan, J. 169, 181s., 208, 212s.
Lévinas, E. 186, 247, 275, 279
 leitura desconstrutiva de Derrida 264-270
Liberalismo 56, 71, 289
 neo 209
 rawlsiano 289
Liberdade
 como a autonomia 17, 20, 23, 56, 60, 87, 102, 130, 141, 151-153
 concepções individualistas de 51
 ideia de 47-49, 56, 193
 moderna 31, 50, 60
 política 50, 166s.
 positiva e negativa 52
 social 128, 136, 140, 166
 subjetiva 51, 56, 129, 162, 166
Locke, J. 35
Lógica
 da essência 41, 43s.
 de Hegel 31, 39-45, 81, 84, 192
 do conceito 41, 44s.
 do ser 41, 43s.
 especulativa 26, 40-42, 45s., 81, 111, 183, 192, 194
 formal 40, 42, 143
 transcendental 40, 42
Lógica e existência (Hyppolite) 193-197, 256, 258, 306
 resenha de Deleuze de 256-258
 Löwith, K. 77, 299

Lukács, G. 81, 95-105, 125s., 128, 234
 crítica de Hegel 97-100
 e reificação 100-105
Luta por reconhecimento (Honneth) 164-176

Malabou, C. 260, 281, 302, 305s.
Manuscritos econômicos e filosóficos (Marx) 83, 87
Marcuse, H. 81, 303
Marx, K. 81-89
 crítica de Hegel 81-87, 89
 e alienação 87-89
 e Kierkegaard 89
 Marxismo 13, 60, 64s., 68, 77, 87, 189s., 214, 286
 e existencialismo 13, 64s., 68, 77, 100, 189, 191, 214, 233, 239-241
 hegeliano 81, 91, 95-97, 102, 105, 191, 193s., 233s., 245, 248
 materialismo histórico 86
 ocidental 97, 101s., 234
McDowell, J. 60, 289, 300
McTaggart, J.M.E. 13, 56s., 59
Mercadorias 102-104, 199
 cultura 127-130, 137s.
 o capitalismo 98, 102, 125-130
 e reificação 102
 forma e as "antinomias do pensamento burguês" (Lukács) 104, 125s.
Merleau-Ponty, M. 15, 32, 81, 96s., 101, 105, 125, 181s., 212-215, 222, 233-242
 crítica
  da dialética 240-242, 247, 249, 281s., 285
  de Sartre 237-240, 242

existencialismo de Hegel 235-240
hiperdialética 241s., 259, 271, 281s.
Metafísica
　crítica da 13, 19-22, 97, 120, 247s., 252s., 266
　　de Heidegger à 106, 112, 117, 120s.
　　de Kant à 19-22
　　hegeliana 73, 82, 105, 119, 141, 146, 297s.
　da presença 108, 265
　da sujeitidade 45, 106, 119, 265
　da subjetividade (Heidegger) 106, 116, 119
　desconstrução da (Derrida) 108, 141, 245s., 264-266, 279, 306
　diferença da 257, 264
　dogmática e tradicional 19s., 57, 209s., 301
　hegeliana 26, 73, 82, 106, 121, 124
　história da 41, 108
　modelo "de dois mundos" da 44
　moderna 117
　violência da 266-269, 279
Modernidade
　conceito de 150-155
　crítica da 85s., 96s., 99, 208s., 286-290
　　de Adorno à 124, 126-130, 140, 142-144, 146
　　de Habermas à 149s., 176s.
　　de Heidegger à 119-121
　　de Lukács à 95, 99-105, 121s.
　discurso filosófico da 149, 151-155
　intersubjetividade e 150, 285s., 289
　niilismo da 252
　princípio de subjetividade e 151-155
　problema da 18, 64, 196s., 289
　teoria de Hegel da 14s., 49, 55, 69, 86-89, 124, 150-155, 181, 285, 290

Moore, G.E. 32, 59
Moralidade 18, 23s., 54, 132s., 195, 251s.
  crítica hegeliana à 54-56, 170-173
  e Modernidade 133, 150s., 153s.
  e vida ética 51, 54s., 79
  Iluminismo 50, 127, 133
  kantiana 23, 54, 166
  niilismo da cristã 252s.
  universalista 24, 50s., 132

Nada
  ser e 42-44
Natureza
  dominação da 129s., 132s., 139, 142, 146, 163, 303
  liberdade e 18, 23s., 104, 126
Nietzsche, F. 13, 106, 118, 128s., 134, 235, 276
  análise do niilismo 133, 194
  e anti-hegelianismo 248s., 257, 260
  leitura de Deleuze de 248-255
Nietzsche e a filosofia (Deleuze) 248-255, 260

O absoluto 25s., 40, 58, 118, 220, 232
  schellingiano 25s.
  spinozista 25
O outro
  ética do 279s.
O segundo sexo (De Beauvoir) 225-299
O ser e o nada (Sartre) 187, 213, 215s., 223, 237s.

Peirce, C.S. 60
Pensamento
  conceitual 142, 145

dialético 241, 249, 255, 259, 261, 286
especulativo 43, 73, 80, 184, 278
Pinkard, T. 60, 301
Pippin, R.B. 13, 60
Popper, K. 13
Pós-estruturalismo 68, 106, 130, 150, 182, 285, 287s., 290
  crítica de Hegel ao 246-248
Pós-modernismo 48

Racionalidade
  e Iluminismo 16s., 49, 133
  instrumental 120, 127-129, 131, 136s., 139s., 149, 162
"Ralé" (*Pöbel*) 76, 86
Razão
  e Iluminismo 15, 17, 127-132, 139
  especulativa 112, 115, 117
  instrumental 130, 132, 137, 139, 142, 145-147, 163
  prática 19-23, 39, 154
  pura 20
  teórica 21-23
Reconhecimento
  ética e política do 173-176
  luta por 14, 35s., 87, 115, 286
    de acordo com Habermas 156-158
    de acordo com Honneth 164-168, 170-173
    de acordo com Kojève 197-206
    e o hegelianismo francês 181-183, 222, 239, 267, 273
  mútuo 45, 88, 101, 149
    de acordo com Habermas 157-159
    de acordo com Honneth 168-171, 173, 176
    de acordo com Kojève 197-199, 203, 205s.
    de acordo com Merleau-Ponty 238-240
    de acordo com Sartre e de Beauvoir 222s., 229-233

Redding, P. 301
Reificação 161, 289
  de acordo com Adorno e Horkheimer 124, 128s., 132, 139s., 146
  de acordo com Lukács 95s., 98, 100, 102-104, 120-122
Religião 17, 34, 40, 57, 155, 225
  crítica hegeliana de esquerda à 71-76
  da humanidade 73
  e a filosofia 69-73, 82
  e a política 65, 68-72
  e dialética do esclarecimento 130, 134-136
  e Kierkegaard 77-79
  e Marx 82-84
Revolução Francesa 17, 22, 48, 85, 131, 150, 153
Reynolds, J. 305
Rockmore, T. 56-59, 299
Romantismo 17, 26, 153
Rorty, R. 60
Roth, M.S. 193, 195-197, 304
Rousseau, J.-J. 18, 35, 87
Ruge, A. 76
Russell, B. 13, 32, 59

Sartre, J.-P. 32, 78, 81, 105, 181, 187, 193, 199, 208, 212-223, 241, 286
  crítica
    de Beauvoir a 224, 228-233
    de Merleau-Ponty a 233s., 236-240, 242
    existencial de Hegel a 218-222
  ética existencialista 222-224, 229
  o problema do Outro 216-222

Schelling, F.W.J. 15, 19, 22s., 27, 66, 78s.
  crítica de Hegel a 23-26
Schopenhauer, A. 13, 66
Ser
  determinado 42-44
  e nada 42-44
  puro 42, 44
  questão do (Heidegger) 69
Ser e tempo (Heidegger) 81, 106-108, 110, 186
Sistema
  da razão 24
  especulativo 19, 24, 26, 40, 73, 79, 186, 236
  filosófico 14, 16, 18, 31, 69, 78, 80, 274, 286
  metafísico 247, 264
Sociedade civil 55s., 76, 97, 167, 280, 288
  e a família 167, 180
  e o Estado 83, 166s., 280
  e o proletariado 76, 86
Spinoza, B. 19s., 25, 41, 82, 249, 257
Stirling, J.H. 57s.
Strauss, D. 65, 69s., 72-75
Strauss, L. 209
Sublação/suprassunção (*Aufhebung*) 14, 112s., 126, 142, 203, 240s., 251, 274, 277, 285, 288
  definição de 43
  entre filosofia e religião 65, 69-72, 74
  entre Hegel e Marx 82s., 87s.
  e pós-estruturalismo 251, 268s.
  na leitura de Hegel de Heidegger 113-115
  na *Lógica* de Hegel 43-46
Sujeito
  alienado 37, 101, 129, 150, 181s., 184, 186, 221
  moderno 41, 51, 98, 105, 120, 132, 139s., 176

   moral 23, 54, 168
   pós-moderno 207
   racional 17, 25, 38, 156
   religioso 38, 79

Taylor, C. 60, 289, 300
Teoria
   Crítica 13, 15, 68, 95, 105, 124, 138, 150, 176s., 285s., 288, 290
      e pós-estruturalismo 68, 285
      e prática
         relação entre 24-26, 65
         unidade de 47

Vida ética (*Sittlichkeit*) 18, 51, 54s., 79, 97s., 165s., 170, 173

Wahl, J. 181, 183-186, 188s., 191, 231
Weber, M. 128, 132s., 150s.
   desencantamento da natureza 132s.
Wood, A. 60

Žižek, S. 287s.

SÉRIE PENSAMENTO MODERNO

Esta série provê introduções curtas, acessíveis e interessantes às principais escolas, movimentos e tradições da filosofia e da história das ideias, desde o início do Iluminismo. Todos os livros da série são escritos para que alunos de graduação tenham contato com o assunto pela primeira vez.

Títulos

Hermenêutica
Lawrence Schmidt

Fenomenologia
David Cerbone

Utilitarismo
Tim Mulgan

Existencialismo
Jack Reynolds

Naturalismo
Jack Ritchie

Pós-estruturalismo
James Williams

Racionalismo
Charlie Huenemann

Idealismo alemão
Will Dudley

Ética da virtude
Stan van Hooft

Marxismo
Geoff Boucher

Nietzscheanismo
Ashley Woodward

Empirismo
Robert G. Meyers

Hegelianismo
Robert Sinnerbrink